発明アドバイザーが教える

「発明・アイデア」の教科書

松野泰明 著

C&R研究所

■権利について
- 本書に記述されている社名・製品名などは、一般に各社の商標または登録商標です。
- 本書では™、©、®は割愛しています。

■本書の内容について
- 本書は著者・編集者が実際に調査した結果を慎重に検討し、著述・編集しています。ただし、本書の記述内容に関わる運用結果にまつわるあらゆる損害・障害につきましては、責任を負いませんのであらかじめご了承ください。
- 本書で紹介するホームページの画面は、Windows 7とInternet Explorer 10がインストールされたパソコンで検索した場合の例を紹介しております。お使いのパソコンの環境によっては、画面の一部が異なる場合もあります。また、ホームページのリニューアルなどにより、本書で紹介する画面が、実際のホームページ画面と変わる場合がありますので、あらかじめご了承ください。
- 特許情報検索サイト「特許電子図書館(IPDL)」が2015年3月20日に廃止されました。これに伴い、2015年3月23日より、新たなサイト「特許情報プラットフォーム(J-PlatPat)」による特許情報検索サービスが開始されました。本書は新サイト「特許情報プラットフォーム(J-PlatPat)」による検索方法に対応した内容となっております。
- 本書は2016年4月時点での情報をもとに記述しています。なお、法改正などにより、様式や手続き、各種費用など、本書の内容と変わる場合がありますので、あらかじめご了承ください。特許庁への出願前には、必ず「特許庁ホームページ」にて、最新情報をご確認ください。

●本書の内容についてのお問い合わせについて

　この度はC&R研究所の書籍をお買い上げいただきましてありがとうございます。本書の内容に関するお問い合わせは、「書名」「該当するページ番号」「返信先」を必ず明記の上、C&R研究所のホームページ(http://www.c-r.com/)の右上の「お問い合わせ」をクリックし、専用フォームからお送りいただくか、FAXまたは郵送で次の宛先までお送りください。お電話でのお問い合わせや、個人的な発明相談、本書の内容とは直接的に関係のない事柄に関するご質問にはお答えできませんので、あらかじめご了承ください。

〒950-3122 新潟県新潟市北区西名目所4083-6　株式会社 C&R研究所　編集部
FAX 025-258-2801
『「発明・アイデア」の教科書』サポート係

はじめに

　主婦によるアイデア商品がメディアで紹介され、まったくの発明初心者による一般人のアイデアが注目されるようになりました。発明は、もはや大企業や研究者だけのものではありません。自分の力量にあった発明テーマを選べば、発明でロイヤリティを得て成功することは、誰にでも十分可能になっています。
　本書は、発明・アイデアに興味を持ち、これから発明を始めようとしている発明初心者の方を、アイデアが事業化されるという発明成功へ導くためにまとめた1冊です。

●発明初心者の悩み
　たとえば、発明初心者の方は発明に興味があるのですが、まず、アイデアの出し方がわかりません。もし、仮にアイデアがひらめいたとしても、次にそのアイデアについて、何をどうすればよいか手順がわからずに、困ってしまう方が大半です。
　また、アイデアが事業化され、ロイヤリティを手にするまでの「発明の全行程」がわからないため、自分がどの行程まで進んでいるのか、何をどれだけする必要があるのか、という進行状況すらつかむことができず、不安を感じてしまうのです。
　たとえば、登山をするときは、地図があるので山全体の高さはもちろんのこと、今までどこまで登ってきたのかがわかります。行程もわかるため、道に迷うこともありませんし、現在地から頂上までの距離を、頭の中で把握できるので、つらくてもがんばれるのです。
　しかし、今まで、発明の全体がプロセス別でわかる「発明マップ」のような本はありませんでした。
　地図がなければ、山全体の高さや、現在位置、今後の行程と所要時間がわかりません。霧の出た山道に迷ってしまい、先の見えない不安でくじけそうになってしまうのは、登山も発明も同じことなのです。

●本書の特徴

　筆者は、大衆発明家を支援する仕事を通じ、発明の発掘や、アイデア発想法、企業へのアイデア提案、契約の仕方などの発明相談や、特許庁への出願書類の作り方等の講義などを長年経験してきました。

　本書では、ヒット商品を生み出した先輩発明家の方々が登って行った、発明成功に必要な道のりをたどれるように、その行程を14段階に分けて解説しています。そしてさらに、発明初心者の方から相談を受けることが特に多かった質問の解説を加え、発明成功に必要な「発想編」「実践編」「事業化編」「教訓編」の4章の行程順に並べ替え、テーマ別に分類してまとめました。

　これにより、まるで地図のように発明の全行程がわかるようになりました。地図を見ながら登山をするように、発明マップとなる本書を読みながら、段階ごとの内容に従って、ご自身の発明を進めてください。もし、悩むことがあっても対処法がわかるため、誰でも効率的に次の明確な目標を持って発明を進められるでしょう。

　また、その対処法の解説として、筆者が直接取材した大衆発明家の方々による実体験が語る参考体験談を、随所で紹介しています。あこがれの発明成功者の方々による、自らの体験から語る内容は、これから発明をする皆さんにとって、とても勇気がわいてくるアドバイスであるはずです。

　その他、調べたいテーマを見つけやすく、その内容のテーマだけを、つまみ読みできるように、できる限り1つの項単位で、文章のテーマが完結する読み切り型の構成や、まったくの初心者でもわかりやすいように、難しい法律の話も必要最低限にする工夫をしました。

　専門用語や難しい説明は、読むだけで自信もやる気もなくなるものです。読み物としても楽しめるように、先輩発明家の発明品紹介や、面白くて身近な実例を取り入れ、たとえ話を交えながら、できるだけやさしい言葉で解説するようにしました。

　この1冊があれば、メディアで活躍している先輩発明家がたどって来た、発明成功に必要なすべてのプロセスがわかるようになります。

●本書で一番お伝えしたいこと

　発明というと、テレビ等で「どの発明家がウン億円儲けた」と紹介されるような、金儲けをイメージする人もいることでしょう。

　しかし、本書では一攫千金をいたずらにあおるのではなく、お金だけでは語れない発明の魅力も、お伝えしたいと思っています。

　発明が成功するまでには、アイデア発想、試作品作成や実験、テスト販売、企業への売込みなど、たくさんの行程があります。それらの行程には、「考える楽しみ」や「作る楽しみ」、「挑戦する楽しみ」など、それぞれに魅力があります。そして、なんといっても一番の魅力は、アイデアの商品価値を試す「評価される楽しみ」です。

　「便利なアイデア商品だ!」と、企業の社長や、お客様から評価されることほどうれしいことはないはずです。「お金を得る楽しみ」は、発明品が社会に認められ、企業やお客様からよい評価を受けた、経済的結果であり、発明が持つ魅力のごく一部にしか過ぎないのです。

　もし、アイデアが浮かんだならば、ぜひ、そのアイデアで挑戦してみませんか?そうすれば、その発明分野の主人公になって、主体性を持って社会に関わっていく、大変スリリングで充実した日々を送ることができます。本書で紹介している先輩発明家たちは、自らの成功例を通して、「楽しい発明人生」を我々に提案し、発明の世界へ招待してくれています。

　仕事や家事を機械的に消化することだけに1日を費やすビジネスマンや主婦。楽しいはずの釣りやゴルフなどの趣味に、いまひとつ熱くなれない趣味人。親事業者から一方的に買い叩かれるような、地位の優劣から生まれる悩みを抱える中小零細企業の経営者。自分に何ができるのか、就職はできるだろうかと不安で、将来に備えて自分探しをしている学生の皆さん。

　このような方々が発明を始めれば、次の展開を早く知りたくて、毎日があっという間に過ぎ去ってしまうような、熱中できる「何か」を得ることができるかもしれません。

　その「何か」とは、希望に満ち溢れた「心の富」が得られるということ。その上「金の富」まで得られたら、なんて素晴らしいことでしょう。

　単なる主婦や定年後のおじさんとして終わる1日の仕事や日常生活、趣味の世界が、今よりもずっと明るく、人生が張り合いのある楽しいものになります。

　中小零細企業の経営者の方々は、アイデアをもとに自社開発商品を事業化

できれば、得意技術を活かした仕事ができるばかりか、親事業者からの受注に100％依存しなければならない下請け業から脱することもできます。

給料が安い。出世できない。いつ解雇されるかもわからない。こんな弱い立場にあるビジネスマンでも、自分のアイデアが権利になったり、商品化されるようなことがあれば、大きな誇りと自信をもたらし、心のよりどころにもなるはずです。

小、中、高、大学生ならば、工夫や工作、想像する楽しみを通して発明に携わることができれば、将来の職業につながる大きなヒントが得られるかもしれません。

地方に住んでいる方々は、地元のものを使ったアイデア商品を作ることで、いか徳利や昆布のぐいのみが大ヒットしたように、村おこし・町おこしや、地方創生という国策に貢献できる夢があります。

発明を楽しむとは、このようなことだと筆者は思います。

いつまでもその楽しさを忘れずに、そして、いつの日か自分の発明が大きな評価を得られる日を夢見て、発明生活を楽しんでいただければ幸いです。

さあ、今日から、ドキドキワクワクの発明生活の始まりです!

2015年1月吉日

松野　泰明

 推薦の言葉

　日本人は、戦後、外国から輸入した鉄などの資源にアイデアを加えた結果、世界一の車や電化製品等の発明品を作り出し、今日の日本をつくりあげてきました。
　日本は資源に乏しい国ですが、今では、これだけの豊かさを手に入れました。
　日本人の発明力は、世界に誇れる素晴らしいものです。資源はなくても、アイデアに満ち溢れた「知的資源大国」なのです。
　そして今、アイデアの世界も新しく変わりつつあります。
　産業が成熟し、発明と技術のレベルが上限まで近づいた現代の日本では、技術を第一に追求する方向性から、遊びやゆとり、安らぎ、癒しが感じられるような、ちょっとした小工夫（ソフトなアイデア）という新しい分野に方向を変えて、製品が開発されるようになってきています。
　製品としての機能は大切ですが、使うのは人間です。同じお金を出して買うのであれば、思わず「なるほど!」と関心してしまう斬新なアイデアに加え、デザインや見た目が楽しく、かわいい商品のほうが喜ばれるのです。
　そして、このようなアイデア商品は、発明を知らない一般の人でも、実際の生活を通して感じた不満や不便をヒントにすれば、十分発想することが可能なレベルです。
　発明は、研究者や企業だけのものではありません。現代はまさに、発明初心者が、発明で成功をつかむチャンスなのです。
　本書は、アイデアを発想する方法から始まり、その後、思いついたアイデアを、発明として育て、企業へ売り込み、ロイヤリティを得るまでの方法が、プロセス別にわかりやすく紹介されています。
　また、成功を勝ち取った大衆発明家の方々が、自らの実体験から得たポイントが、本書の随所に発明品とともに登場します。
　そのため、発明成功を目指す主婦やサラリーマンなどの素人発明家や、新商品開発を目指す中小零細企業の社長さんだけでなく、これから未来のエンジニアや研究者を目指す、学生の皆さんにも、大変お勧めできる内容です。
　今、日本は不況にみまわれ大変つらい状況にあります。景気は低迷し、商品はなかなか売れない時代になってしまいました。失業率増加などの暗い話題も取り上げられています。

しかし、それでも我々は、毎日きれいな服を着て生活をしています。屋根のある家に住んで、三食欠かさず食事ができています。戦後、何もなかったときに比べれば、現代は大変恵まれています。

　今は、少々行き詰っているだけです。

　今、感じている生活の不満をちょっと工夫して改善すれば、世の中も人生も、もっと明るく、楽しいものになるはず。

　そのためには、今ある何かを、ちょっと変えてみることです。そのちょっとした行動が、面白いアイデアを生み、未来につながる、新しい日本を作っていく原動力になるのです。

　毎日の暮らしをもっと楽しくするためには、創造性を鍛え、アイデアを積極的に出して改善し、前へ前へと進むことが大切であると私は信じています。

　戦後、先人達が発明で日本を復興させたように、今度は皆さんが、新しくアイデアを出し、産業振興・文化振興をして、これからの日本をさらに盛り上げる番です。

　さあ、本書を読んでアイデアをどんどん出して、発明生活を楽しみましょう。

2015年1月吉日

　　　　　　　　　　　　　　　元特許庁　出願課認証官

　　　　　　　　　　　　　　　岩田　元吉

CONTENTS

はじめに ………………………………………………………………………… 3
推薦の言葉 ……………………………………………………………………… 7

序章 段階別発明マニュアル誕生秘話

001 発明成功の14階段を登ろう！ ……………………………………… 20
- ●釣りバカの誕生 ……………………………………………………………20
- ●アイデアを考える楽しみ、試す楽しみ ………………………………21
- ●発明・知的財産権との出会い …………………………………………23
- ●少しのことにも先達はあらまほしきことなり ………………………24
- ●誰でも頂上へ行ける発明マップを作りたい！ ………………………26
- ●発明初心者の方へのメッセージ ………………………………………28

第1章 発明は誰でもできる！（発想編）

002 発明は誰でもできる！ 発明完成階段1段目「アイデア発想」 ……… 32

003 自分の専門分野からアイデアテーマを探そう ……………………… 35
- ●骨盤矯正具「ラクダーネ」開発秘話 ……………………………………36
- ●身の回りにある、実践できそうな課題を探そう ……………………36

004 他から技術や理論を借りてこよう ………………………………… 37
- ●テレビでひらめいた戸田康一さんの場合 ……………………………37
- ●インターネットでひらめいた松本たかのりさんの場合 ……………38
- ●ヒントを見逃すな …………………………………………………………39

005 通販カタログ・サイトでアイデアテーマを探そう ……………… 40
- ●世間が欲しがっている物を考えることが重要 ………………………41

006 「特許情報プラットフォーム」でヒントを探そう ……………… 42
- ●自由に利用できる出願済みの技術とは …………………………………44

007 「特許情報プラットフォーム」の使い方 ………………………… 46
- ●技術の利用に関する注意点 ………………………………………………53

008 チョッとだけ変える小発明のススメ …………………………………… 54
　●鉛筆を例にした、大発明と小発明の違い ……………………………54
　●小発明のススメ ……………………………………………………………55
　●発明は無から有を生み出すことだけではない …………………………55
　●考えるより変えてみよう …………………………………………………56

009 アイデアテーマを進化させるカエル発想法の極意 …………………… 57
　●解決手段を探す場合 ………………………………………………………57
　●新用途を探す場合 …………………………………………………………58
　●カエル発想法は世界共通の問題解決法 …………………………………58

010 カエル発想法その1「新しい使い道を探そう」…………………………… 59
　●ただの「空気」が商品に!? ………………………………………………59
　●神様はただの砂!? …………………………………………………………60
　●排泄物をすいて、紙を作る ………………………………………………61
　●魚の尾骨から爪楊枝 ………………………………………………………62
　●タマゴの殻で再復活 ………………………………………………………62

011 カエル発想法その2「他からアイデアを借りてこよう」………………… 64
　●ヒントは病院にあった ……………………………………………………64
　●大工道具が健康商品に ……………………………………………………65
　●つらい経験を活かす ………………………………………………………66

012 カエル発想法その3「変えてみよう」…………………………………… 67
　●形を変えてみよう …………………………………………………………67
　●角度を変えてみよう ………………………………………………………69
　●色を変えてみよう …………………………………………………………70
　●硬さを変えてみよう ………………………………………………………70
　●使い方を変えてみよう ……………………………………………………70

013 カエル発想法その4「大きくしてみよう」……………………………… 72
　●穴を大きく …………………………………………………………………72
　●クリップを大きく …………………………………………………………72
　●大きいことはいいことだ …………………………………………………74
　●背を高く、美しいスタイルに見せたい! …………………………………74

014 カエル発想法その5「小さくしてみよう」……………………………… 76
　●物の短縮 ……………………………………………………………………76
　●時間の短縮 …………………………………………………………………77
　●「小・薄・軽」=カードサイズ ……………………………………………78

015　カエル発想法その6「取り換えてみよう」 ……………………… 79
　　●中身を変える ………………………………………………………… 79
　　●素材を変える ………………………………………………………… 79
　　●「動かない」から「よくすべる」に変える …………………………… 79
　　●ファスナーに変える ………………………………………………… 80

016　カエル発想法その7「逆にしてみよう」 ……………………… 82
　　●逆にして省スペース ………………………………………………… 82
　　●ポイントはお玉の裏面 ……………………………………………… 83

017　カエル発想法その8「組み合わせてみよう」 ……………… 85
　　●「2つで1つ」の発想 ………………………………………………… 85
　　●「A+B」の発想 ……………………………………………………… 85
　　●言葉や文字の組み合わせ …………………………………………… 87
　　●組み合わせ発想のコツ ……………………………………………… 88

018　カエル発想法その9「加えてみよう」 ……………………… 89
　　●「耳かき+○○」の発想 ……………………………………………… 89
　　●「靴下+テーピング」の発想 ………………………………………… 89
　　●突起を加えて驚きの演出 …………………………………………… 90

019　カエル発想法その10「減らしてみよう」 …………………… 92
　　●出る量を減らしてみよう …………………………………………… 92
　　●音をなくしてみよう ………………………………………………… 92
　　●くしの歯を減らしてみよう ………………………………………… 93
　　●発想の順番～タマゴが先かニワトリが先か? ……………………… 94

020　カエル発想法その11「表情を与えてみよう」 ……………… 95
　　●物を笑わせてみよう ………………………………………………… 95
　　●表情(顔)を与えてみよう …………………………………………… 96

021　カエル発想法の改善手段の一覧表 …………………………… 98

022　質よりも量　愚案珍案大歓迎 ………………………………… 102
　　●厳選抽出のため ……………………………………………………… 102
　　●絶え間なくチャレンジをするため ………………………………… 103
　　●アイデアを歓迎する風土を作ろう ………………………………… 103
　　●たくさんの意見を集めよう ………………………………………… 104

023　発明ではなく工夫だと考えよう ……………………………… 105
　　●「工夫」と考えれば、気が楽になる! ……………………………… 105
　　●ほんの少しの心遣いが大事!～ユニバーサルデザイン～ ……… 106

024　メモ魔になろう ……………………………………………………… 108
　●エジソンと同じ「アイデア眼」になろう ………………………… 108
　●メモを取ろう …………………………………………………… 109
　●メモを残す4大ポイント…………………………………………… 109
　●メモがアイデアに化ける ………………………………………… 110
　●携帯電話で情報を残そう ………………………………………… 111

第2章　アイデアは出た！　この後どうすればいい？（実践編）

025　発明を完成させる階段を登っていこう ……………………… 114
026　発明完成階段2段目「アイデア調査」………………………… 116
　●同じ構造の商品が販売されていないだろうか ………………… 116
　●同じ目的の商品が販売されていないだろうか ………………… 116
　●見つけた会社はどのような会社なのだろうか ………………… 116
　●同じ発明がすでに特許庁に出願されていないだろうか ……… 117
　●関係法令の確認………………………………………………… 117
　●同じアイデアが商品化されていた方へ ………………………… 118
027　同じ発明の調査「実地編」……………………………………… 119
028　同じ発明の調査「インターネット活用編」…………………… 122
　●専門店を探す …………………………………………………… 122
　●商品そのものを検索する ……………………………………… 123
　●企業を検索する ………………………………………………… 123
029　同じ発明の調査「特許情報プラットフォーム編」…………… 124
　●ワード検索のコツ ……………………………………………… 124
030　同じ発明の調査「特許情報プラットフォーム」実践編 …… 126
031　発明完成階段3段目「アイデアのまとめと検討」…………… 129
　●商品のニーズ（需要）について ………………………………… 130
　●デザインや色彩は、発明の効果と同じぐらい大事！ ………… 130
032　発明完成階段4段目「説明図（設計図）作成」……………… 132
　●工程1「説明図（ラフスケッチ）」………………………………… 132
　●工程2「アイデアのポイントを書き込もう」…………………… 132
　●工程3「アイデア比較」………………………………………… 133
　●工程4「設計図を描こう」……………………………………… 133

- 033 発明完成階段5段目「試作品製作」·················· 134
  - ●目薬点眼補助具「アカンベー」発明者　小林好子さんの場合 ·············· 134
  - ●皮むき名人「ピーラーシリーズ」発明者　高橋宏三さんの場合 ·············· 136
  - ●試作品製作のコツ1　試作品を何度も作り直せる発明を選ぼう ·············· 137
  - ●試作品製作のコツ2　素材や見た目には心配無用！　試作品＝商品ではない！ 137
  - ●試作品製作のコツ3　既存の商品に追加工して作り変えよう ················ 138
  - ●試作品製作のコツ4　試作品製作の依頼は慎重に！ ······················ 139
- 034 試作品が作れる「自分サイズ」のテーマを選ぼう ·············· 140
  - ●発明で成功した者だけが勝者ではない ···································· 141
- 035 試作品を作る意味 ···································· 143
  - ●試作品を作る意味 ·· 143
  - ●試作品がなかった「鉄しゃもじ」の売り込み ······························ 144
- 036 発明完成階段6段目「実験と改良」 ·············· 145
  - ●はさみ変え不要のしおり「スワンタッチ」開発秘話 ······················ 146
- 037 検査機関を利用しよう ·············· 148
  - ●具体的な効果の実証に役立つ ·· 148
  - ●発明品の量産に役立つ ·· 149
- 038 写真を撮ろう ···················· 150
  - ●写真撮影の準備 ·· 150
  - ●自分の発明品を撮影しよう ·· 150
  - ●参考となる写真を撮影しよう ·· 151
- 039 取扱説明書を作ろう ·············· 152
  - ●取扱説明書の作り方 ·· 152
- 040 専門用語を調べよう ·············· 154
- 041 発明完成階段7段目「発明完成」と権利対策 ·············· 156
  - ●出願をせず、売り込みを優先させる方法 ································ 158
  - ●法律について少しでいいので知っておこう ······························ 158
- 042 アイデアをどのようにして保護するか ·············· 159
- 043 実例で見る権利の使い分け ·············· 161
  - ●産業財産権について ·· 161
  - ●権利表記について ·· 162
  - ●著作権について ·· 162
  - ●産業財産権と著作権 ·· 164
  - ●権利はお客さまの利益も守る ·· 164

044	アイデアの説明ができるようになろう	165
	●アイデアを文章で説明するときのコツ	165
	●消しゴム付き鉛筆　特許出願書類(明細書)見本	169
045	文章の表現内容に注意しよう	171
	●アイデアの説明を上手になろう	172
046	権利対策の注意点	173
	●権利相談をする意味と価値	173
	●発明をどう進めるか、選択肢から選ぶのは自分	175
047	特許権が取れなくても大丈夫	176
	●権利化=商品化ではない!	176
	●権利は商品化の条件にあらず	176
	●自分の最終目的が何かを考えること	177
048	証拠を残す権利対策法～先使用権の活用～	179
	●先使用権の主張に必要なもの	180
	●証拠を作るタイミング	181
	●証拠の作り方	182
	●その他の活用法1「著作権の権利主張」	185
	●その他の活用法2「ノウハウの保護」	186
	●その他の活用法3「争いを回避する」	187

第3章　商品化までの道(事業化編)

049	商品化までの道～売り込みの成功階段を登っていこう	190
	●名刺を作ろう	191
050	売り込み成功階段8段目「売り込み先企業の探し方」	193
	●店舗で販売中の製品やカタログから探す	193
	●業界展示会で探す	193
	●インターネットで探す「検索サイト編」	193
	●インターネットで探す「特許情報プラットホーム編」	193
	●雑誌や業界新聞から探す	194
	●ノベルティグッズなどの利用可能性も考える	194
051	アイデア募集中の企業を狙おう	195
	●受け入れ態勢がある企業が狙い目	195
	●アイデア募集中の企業の探し方	195

- 052 売り込み成功階段9段目「企画提案書の作り方」･･････････････ 198
  - ●ルール1　用紙のサイズはA4版で作る･･････････････････ 198
  - ●ルール2　枚数は少なく！　一目で理解できるように！････ 198
  - ●ルール3　文字は丁寧に、色は2色ぐらいまで･･････････････ 198
- 053 成功発明の企画提案書　実物紹介･････････････････････････ 201
  - ●企画提案書を作る目的･････････････････････････････････ 203
- 054 売り込み成功階段10段目「挨拶状の作り方」･････････････････ 204
  - ●売り込みは人間関係が重要･････････････････････････････ 204
- 055 売り込み成功階段11段目「提案の方法」･････････････････････ 206
  - ●郵送での売り込み･････････････････････････････････････ 206
  - ●事前連絡は必要か？　封筒の書き方は？ ･････････････････ 206
  - ●誰宛に送るの？ ･･･････････････････････････････････････ 206
  - ●要領は受験と同じ！ ･･･････････････････････････････････ 207
- 056 売り込み成功階段12段目「売り込みの返事と対応」････････････ 208
  - ●イメージは「宝くじ」･････････････････････････････････････ 208
  - ●売り込み企業リストをつくろう ･････････････････････････ 209
- 057 企業からの返信例その1「試作品を送ってほしい」････････････ 210
  - ●「試作品を送ってほしい」という返事 ･････････････････････ 210
  - ●ヒモ結束具「巻えもん」（ひもくるりん）の採用秘話 ･･････････ 211
  - ●試作品は送るな！　実演に行け！ ･･･････････････････････ 211
- 058 企業からの返信例その2「特許を取ってないとダメです」･･････ 213
  - ●理由1　社外からの提案を受付する規定の問題････････････ 213
  - ●理由2　断りの方便の場合･･････････････････････････････ 214
- 059 企業からの返信例その3「こんなものを募集しています」･･････ 215
  - ●傾向と対策のヒントが得られるケース･･･････････････････ 216
  - ●アイデアではなく、自分が売れてしまう場合････････････････ 216
- 060 アイデアが採用されなかった理由とその対応策 ････････････ 217
  - ●企業側に理由がある場合･･･････････････････････････････ 217
  - ●発明者側・または発明品そのものに理由がある場合････････ 220
- 061 1つのアイデアが成功するまでどれだけの時間が掛かるのか･････ 223
  - ●横向き枕「楽だ寝ぇ」を発明した内田茂夫さんの場合 ･･･････ 224
  - ●発明を楽しむためには･････････････････････････････････ 225
- 062 返事が来なくても怒らないこと！ ････････････････････････ 226
  - ●企業から返事がない理由･･･････････････････････････････ 226
  - ●企画提案書はチラシやダイレクトメールと同じ･･････････････ 227
  - ●返事がなくても怒ってはダメ！ ･････････････････････････ 227

- 063 売り込みの成功階段13段目「契約の仕方」……………………… 229
  - ●契約とは何か …………………………………………………………… 229
  - ●譲渡契約とロイヤリティが得られる実施契約 ……………………… 230
  - ●ロイヤリティの算出 …………………………………………………… 230
- 064 契約書の文例 ……………………………………………………… 232
- 065 契約書の解説 ……………………………………………………… 233
  - ●第一条　実施権とは …………………………………………………… 233
  - ●第一条　契約の対象 …………………………………………………… 233
  - ●契約の期間 ……………………………………………………………… 233
  - ●第五条　契約金 ………………………………………………………… 233
  - ●第七条　支払い方法について ………………………………………… 234
  - ●第八条　調査について ………………………………………………… 234
- 066 自分で商品化する方法 …………………………………………… 235
  - ●自己事業化の場合の利益 ……………………………………………… 235
  - ●誰でもできる事業化法その1　中村玲架さんの場合 ……………… 236
  - ●誰でもできる事業化法その2　小林好子さんの場合 ……………… 238
  - ●販売実績が付けば、採用される可能性もある ……………………… 240
- 067 スモールビジネスのススメ ……………………………………… 241
  - ●窓口となる名前・名刺・銀行口座を作ろう ………………………… 241
  - ●商品を作ろう …………………………………………………………… 241
  - ●商品名を考えよう ……………………………………………………… 242
  - ●パッケージ、包装、取扱説明書を作ろう …………………………… 243
  - ●売る場所を見つけよう ………………………………………………… 245
  - ●権利対策をしよう ……………………………………………………… 246
  - ●価格を決めよう ………………………………………………………… 246
  - ●税金の問題 ……………………………………………………………… 247
  - ●宣伝をしよう …………………………………………………………… 247
  - ●改良できるところはすぐ直そう ……………………………………… 248
  - ●100%を目指すな。80%で十分 …………………………………… 248
- 068 自分で商品化するときの注意点 ………………………………… 249
  - ●1人何役もの仕事が必要 ……………………………………………… 249
  - ●資金の問題 ……………………………………………………………… 249
  - ●権利の問題 ……………………………………………………………… 250
  - ●場所の問題 ……………………………………………………………… 250
  - ●家族の協力 ……………………………………………………………… 250
  - ●借金の問題 ……………………………………………………………… 250
  - ●自分のアイデアにおぼれるな ………………………………………… 250

069	ようやく到着14段目！　あなたは頂上に立つことができるか	252
	●ルート1　アイデア採用、契約成立の場合	253
	●ルート2　成功を続ける研究をしよう	253
	●ルート3　自分で事業化してしまう	253
	●ルート4　現在の発明テーマで、さらに研究を続ける	254
	●ルート5　現在の発明テーマをあきらめて、他のテーマを探す	254
	●千三つ	255
	●発明で確変・連チャンをGETする攻略法	255
	●目指せ！「発明ドリーム」	256

第4章　発明成功の秘訣（教訓編）

070	不平不満こそが金の卵	260
	●つらい仕事を積極的に引き受けよう	261
	●「不満」「不便」「非効率」に疑問を持とう	261
	●ヒヤリハットも大切なヒント	263
071	頭や手は使っても金は使うな	264
	●頭と手を使うと、発明品の進化につながる	264
	●お金ありきの発明では、先に進めなくなるケースがある	265
	●人の手を借りれば、作業は円滑に進む	266
	●一番危険な「思い込み」に注意しよう	266
	●特許庁の減免制度も利用しよう	268
072	発明は欲から入るが欲を忘れたころ成功する	269
	●自分のアイデアへのこだわり	269
	●途中の過程を楽しもう	270
073	他人のアイデアを素直に褒めよう	272
	●人を褒めよう	272
	●謙虚に学ぼう	273
	●素直な心を持とう	273
074	「自分ならこうする」といつも考えよう	275
	●お手本に学ぼう	275
	●他分野の商品に転用する	275
	●その商品の欠点・改良点を探す	276
	●ヒット商品は「お手本」	276

075 **他人の評価を参考にしよう** ……………………………… 277
　　●「みんな欲しいと言ってくれた」の罠 …………………… 277
　　●耳の痛い話 ………………………………………………… 278

076 **公募やコンクールにチャレンジしてみよう** ……………… 279
　　●発想の練習になる ………………………………………… 279
　　●相手の好みを探る能力が付く …………………………… 279
　　●成功実績が付く …………………………………………… 280
　　●賞金、賞品がもらえる …………………………………… 280
　　●公募情報の探し方 ………………………………………… 280

077 **ネーミングも発明もわかりやすさと単純さが大切** ……… 281
　　●発明にも同様のことがいえる! ………………………… 281

078 **「発明女子」として輝こう!** ……………………………… 283
　　●「発明女子」としてストレスを前向きに楽しもう ……… 284

079 **ジェネリック発明のススメ** ……………………………… 285
　　●ジェネリック医薬品とは ………………………………… 285
　　●技術の利用は特許法が望んでいること ………………… 285
　　●ジェネリック発明のススメ ……………………………… 286
　　●時代に合わせてリニューアル …………………………… 287
　　●皆さんこそ、成功に一番近い人 ………………………… 290

付録　企画提案書のひな形

080 **企画提案書のひな形** ……………………………………… 292
　　●手書き記入用の「企画提案書」様式　利用方法 ………… 292

　　筆者発明体験談（後記）とあとがき ……………………… 294
　　参考文献 …………………………………………………… 296
　　取材協力 …………………………………………………… 297
　　索引 ………………………………………………………… 299

序章

段階別発明マニュアル
誕生秘話

発明成功の14階段を登ろう！

　当序章では、本章に入る前に、筆者が発明に携わるきっかけとなった発明体験談と、本書の特徴でもある「14段階別発明マップ」の解説と誕生秘話を、自己紹介も兼ねてご紹介しましょう。

🎣 釣りバカの誕生

　私は宮城県仙台市で生まれました。父は海に近い石巻。母は山に囲まれた岩出山の出身、ともに宮城県人です。父は埼玉県内のトラックメーカーの技術者だったため、生活の中心は埼玉県でした。

　しかし、夏休みなど、自然あふれる宮城県に帰郷するたびに、海や山に慣れ親しんできました。そのため、今でも自然には特に愛着があり、街よりも自然が大好きな、完全アウトドア人間です。宮城での楽しみは、何といっても「釣り」です。祖父や父に連れられて、よく釣りに出かけました。

　釣り好きとなる決定的な釣行は、父に釣りを教わってすぐ5歳のときのこと。場所は石巻市某所の磯。対象魚はアイナメでした。当時、幼稚園児だった私の太もも以上もある、ビール瓶のようなアイナメが餌を落とせば何匹でも釣れる、狂喜の入れ食い体験でした。

　父に手を借りながら、垂直に近い崖を下り、ようやくたどり着けるその磯は、幼稚園児には危険すぎる釣り場でしたが、私にはまるでパラダイスかのように感じました。竿が立たないほどに、釣り糸の先で暴れる魚の力強さ。磯臭い臭気が漂う潮風もまた心地よく、カニやフナムシ、イソギンチャク達と遊んだ宮城の海は、夏の日の濃い思い出として強く心に残り、今でも忘れることができません。

　こうして、わずか5歳で釣りの魅力に取り憑かれて以来、釣りが趣味になり、遊園地よりも釣具屋が大好きな子供になりました。毎日、魚類図鑑や釣りの本を読み、暗い物置にこもっては、本で覚えた釣りの仕掛けや釣り糸の結び方の練習ばかりしていたため、すぐに視力が落ちてしまいました。それでも一向に釣りへの情熱が冷めなかったのは、「誰よりも釣りを楽しみたい」と言う釣りへの熱意があったからでした。

　釣りの魅力は、他の釣り人よりも釣れることで生まれる「優越感」。道具を

「所有する喜び」。魚信を体で感じる「高揚感」。自然の中で遊ぶ「開放感」。次の釣りを成功するために工夫を凝らす「考える楽しみ」などにあります。これらは自然相手の趣味だけに、日常生活では得られない至上の快感でした。

　麻薬のような釣りの魅力に取り憑かれ、いつしか、釣りの道具や仕掛け、場所選びには人一倍こだわり考え抜き、工夫を惜しまない「釣りバカ」の資質は、こうして出来上がっていったのでした。

🖋 アイデアを考える楽しみ、試す楽しみ

　釣りバカの頭の中は、釣りのことしかありません。勉強中でも、「こんな釣具があったらいいな」「こうすればもっと釣れるかも」と、たくさんのアイデアが浮かんでいました。そして、後々の人生に影響を与えるきっかけとなった「糸よれを解消させる器具」も、たくさんあるアイデアの中の1つでした。

　スピニングリールという種類のリールを使用して釣りをしていると、リールの構造上、どのメーカーのリールでも、釣り糸がルアーに向かって左回転方向によじれ（糸よれ）がおきて、糸がらみのトラブルの原因となります。

　このトラブルを解消するため、「右回転方向へ回転する回転体」により、左回転方向へよじれてしまった釣り糸を、右回転方向へ強制的に戻して糸よれを解消させる「自転式糸ヨレ解消具」を考案し、実釣の場で利用していました。

　このように色々なアイデアがひらめくと、すぐ試作品を作り、少しずつ改良しては、実釣で試していました。素晴らしい効果を上げた釣具は、他人には秘密にして、快適な釣りを楽しみ、ひとしきり優越感を味わいます。そしてやがて満足すると、今度は見せびらかしたくなります。

　私は見せびらかす手段として、「釣り雑誌へのアイデア投稿」をしていました。投稿しても誌面にはなかなか掲載されないのですが、この「自転式糸ヨレ解消具」のアイデアは、編集長に選ばれ、誌面に掲載されたのです。

001 ● 発明成功の14階段を登ろう！

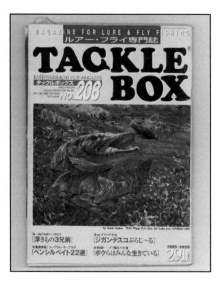

● タックルボックス　NO,208号（平成11年6月1日発行）

　アイデアが雑誌に掲載されると、編集長の評価に応じて釣具と交換できる商品券がもらえるシステムがありました。
　雑誌に自慢のアイデア釣具と名前が掲載されたことは、大変な喜びでした。なによりも、自分のアイデアが評価された優越感に加え、商品券がもらえるこ

とも大変嬉しかったことを覚えています。
　しかし、まさかこの雑誌掲載が、発明の世界を知る、思わぬ展開を見せるとは、このときはまだ想像すらしていなかったのでした。

発明・知的財産権との出会い

　そして雑誌掲載から数カ月後、ついに、釣り雑誌の編集部から封筒が届きました。中には商品券と、編集長からの手紙が入っていました。

　私は、何よりも編集長からいただいたこの手紙に、大変衝撃を受けました。『これはすごい発明かもしれないゾ』『雑誌に載ると著作権が発生する』という、あまりにも予想外の内容だったからです。
　私はただ誰よりも魚を釣るため、そして快適に釣りを楽しみたいがために釣具の工夫をしていただけです。単なる遊び、道楽です。
　その道楽が、まさか「発明」と評価されるとはまったく考えてもいませんでした。突然、「発明」といわれても、伝記で読んだエジソンやライト兄弟、御木本幸吉のような大発明をした「偉人」を思い出す程度の認識しかありません。また、アイデアを守る「権利」というものが存在することもよく知りませんでした。
　私はこの編集長からいただいた手紙で、「発明」「知的財産権」という未知の世界をはじめて知ったのです。
　これ以来、発明や特許権、著作権等の知的財産権に大変興味を持ちました。発明関連の書籍を読みあさり、知的財産権関連の講義や資格試験を見つけては、片っ端から勉強していったのでした。

少しのことにも先達はあらまほしきことなり

　現在では、筆者と同じ「右方向に回転する回転体により、糸よれを解消させる糸よれ解消具」が商品化されています。それらは、自分のアイデアよりもずっと見た目がよく、使いやすいように工夫された、素晴らしい商品になっています。

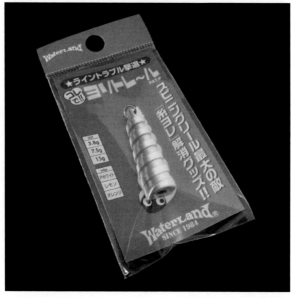

今でも釣具屋でこれらの商品を見るたびに、自分のアイデアに間違いがなかったことを実感し、とても嬉しく思っています。
　しかし……うれしい反面、複雑な気持ちでもあります。
　それは、私が考案した「自転式糸ヨレ解消具」のアイデアは、雑誌に掲載されただけで、その後、そのままになっていたからです。釣具市場に通用するアイデアであったことが、現在市販されている商品で証明されているだけに、私はそれが何より残念でならないのです。
　残念ながら、雑誌に掲載された当時は、アイデアを育てるための具体的な方法が、まったくわかりませんでした。発明に興味は持ったものの、「発明なんて大それたことが、自分にはできるはずがない。偉人や博士がやるような難しいことだ」と思い込んでいました。偉人が発明した電球や飛行機、養殖真珠の発明と、単なる釣りバカである私が考えた糸よれ解消具が、同じ「発明品」であるとはとても思えず、発明を育てるために誰かに相談しようとも、事業化を目指そうともしなかったのです。
　先を読み、物事を深く難しく考えすぎるあまり、実行に踏み切れない性格は私の悪い所です。
　しかし、もし雑誌に掲載されたあのときに、学生でもチャレンジできる、大衆発明を紹介する本と出合っていたらどうなっていたでしょう。宝くじを買う感覚で気軽にチャレンジできるぐらい、大衆発明の世界がもっと身近で開かれたものであったなら……。私も事業化に挑戦し、今頃は釣具メーカーの社長になり……とまでは思っていませんが、少なくとも今とは少し違う、清々しい心境に変わっていたのではないかと後悔しています。
　「どんな些細なことにも優しく教えてくれる人(本)があってほしい」と思ったのは、鎌倉時代の随筆家、兼好法師も私も同じであり、道案内が大切であることは、いつの時代になってもまったく変わらないことを自ら体験したのでした。

誰でも頂上へ行ける発明マップを作りたい！

しかし、今思い返してみれば、私の試作品には問題がありました。

効果は優れていたものの、まだまだ商品化するには程遠く不完全でした。見た目もかっこ悪く、量産にも適さない構造だったのです。いくら効果が優れていても、デザイン性や量産性、携帯性等の要素も優れていなければ、商品化は難しいのです。たとえ効果がすぐれているという点だけで、特許出願を行い、仮に権利化できたとしても、商品化はとてもできなかったでしょう。そもそも、雑誌に掲載されると新規性を喪失するため、特許権が取れなくなるということも、法律を勉強したことで、後々知ったことでした。

大衆発明の世界にいた経験がある今だからこそ、発明成功への全工程を理解し、試作品と権利活用という双方の問題点がわかり、冷静に分析することができます。しかし、当事の私の心境を振り返ると「何をどうしたらよいのか、まったくわからなかった」のが、私の正直な感想です。

そして自らの体験から、「発明の全体像を明確にし、この次に何をすればよいのかを、段階別にまとめた、発明マップ（地図）のようなものがあれば、よい発明マニュアルが出来上がるに違いない」と言う、本書執筆の構想にたどり着くのは、ごく自然なことでした。

本書では、発明成功を勝ち取ってきた大衆発明家の方々がたどってきた発明成功に必要な道のりをお手本として、その行程を誰でもたどれるように、特に重要な行程を14段階の行程別に分けました。これにより、重要な行程が一目瞭然となり、まるで地図のように発明の全行程がわかるようになりました。

また、相談を受けることが特に多かった質問内容から、発明家の方々が、どんなことに疑問を感じているかを把握することもできました。

そのため、その相談内容で多かったものを、発明成功に必要な14段階の行程に沿った順番で、「発想編」「実践編」「事業化編」「教訓編」の4章の行程順に、詳細な解説項目を加え、テーマ別に分類してまとめました。

発明を成功させるため、まずは登山をするように、「発明マップ」となる本書を読みながら、段階ごとの内容に従ってご自身の発明を進めてください。

たとえば、私の場合、試作品は完成させ実験と改良までは実行していました。行程図でいえば6段目までは進んでいたことになります。

001 ● 発明成功の14階段を登ろう!

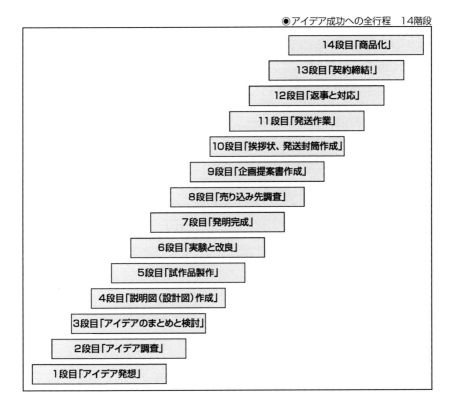

●アイデア成功への全行程　14階段

14段目「商品化」
13段目「契約締結!」
12段目「返事と対応」
11段目「発送作業」
10段目「挨拶状、発送封筒作成」
9段目「企画提案書作成」
8段目「売り込み先調査」
7段目「発明完成」
6段目「実験と改良」
5段目「試作品製作」
4段目「説明図(設計図)作成」
3段目「アイデアのまとめと検討」
2段目「アイデア調査」
1段目「アイデア発想」

　しかし、私は、その後の行程がわからず、次のステップに進むことができませんでした。また、デザイン性の点で問題があり、商品とするには課題が多い問題もありました。

　もし、あの当時、本書があれば、7段目で権利対策をした後、8段目以降の第3章の事業化編に進み、企業へ発明を売り込むステップに進むことができたはずです。また、冷静に自分のアイデアを分析し、デザイン性や携帯性等の課題を解決するため、改良という次の明確な目標を持って発明をさらに進めることもできたはずです。

　やるべきことさえ実行していれば、少なくとも、「もしかしたら自分のアイデアが、事業化されていたかも」と、後で悔しい思いをするようなことにだけは、なっていなかったでしょう。

　同じダメな結果になったとしても、センスや着眼点の問題により、アイデア自体がよくないものであれば仕方ありませんが、やるべきことすらやらずに後

悔することほど悔しいことはありません。

　結局、私は頂上へ行く（発明で成功する）ために必要な行程がわかる「発明の世界の地図」を持っていなかったため、進む道を見つけられずに道に迷い、発明の世界で遭難してしまったのでした。

発明初心者の方へのメッセージ

　発明に興味がある方や、自分のアイデア力が世間に通用するか試してみたい方は、アイデアの出し方から少しずつ勉強してみましょう。

　特に、今あるものに工夫を加え、新しい物を作ることが上手な方や、自作したアイデアグッズを持っており、生活の必需品になっているような方のように、「自分の工夫が発明であることにすら気が付いていない方」は、ぜひ本書を参考に、売り込みをして商品化にチャレンジし、悔いが残らないようにしてほしいと思います。

　企業に売り込んだ結果、ダメでもよいのです。ダメであることがわかるからです。そして、たとえダメでも、そこから、改良案を考えれば次につなげることができるのです。

　何よりも残念なのは、自分のアイデアの良しあしがわからないまま、先を越されることです。もしかしたら自分のアイデアが商品化されていたかも……と、悔やんでも悔やみきれない悔しさが残るようでは絶対にいけません。

　発明は楽しいものです。発明成功への道のりは、まるで山登りのようなものです。つらくて、登るのが大変なこともあるかもしれません。

　しかし、登山中もきれいな景色や清々しい空気が楽しめるように、発明中も、試作品を作ったり意見が聞けたり、発明仲間ができたりと、楽しいことがたくさんあります。

　アイデアが商品化されたり、権利化されれば、登頂記録が自慢になるように、それらの実績は自らの価値を計る、社会的評価にもつながります。

　そして、自分の力量にあった山を選び、道を踏み外すことなく、成功に必要な行程を一歩ずつ着実に登ることができれば、必ずや頂上（商品化とロイヤリティGET）に立つことができます。偉人や博士ではなくても、頭で金を稼ぐことは誰にでも可能なのです！

　さあ、皆さんも発明ができそうな気持ちになりましたか？　興味が出てきたなら、ぜひ私と一緒にアイデア成功を目指しませんか？

本書で発明の楽しさを知って頂くために、たくさんの実例や、私が知っている大衆発明家の方々の体験談を紹介し、できる限りわかりやすい文章で説明しました。まだ若い学生の皆さんでも興味を持ってもらえるぐらい、やさしい内容にまとめたので、発明をもっともっと身近なものとして、誰でも気軽にアイデアの事業化にチャレンジしていただきたいと思います。

　そして何よりも、もし売り込んでいたら……という後悔だけは、絶対にしてほしくないという私の願いと、楽しく、何より夢がある「発明の面白さ」を、少しでも本書でお伝えできれば幸いです。

　さあ、それでは次章から、発明の楽しさを、紹介して行きましょう！

第1章
発明は誰でもできる！
（発想編）

002 発明は誰でもできる!
発明完成階段1段目「アイデア発想」

「発明」と聞くと、皆さんは何を想像するでしょうか。

電球を発明したエジソンや、飛行機を発明したライト兄弟は、アメリカの発明家です。日本の発明家といえば、御木本幸吉翁でしょう。真珠で有名なミキモトパールは、この養殖真珠の発明者の苗字、御木本のことです。青色に光る青色LEDを発明したのは、日本人の科学者、赤崎勇、天野浩、中村修二の三氏です。2014年のノーベル物理学賞を受賞されました。

発明と聞いておそらく皆さんが想像したであろう、これら発明品や発明者は、いずれも大変有名で、大発明家、偉人、ノーベル賞受賞者とまで称されている方々です。

さて、皆さんは発明と聞いて連想するこれらの発明品や人物から、発明に対してどのような印象を持つでしょうか。

「自分は偉人でも博士でもない。勉強も得意でない自分に、発明などできるはずがない」と、思ってしまう方もいるかもしれません。

しかし、筆者はそうは思いません。

シェイプアップ効果がある「初恋ダイエットスリッパ」を考えた中沢信子さん。4通りの使い方ができる「四徳ピーラー」を考案した、高橋宏三さんなどなど。

　筆者は、このお二人以外にも、発明で成功された沢山の大衆発明家とお会いしてきました。

　これらの方々に共通するのは、その誰もが、ごく普通のおじさんおばさんや、どこにでもいそうな大学生など、一見ごく普通の方ばかりだということです。

　確かに機械や電気、化学、生物学の知識がないのに、電球や飛行機、養殖真珠、青色LEDの発明はとても無理でしょう。

　しかし、たとえば、「こんな形のスポンジがあったら、食器洗いが楽になる」と言うような発見は、毎日家事をしている主婦にしか気が付かない、自分にとって専門分野のヒントであり、スポンジ程度のものであれば、自力で加工して工夫すれば、何とか解決できそうな気がするはずです。

　つまり、エジソンにはエジソンの発明分野があるように、素人には素人の発明の分野があります。主婦であれば、主婦ならではの、釣り人には釣り人ならではのアイデアを発想すればよいのです。無理してエジソンになり、自分には専門外の電球の発明を目指す必要はありません。

　一般の方でも、アイデアが世間に認められ、商品が売れて利益を上げているものがたくさんあります。

　「電球や青色LED」と「初恋ダイエットスリッパや四徳ピーラー」のように、偉人と称される発明家とは発想のテーマは違えども、人々に喜ばれる商品を出して、社会に貢献していることに変わりはありません。

　ごく身近なヒントによって生まれたアイデアでも、自分と同じ境遇にいるお客様の共感を勝ち取ることができ、会社での職位の上下や、老幼、貧富、学歴や男女の別なく、発明で成功することは十分に可能なのです。

これら、生活や趣味を通してひらめいたアイデアをテーマにして発明する人は、「大衆発明家」と呼ばれています。

　生活や趣味からではなく、偶然の発見をヒントに発明をすることも、もちろん可能です。しかし、偶然の発見に身を任せていては、チャンスがいつ訪れるかわかりません。

　発明に興味がある方は、積極的に発明のヒントを探しましょう。

　つまり、「こうしたらもっとよい商品になるのに」と感じる、生活の中で見つけたフトしたひらめきをヒントにするのです。また自分の体験だけではなく、テレビや雑誌、インターネットからも、発明のヒントを探すことができます。

　このように攻めの発想意欲を持つことで、沢山のアイデアで事業化にチャレンジすることができ、結果、その分だけ成功する確率も高くなります。

　さて、発明をするには、まず、アイデアを探さなければいけません。そのためには、アイデアの出し方（発想法）から説明しましょう。

　本書では、発明が成功するまでの行程を14段に分けて解説しています。発想をすることは14階段の1段目で、大切な「はじめの一歩」となります。登山で言えば「一合目の登山口」です。ここで見つけるアイデアを間違えてしまい、自分にはとても登れない山に挑戦してしまうと、後で大変なことになります。アイデア選びに注意しながら、発明発想にチャレンジしてみましょう。

003 自分の専門分野から アイデアテーマを探そう

　商品は、人に求められて初めて価値が生まれます。商品が売れるから利益が生まれ、発明家はロイヤリティが得られるのです。

　そのため、発明で成功をするためには、まず、人に求められる商品を考えなければいけません。企業はそのために、アンケートを取って市場調査を行い、お客様が何を欲しがっているのかを徹底的に調査します。そして、そのニーズを満たすことができるヒントを見つけたら、その分野の新商品を開発するのです。

　人から求められるものを作らなければいけないことに、企業も大衆発明家も変わりはありません。しかし、発明家の場合は、企業のように新商品を作るためのアンケートをする必要はありません。

　なぜなら、そのアンケート対象者のお客様そのものが、発明家自身だからです。つまり、実体験から「この商品のここがダメ」「あったら買うのに」「この作業はなんて面倒なんだ！」と、不満や欠点、必要性をヒントにして、それらを解決し満足できる商品を作ればよいのです。これを、自分の専門分野の発明といいます。

　テレビで有名な大衆発明家は、なぜ成功できたのでしょうか？
　答えはとてもカンタンです！
　掃除や洗濯、料理や台所仕事など、毎日の家事をこなす中で気が付いた不便な点からヒントを探し、「こんなものがあったらもっと楽なのに」という、自分の家事を楽にするために絶対に必要なものだけをテーマにして発明をしているからです。

　たとえば主婦ならば、特に台所仕事や、掃除、洗濯などの日常生活が、主婦にとっての専門分野といえます。「きゅうりを包丁で切ると、張り付いてしまい、毎回数枚を無駄にしてしまう」「洗濯物干しが絡まってイライラする」など、このような不満を感じているのは、他の主婦仲間も同じです。そのイライラが重要なヒントとなります。

　ゴルフや釣りなどの趣味をお持ちの方は、その趣味の世界が、まさしく専門分野ということができます。

　ゴルフや釣りなどの趣味の領域は、特に欲求が激しい分野です。満足でき

るゴルフや釣りをするために、どんな商品が欲しいか、すぐ見つけることができるはずです。「ボールを遠くへ飛ばしたい」「こんな形のオモリが欲しい」「仕掛けが絡まってイライラする」など、欲求や不満が尽きることはないはずです。それらは裏を返せば、他のゴルファーも、釣り人も持っていることなのです。

　人々に求められるものを作る最短コースは、自分が欲しいと思うものや欠点を感じているものを探すことです。そのためには、自分の専門分野からヒントを探す方法が一番理にかなっているのです。

骨盤矯正具「ラクダーネ」開発秘話

　股関節炎を患った津久田喜代枝さん。治療らしい治療はなく、鎮痛剤で痛みを抑えるだけ。薬が効かなくなるまで飲み続けました。

　そんなあるとき、痛む股関節(患部)を手の親指でグッと押さえると痛みが和らぐことに気が付きました。薬が効かなくなってからは、親指がめり込むほど強く患部を押さえながら歩く日々が続きました。

　しかし、片手が使えないためあまりにも不便です。そしてついに、押さえる手の方が腱鞘炎になってしまいました。

　どうにもならなくなり、指の代わりに股関節を押さえられる物ができないかと、苦心の末にひらめいたのが「ラクダーネ」なのです。

　2本の伸縮するベルトで、骨盤と股関節を強く固定できるようにしました。また、簡単に素早く装着できるように構造も工夫しました。

　「腰を固定させるベルトが欲しい!」という、津久田さん1人の欲求が、いまや70万枚を越える売り上げにつながっています。

　生活や趣味だけでなく、怪我や病気などの特殊な不満をお持ちの方も、発想のチャンスがあるよい例です。

身の回りにある、実践できそうな課題を探そう

　同じ身の回りの物でも、電気の知識がないのに、スマートフォンの発明に挑戦する人がいます。発明を「高尚」なものと思ってしまい、背伸びをしてレベル違いの、博士の研究の真似事をしてしまう例が多く見られるのです。

　しかし、一般の人なら、自分の知識と経験を活かすことができる身の回りのもので、実際に試作品を作って効果を確かめることが容易なテーマのほうが、発明で成功しやすくなります。

004 他から技術や理論を借りてこよう

　発明を完成させるには、必ず「問題を解決するための考え（理論）」と「それを実現するための方法（発明品）」の2つが必要です。

　前項では、自分の専門分野からアイデアのヒントとなる問題点を探しました。ですから、理論は自分で発見できるはずです。

　しかし理論は、他から借りてきても、発明をすることができます。

📺 テレビでひらめいた戸田康一さんの場合

　体の深部にある腸腰筋（ちょうようきん）を鍛えると、骨盤矯正や腰痛予防、冷え性解消、下腹のスリム化に効果があるそうです。

　そしてこの腸腰筋を効果的に鍛えるには、椅子に座りながら、ひざを上下に持ち上げる運動をすればよいとのこと。

　テレビで紹介されたこの情報に興味を持った戸田康一さん。

　実際にひざを上げ下げしてみると、確かに疲れて効果がありそうです。でもつらすぎて、長続きしそうにありません。

　もっと楽に運動をするにはどうすればよいか悩んだ結果、「ひざの下に弾力性のあるクッションを敷く」方法がひらめき、何種類もの弾性体や断面形状を試しました。最後には、このクッションを使った運動でも腸腰筋を鍛える効果があることを実証してもらうため、専門家の推薦をもらい、ついに「腹筋GOO（ふっきんぐー）」が商品化されたのでした。

　一番最初の試作品完成から4年ほどで商品化も実現し、今ではテレビで紹介されるだけでなく、有名な健康雑誌『爽快』にも紹介され、多忙な日々を過ごしています。

004 ● 他から技術や理論を借りてこよう

🖐 インターネットでひらめいた松本たかのりさんの場合

「金属の銅が出す銅イオンには抗菌消臭効果がある」ことを、銅を専門に扱う「一般社団法人日本銅センター」のホームページで知った松本たかのりさん。

　靴の臭いは、靴の中で繁殖した細菌の老廃物が原因です。「銅の抗菌消臭効果を活用して、靴の中の細菌を除去すれば、靴の臭いを解決する商品が作れるのでは？」というひらめきから、銅板を用いた靴の消臭具「Zero Shoes（ゼロシューズ）」が発明されました。

　銅を使いさえすれば、効果は期待できます。しかし、効果だけでは商品にはなりません。デザイン性や使いやすさを追及し、発想から2年の期間を経て商品が完成。ヒット商品となったのでした。

🔖 ヒントを見逃すな

　「椅子に座りながら上下運動をする」という、腸腰筋を鍛えるための運動方法も、「銅に抗菌消臭効果がある」という情報も、すでに専門家によって実証済みのことでした。

　このような、医者や学者など専門家によって効果が確認された理論や、代々受け継がれてきた生活の知恵などは、「お役立ち情報」や「生活の裏技」、「おばあちゃんの暮らしの知恵」などの形で、テレビやラジオ、新聞、雑誌、インターネット上でたくさん紹介されています。

　後はその理論を利用して、簡単手軽に実践できる器具（装置）を、デザイン性よく、考えればよいのです。

　もし、戸田さんや松本さんが情報と理論を見逃していたら、発明はできませんでした。普通の人は、「へぇ〜」と感心するだけで終わってしまいます。もし、暇つぶしや娯楽として、楽しいひと時を過ごすためにテレビやインターネットを見るのであれば、それもよいでしょう。

　しかし、発明成功を目指すのであれば、メディアを貴重な情報源として活用し、垂れ流されている情報には特に敏感になって、理論を発明に活かすチャンスを逃さないことが大切です。

通販カタログ・サイトでアイデアテーマを探そう

　自分の専門分野や、メディアで興味を持った課題をアイデアテーマにする方法をこれまで紹介しました。

　しかし、発明に興味があるすべての人が、身の回りからテーマを探せるとは限りません。

　そんな、発明をするテーマ探しで悩んでいる方にオススメしたいのは、「今、売れている商品のテーマを参考にする」という方法です。

　簡単に言い換えれば、専門分野で得た情報から発想をするのは、「自由課題発明」です。対してこの項で説明するのは、今、売れ筋商品分野の商品を発明する「指定課題発明」とでも言い換えたらわかりやすいでしょう。これなら、とりあえず、今売れている分野の商品の発明に着手できますし、次なるヒット商品を狙うこともできるのです。

　具体的には、今、各種通信販売の商品カタログで、売れ筋の商品を調査して、その分野の発明をするのです。

　商品カタログを見ながら、色々と商品をじっくりと見ていきましょう。

　チェックポイントは、「最上段に掲載されている商品」と、「紙面を大きく占めている商品」の2点です。実はカタログの最上段や紙面を大きく占有している商品は、現在売れ筋の大ヒット商品や、これから流行させるために、販売業者が、今、特に力を入れている商品なのです。

　たとえば、収納部分を多く備えた「多機能バッグ」が紙面のこれらの場所に、ヒット商品として、紹介されていたとしましょう。

　これでイチオシの発明テーマが見つかったことになります。

　それでは次に、「バッグ」に対して、その商品の優れている点や、もっと工夫できるポイントがないか、具体的に考えてみましょう。

　考え方のポイントは、商品のどこかを変えてみることです。

　つまり、「バッグ」に新機能を加えたり、他の用途に使うなどの、新商品にするアイデアを考えます。

　たとえば、外出先の災害に備えるため、地震で割れたガラスが降ってきても、バッグを頭からかぶれば頭を保護できる「防災頭巾バッグ」にしてみる。または、隠しポケットを追加して、貴重品が隠せる「セーフティーバッグ」にして

みるという具合です。

これを、「ヒット商品の隣を狙った発明」といいます。

「隣を狙う」とは、「多機能バッグ」がヒットしていれば、「他のバッグ製品」のアイデアを考えるということです。バッグについて考えれば、今、売れ筋商品であるため、お客様も注目しています。

企業もバッグの第2弾の新商品開発を急ぎ、力を入れているため、需要者側と、企業側の双方のニーズを満たした発明をすることができます。また、そのときに流行っている旬の素材や模様、色を取り入れれば、さらによい商品に仕上がります。

世間が欲しがっている物を考えることが重要

この、「通販雑誌でヒット発明テーマを探る」という発想法は、骨盤矯正サポーター「ラクダーネ」の作者、津久田喜代枝さんに教えていただいたテーマ探しの手法です。

津久田さんも、毎日、山のように送られてくる雑誌をくまなくチェックして、健康グッズ特集をしている雑誌を、ラクダーネの宣伝のヒント探しや、次の新たな発明のテーマ探しに利用されているそうです。

自由課題で発明を考えるのは楽しいのですが、世間が欲しがっていないアイデアだと、ずっと成功しないままにもなりかねません。

その点、売れている分野からヒントをもらえば、発明で成功する確率は高くなります。「売れるアイデアを考えなければ意味がない!」「どうせやるなら、ロイヤリティが欲しい!」と思うのであれば、自分の好きな分野ではなく、今、最も活発に消費されている分野の「指定課題発明」をすると、より成功に近づけるのです。

まずは多くの通販カタログを電話やネット上から取り寄せて、今どのような商品分野が熱いのか、調べてみましょう!

いくつかの通販カタログの請求先を挙げておきます。

- ベルーナ　TEL 0120-85-7895
- ニッセン　TEL 0120-11-2000
- カタログハウス　通販生活　TEL 0120-701-234
- セシール　TEL 0120-70-8888
- ディノス　TEL 0120-60-7716

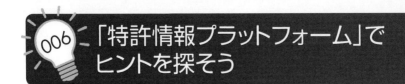
006 「特許情報プラットフォーム」でヒントを探そう

　特許情報プラットフォーム（J-PlatPat）は、特許庁が持つ約8,400万件にも及ぶ、特許、実用新案、意匠、商標等の公報類等の出願情報を、無料で365日、24時間、自宅にあるパソコンで検索閲覧することができる、とても役に立つホームページです。なお、「J-PlatPat」は「Japan Platform for Patent Information」の略称です。

- 特許情報プラットフォーム｜J-PlatPat
  URL https://www.j-platpat.inpit.go.jp/

　このホームページは、アイデアを発想し発明が完成した後、特許出願をするにあたり、同じ発明がすでに出願されていないかを調べる先願調査（せんがんちょうさ）をするときに使うのが一般的です。
　しかし、今回は、他の出願内容から新アイデアを発想するヒントを得る手段としての利用方法についてご紹介致します。
　たとえば、こんなことをひらめいたとします。
　『子供が箸を正しく持てません。どうしたら正しく箸を使えるように教えられるだろうか……』
　この時点では、「正しく箸が持てるようになるには？」という課題だけで、その課題を解決するための具体的な案はありません。つまり単なる着想の段階です。
　このようなときは、仮題を解決する器具の形をゼロから考えないで、まずは特許情報プラットフォームで、出願済みの技術を調べてみましょう（詳しい調べ方の手順については、次項をご参照ください）。
　「箸」と、箸を正しく保持できるように直す意味を持つ「矯正」という2語で検索すると、これらの2つの言葉が含まれる、出願情報が出てきました。

さて、次は、出てきた出願情報をすべて見て、それぞれ異なる「箸を正しく持てるようにするため」の解決手段を確かめます。

図面で発明の内容が大体わかるはずです。

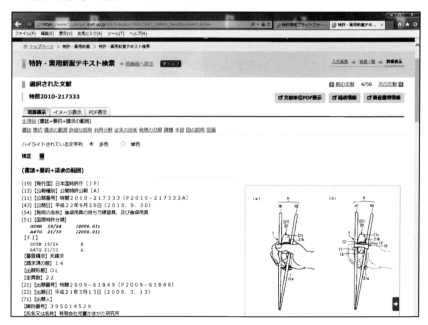

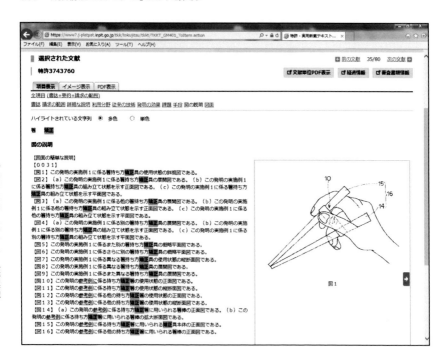

　権利が取れているからといって、すべてよいアイデアではないはずです。また、権利が取れていないものでも、大変シンプルで見栄えもよく、自分も欲しくなるアイデアもあることでしょう。

　この調子でそれぞれの欠点や長所を探したら、その欠点や長所を参考に「私だったらこうするのに！」と、今ある出願内容の中から、さらに「どこかを変えられないか」という視点で改良案を練れば、新しいアイデアを生み出すことができるのです。

自由に利用できる出願済みの技術とは

　特許情報プラットフォームには、権利化されているものだけが掲載されているわけではありません。

　次のような技術の場合、権利侵害を心配する必要がありませんので、安心して出願されている技術を再活用することができます。

- 権利が切れた技術
- 権利期間中、特許料（継続料のこと）が支払われなかったため、権利が抹消した技術

- 期限内に審査請求されず、未請求により権利化されなかった技術
- 審査請求したが、権利化できなかった技術

　また、権利期間中でも、少ない部品で同じ効果を出すことができれば、既存の技術よりも進歩したアイデアとなるため、既出の技術の権利に触れない新しい発明として権利化ができる場合もあります。
　特許情報プラットフォームを活用した発想法には3つのメリットがあります。
　1つ目は、たくさんのお手本（先願の発明）を参考にして発想するため、ヒントが多くなり、問題の解決が容易になります。
　2つ目は、既出の技術であったことが後にわかり、ガッカリすることが少なくなります。
　3つ目は、既出の技術であったとしても、最初から権利が切れている技術に少しの改善や流行色を取り入れるなどのアレンジを加えれば、権利を侵害することなく、新しいアイデア商品として再商品化できることです。技術を再生できるこの方法は、近年、「ジェネリック商品」として注目されています（詳しくは283ページ参照）。
　発明王エジソンは、誰がすでに行ったり試みたりした発明を繰り返す無駄を省くため、「本を、時間とお金を無駄にしないために利用する。誰かがやった実験をくりかえすようなことは、ご免こうむりたい」という言葉を残しています（出典『エジソン発想法』、浜田和幸著、幸福の科学出版刊）。
　情報を得るために、当時のエジソンが重要視していた「本」は、現代の大衆発明家である皆さんにとっての「特許情報プラットフォーム」なのではないでしょうか。

007 「特許情報プラットフォーム」の使い方

　特許情報プラットフォームでは、出願書類に記載された文章を対象に、さまざまなキーワードで検索をすることができます。この検索を使うと、あなたが考えたアイデアに関連する検索ワードを含んだ出願情報をデータベースから抽出して見ることができます。

　今回、検索するワードは、前項で説明した「箸　矯正」の例です。筆者と一緒に、検索してみましょう。本書を見ながら実際に検索できるように、まずはネット回線に接続されたパソコンをお手元にご用意いただいた上で、読み進めてください。

　さあ、それではまず特許庁のホームページを開くところから、始めましょう!

　なお、本書で紹介するホームページ画面は、ウィンドウズ7とインターネットエクスプローラー10がインストールされたパソコンで検索した場合の例を紹介しており、パソコンによっては、画面が一部異なる場合もあります。各種調査結果については、今後ホームページのリニューアルなどにより、本書で紹介する画面が、実際のホームページ画面と変わる場合があります。また、日々更新される出願情報に伴い、特許情報プラットフォームなどでの調査結果は、随時変わりますので、あらかじめご了承ください。

❶ 特許庁のホームページにアクセスする

　検索サイトに、「特許庁」と検索ワードを入力し、サイト検索しましょう。特許庁のホームページを探すことができます。

007 ● 「特許情報プラットフォーム」の使い方

❷ 特許庁ホームページを開き、「特許情報プラットフォーム（J-PlatPat）」をクリックする

　これが特許庁ホームページのトップ画面です。この特許庁ホームページから特許情報プラットフォームへ移動しましょう。

　なお、この特許庁のホームページでは、法律の改正情報や、特許・実用新案・意匠・商標などの出願書類の様式が、すべて無料でダウンロードできるようになっています。発明家にとって、とても重要なホームページですので、参考までに覚えておきましょう。

❸ 「特許・実用新案を探す」を選択する

　これが特許情報プラットフォームのトップ画面です。検索するアイデアの種類を選ぶことができます。今回の「箸矯正具」は、発明や考案に関するアイデアなので、対象は「特許、実用新案」に該当します。

❹ 検索語句を入力して「検索」ボタンをクリックする

　今回は、同じアイデアがあるかを調べるために、「箸」と「矯正」という、「商品名＋目的・構成・効果」の言葉の組合せで調べています。

　入力する検索語句が複数ある場合は、「スペース」を間に入れて区切りましょう。また、両方のキーワードを含まれるものを探す場合は、キーワードを入力する欄の右端にあるドロップダウンリストから「AND」を選択します。

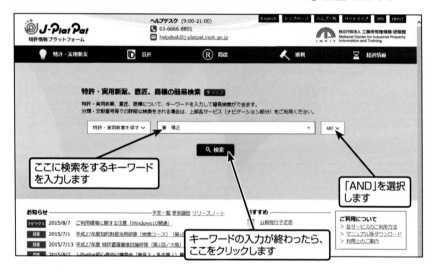

❺ 検索結果の件数が表示される

　この検索ワードが書類に含まれる特許・実用新案の技術情報が、何件見つかったか、検索結果が表示されます。

　これらの内容を見るためには、「一覧表示」をクリックします。

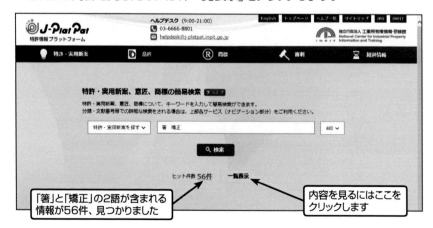

❻ 検索結果の一覧を確認する

リストが表示されます。文献番号をクリックすると、文献の内容と図面を見ることができます。

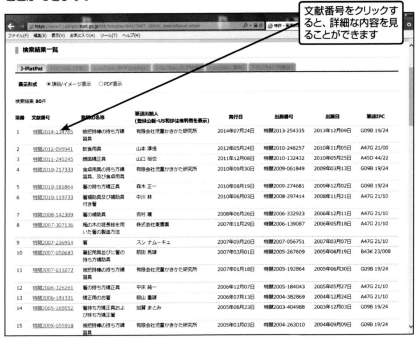

❼ 文献の内容を表示する

色々なアイデアが出願されているのがわかりますね。自分が考えていたものと同じもの、思わず感心してしまうもの、色々あると思いますので、参考にしましょう。

2番目に表示された次のアイデアを表示したい場合は、画面右上の「次の文献」をクリックします。

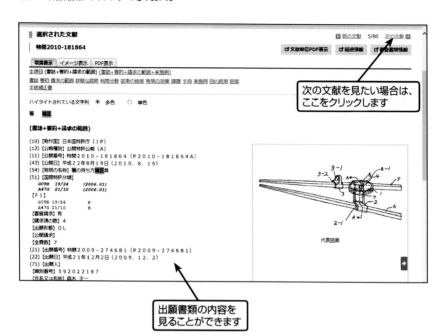

❽ 出願後の権利の状態を調べるには

さらには、審査の状況や権利の状態を調べることができます。つまり、次のいずれかであるかを、調べることができます。

- 権利存続中の技術
- 権利が切れた技術
- 権利期間中、特許料（継続料のこと）が支払われなかったため、権利が抹消した技術
- 期限内に審査請求されず、未請求により権利化されなかった技術
- 審査請求したが、権利化できなかった技術

これを調べるには、まず、手順❼の画面右上の「経過情報」をクリックします。すると、審査記録や権利の状態を見ることができます。

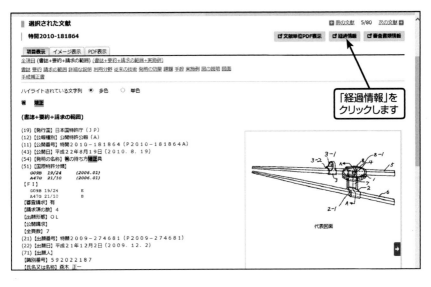

❿ 出願後の権利の状態を調べるには

経過情報の項目では、誰が、いつ出願したのか、などの情報が入っています。この中に「出願細項目記事」という情報が公開されています。ここで、審査の状況や権利の状態を調べることができます。

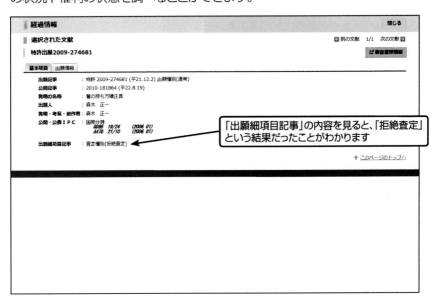

それではこの「出願細項目記事」で書かれている内容ごとに解説しましょう。

①査定種別（査定無し）　最終処分（未審査請求によるみなし取下）
　特許出願の日から3年以内に審査請求がされなかったので、出願が取り下げたものとみなされたものです。

②査定種別（査定無し）
　審査未請求または審査中の状態です。今後、権利化される可能性があります。

③査定種別（登録査定）最終処分（特許/登録）最終処分日（平成○年○月○日）
　審査を通過して登録された権利存続中の特許です。設定登録されて、特許権が発生した日付が最終処分日として紹介されています。

④「年金未納による抹消」という記載がある場合
　上記③のように登録されて、特許権が発生したものの、何らかの理由で特許料が納付されなかったために権利が途中で消滅したものです。

⑤査定種別（拒絶査定）
　審査の結果、特許性が認められなかったものです。権利は発生していません。なお、拒絶されたことが不服のため、再度審査を依頼している途中であり、拒絶が完全には確定していない場合もあります。

　たとえば、企業ホームページ内で「特許技術」と銘打たれたものでも、この要領で権利の状況を詳しく調べてみると、権利期間が過ぎて抹消しているものや、中にはそもそも審査請求すらされないまま、みなし取下げとなっている場合もあります。
　このような技術は、自由に使い、自らの業務に役立てることができます。また、さらには、更なる改良を施して、再度新商品として蘇らせることも可能です。

技術の利用に関する注意点

基本的に、①査定種別（査定無し）最終処分（未審査請求によるみなし取下）、④「年金未納による抹消」、⑤査定種別（拒絶査定）となっているものは、自由に使える技術となります（すでに販売中の新商品に似ていて、混同の恐れがないものに限る）。

なお、出願後1年6カ月の期間は、早期公開の申請がなされない限り、ホームページでは公開されません。また、この方法での検索の場合、平成5年以降の公開公報からの検索となります。そのため、見つけられない調査対象技術が存在する場合があります。平成4年以前の情報を検索したい場合は、「特許・実用新案テキスト検索」で調査できます。

その他にも、実際の審査とホームページへの掲載作業との間には時間のずれがあるため、注意が必要です。表示される情報は、あくまでも参考情報として利用するに留め、実際に技術利用をする際は、登録原簿（とうろくげんぼ）を取り寄せて、確定された権利の状態を確認するようにしましょう。

008 チョッとだけ変える小発明のススメ

「自分の専門分野」「理論拝借」「ヒット商品の隣をねらう」「先願技術をヒントにする」という、アイデアテーマの探し方を、前項まで紹介してきました。

色々とアイデアテーマが浮かんだ人もいることでしょう。しかし、出たアイデアテーマによっては、もしかしたら、とても難解な大発明に挑戦しようとしてしまっている可能性もあります。

そのような大発明の場合、残念ながら大衆発明家には、なかなか成功させることができないことが大半なのです。発明で成功するための重要な秘訣は「大発明を狙うよりも、小発明を狙う」ことにポイントがあります。

それでは、なぜ小発明を狙ったほうがよいのか、その解説を「鉛筆」に関連する発明の例で説明していきましょう。

鉛筆を例にした、大発明と小発明の違い

鉛筆を例に、大発明と小発明の違いを見てみましょう。たとえば、大発明と小発明は、次のようになります。

- 大発明のアイデアテーマ：インクが垂れる羽ペンの欠点解決
- 小発明のアイデアテーマ：鉛筆が転がる・消しゴムを紛失する欠点解決

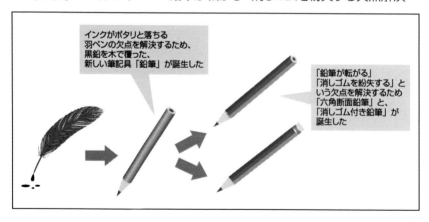

「羽ペン」の状態から、一気に「黒鉛を木で覆った鉛筆」へ、技術的に大変進歩しているものを作ることが「大発明」に当たります。

羽ペンから鉛筆を創作するまでの発想の飛躍の幅が、あまりにも大きすぎ

るため、相当の発想力と技術力がなくては、発明し、具体的な形にすることができないでしょう。

それとは別に、既存の鉛筆の形を変えたり、消しゴムなどを足したりすることが、いわゆる「小発明」に当たります。既存品の何かを変える発想は、発想のベースとなるものがあるので、比較的アイデアが出やすいのが特徴です。

そのため小発明は、発想の飛躍をする幅が大発明に比べると小さく、少しの変化を加えるだけで、誰でも発想できるぐらい、簡単で身近なものになります。

小発明のススメ

「六角断面であれば、転がりにくくなる」「2つのものをくっつければ、用途が増える」という理屈は、小学生でも理解できます。

既存品を加工して実際に発想どおりに作れる実現可能なものが多いため、試作品の作成も簡単にできるようになります。

試作品が作れれば、実際に使用して効果を体験することもできます。場合によっては、消しゴムの紛失を防ぐために考えた消しゴム付鉛筆が、「鉛筆が軸になるために消しやすくなることがわかった」という、実際に使ってみたからこそわかる、新しく生まれた効果も確認できるメリットも生まれます。

しかし、レベルの高い大発明にチャレンジしてしまった場合は、発想そのものが、なかなか浮かびません。また、試作品も自分で作れず、発明の効果を実証しにくくなる問題もあります。

既存の技術に変化を与える小発明は、発想次第で、発明初心者にも十分成功できるチャンスがあります。

少しの工夫を付け足すアイデア発想をすることを、まずは心がけましょう。

発明は無から有を生み出すことだけではない

ここで、既存の技術に付け足しや後付けをすることによって技術が進化していくことがわかる、1つの発明品を紹介しましょう。

時は1903年12月17日のこと。アメリカで、1つの素晴らしい発明品が生まれました。ライト兄弟によるライトフライヤー号によって成し遂げられた、動力飛行機の発明です。

260メートルを飛行した大発明の誕生以降、翼やプロペラの形状を変えたり、新素材を採用したり、新しく開発したエンジンと組み合わせることで、航

空技術は次々に進歩し、現在の飛行機にまで熟成しました。今なお飛行機の技術は進歩しており、ただ単純に「飛ぶ」ことを目標にしたライトフライヤー号から、「より安全性、快適性、輸送能力を持つ飛行機」を求めて、進化は続いています。

現在となっては、テレビ番組にもなっている自作飛行機コンテストを見ればわかるように、琵琶湖を横断飛行できるようなライトフライヤー号以上の飛行機を、大学生が作ってしまうのですから本当にすごいことです。

さて、現在飛んでいるさまざまな飛行機が、無から生まれたと思うのは大きな間違いです。

世の中の飛行機技術は、すべてライト兄弟の従来技術に改良を加え、さらにその技術の上乗せ後付けを繰り返すことで、100年以上の時間を掛けて少しずつ熟成してきました。

ライトフライヤー号を発明することも素晴らしいことですが、その技術にさらに改良を加え、飛行機を進化させることもまた素晴らしいことです。

100年に一度の大発明といえる飛行機や鉛筆を発明するよりも、むしろそれら既存の商品を少しずつ変えて、発明を進歩させていく発想をする方が、発明の主流ともいえるでしょう。

飛行機のような大発明には確かに華があり、あこがれるのもわかります。

しかし、既存の技術に変化を与える小発明も、技術の進化発展に貢献するという大きな役割があり、大発明と同じぐらい重要なことなのです。

考えるより変えてみよう

「自分の専門分野」「理論拝借」「ヒット商品の隣をねらう」「先願技術をヒントにする」などの方法でアイデアテーマを探すときは、鉛筆を作るような新しいものを探すよりも、できるだけ今あるものに変化を与えて、六角形鉛筆や消しゴムつき鉛筆を考えるようなことから始めるとよいでしょう。

既存のものに変化を与えるほうが簡単なので、誰でも発明に挑戦できるはずです。

次の項からは、そのアイデアテーマに「変化」という味付けを加えるのに役立つ発想法について解説しましょう。

009 アイデアテーマを進化させる カエル発想法の極意

「鉛筆が転がって困る」というアイデアテーマから、「鉛筆の形を変えてみた」ことで六角形の鉛筆という新商品が生まれ、問題が解決しました。

このように、アイデアテーマの対象となった、既存品（モチーフ）の何か一部を変えて、問題解決の手段を見つける発想法を、本書では「カエル発想法」と呼んでいます。

既存品に変化を与える「味付けの方法」であるカエル発想法には、さまざまな手段があります。本書では、「新用途・用法」「アイデア拝借」「変える」「重、厚、長、大、多」「軽、薄、短、小、少」「取り換える」「逆にする」「組み合わせる」「加える」「減らす」「表情を変える」などの方法を紹介しています。

変化を与える手段はこの他にもまだまだあるため、カエル発想法によって生まれる問題解決や用途開発、新商品開発のためのアイデアは無限に広がると言っていいでしょう。

さて、このカエル発想法は、大きく分けて、2つの活用法があります。その活用法を具体的に紹介していきましょう。

解決手段を探す場合

1つ目は、課題や問題点が明確で、その問題点が解決する方法を探すために解決手段を探す活用例です。

たとえば、「丸い鉛筆が転がって机から落ちてしまい、芯が折れて困った!」という場合です。このような状況に直面した場合、鉛筆やその周辺の物の何かを変えてみて、落とさない方法を探します。

たとえば、「転がりにくい三角や四角断面にしてはどうか」「L字型に曲げてはどうか」「転がらないように、起き上がりこぼしの様にオモリを入れてはどうか」「転がらないように、机の表面に凹凸を付けてはどうか」「落ちないようにマージャン机のアイデアを借りてきて、机の縁に壁をつけてはどうか」「鉛筆に転がりにくい形のキャップを付けて、ストッパー代わりにしてはどうか」などの要領です。

どの案も問題は解決しますが、一長一短あります。そのため、たくさんのアイデアを出して、さらにその中から、最良の妙案を選ぶのです。

新用途を探す場合

2つ目は特に問題点はなく、テーマに何かの変化を変えたら、どのような効果が生まれるかを考えて、アイデアを探る活用方法です。

たとえば、鉛筆の新商品を出そうと計画した場合、どのような鉛筆がよいか、鉛筆のアイデアを発想するような場合です。

「イカ墨で芯を作ったセピア鉛筆をイカの産地のおみやげにしてはどうか」「香木で作った高級アロマ鉛筆はどうか」「鉛筆が光ったらどうか」「水中で書ける万能鉛筆にしてはどうか」「かじったらスルメの味がする味付き鉛筆はどうか」「六角形の面それぞれに番号を付けた、マークシート鉛筆にしてはどうか」「学習塾の広告を入れたらどうか」「ペン回しがしやすい重量配分の鉛筆にしてはどうか」「五角形にしたら合格と語呂が合うからよいのでは？」などなど、色々なアイデアが浮かぶはずです。

解決手段を探した先の例に比べ「転がりにくくする」などのような、具体的な課題はないため、発想の自由度は高くなります。

その反面、自由な発想が求められるため、「課題を解決する手段を探すために発想をする場合」と比べ、目指すべきアイデアの方向性が見えにくい点が特徴ともいえるでしょう。

カエル発想法は世界共通の問題解決法

世界一の自動車企業、トヨタ自動車も、「変えたい」「変えなきゃ」「変えよう」という発想法を実践している企業です。

つまり、無から新しいものを考えるのでなく、これまでのものを変える「改善」を奨励しています。今や改善は、問題解決や新用途・新商品開発には欠かせない手法として広く知られており、「カイゼン（KAIZEN）」という言葉が、世界の共通語となっているほどなのです。

「変える」という発想によって社員から噴出したカイゼンアイデアは、年間数万件ともいわれており、このアイデアの積み重ねが、今日のトヨタ自動車の膨大な利益を生み出しているのです。

「専門分野」「理論拝借」「ヒット商品の隣」「先願技術」などからアイデアテーマを探してきたら、「カエル（変える）」という味付け方法で変化を与えて発想をしましょう。

それでは、カエル発想法の発想具体例を、次項から11の項目にわたって紹介していきましょう。

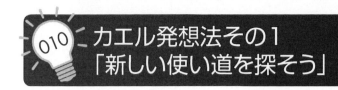
010 カエル発想法その1 「新しい使い道を探そう」

　古い商品の再生利用が注目されている現代では、古タイヤで作られたサンダルや、使用期限を過ぎて廃棄される高速道路の布看板から作られたバッグなどが商品化されています。

　これらの商品は、たとえば、回収したペットボトルを、再びペットボトルに再生利用する「リサイクル」という考え方とは異なり、新用途や品質の向上を伴う「アップサイクル」という再生利用の概念によって生み出されたものです。

　ご存知の通り、タイヤは本来、別の用途で生まれてきたものであり、サンダルにするためのものではありません。溝が減り取り替えたタイヤに、本来の価値はなくなります。厄介なゴミに、あらためて着目する人などいません。

　つまり、この例は、本来の役目を終えた後の廃物に対し、新用途を探す工夫や着眼点を持つことによって、新たな利用法や価値が発見された結果なのです。

　このように元々の用途から大きく離れた新用途の例を探すと、常識を覆す発想を常に持つことが大事であることがわかります。色々な角度からそれらの対象を見つめ直して分析すると、それらの特徴や活用法がわかり、商品化できそうな新しい価値が見えてきます。

　そしてさらには、古タイヤ以上に、元々が無価値である物に対しても、利用の仕方によっては、驚きの新商品を生み出すことも可能なのです。

　それでは、斬新な発想から生まれた商品を紹介していきましょう。

✋ただの「空気」が商品に!?

　最初は、普段、見過ごしている空気に着目した、「富士山の空気」という商品です。「空気が美味しい」という富士登山の感動を記念に残すため、世界文化遺産となった富士山山頂で採取した空気を詰めたおみやげです。

　商品になる気体といえば、酸素やヘリウムガス、プロパンガスなど、工業や医療の目的で利用価値のある気体が一般的です。しかし、ただの空気を封入するだけで商品にしてしまうとは、すごい発想です。

　これは、ただの空気とも思える気体にも、山頂で採取した空気にだけは、感動やロマン、夢という新しい価値が生まれる点に注目した商品なのです。

実用的な気体とはまた違った価値が生まれた同種の商品に「摩周湖の霧」という缶詰もあります。隣国の中国では「新鮮な空気缶」が売り出されたとか。これには大気汚染に対する皮肉的要素が強いようです。

　これと同様に、「旧東ドイツの排ガス臭い空気」を詰めた缶詰が過去、実際に商品化されていたそうです。名物となってしまった大気汚染を引き起こす有害な排ガスでさえ、おみやげとしても成立するわけです。

　名物をおみやげにする発想としては、鹿児島桜島が出す火山灰を詰めた降灰体感缶詰「ハイ(灰)！どうぞ!!」や、東西ドイツを隔てていた「ベルリンの壁のかけら」も同様の発想から生まれた商品といえます。

　このように、「どんな空気・灰・土などを詰めれば商品になるか？」と、どんどん考えていくと、他とは少し違った新商品開発のヒントに結びつきます。

神様はただの砂！？

　「御守砂」というお守りも、富士山の空気と同類の発想によるものですが、「祈願」という価値を加え、少々新しい切り口で商品化されている点に特徴があります。

　これは、群馬県碓氷峠の急勾配を機関車が登れるように使っている滑り止めの砂を「御神体」としたことで、砂に新しい価値が生み出されました。滑らず

に合格できるという願が掛けられており、受験シーズンには飛ぶように売れる大ヒット商品です。

その他、トンネル掘削工事の最後の発破で出た、トンネル貫通点で採れた貫通石を御神体にして、安産や意志(石)を貫く学業成就を願った「貫通石お守り」など、全国各地には同じような発想によって生まれたさまざまな商品を見ることができます。

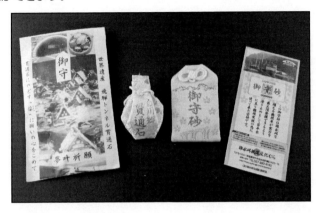

排泄物をすいて、紙を作る

草食動物の糞は、そのほとんどが植物の繊維です。これに目をつけ、十分に洗浄処理をした糞から紙をすいて作った、ポストカードなどのさまざまな紙製品が商品化されています。

一日200kgもの糞をするアフリカゾウ象の糞から紙をすいて作った、大きなうんちで運が開ける「開運ち(かいうんち)祈願しおり」。また、木登り上手で、木から落ちないレッサーパンダの糞で作った、受験で落ちないウンが付く「合格祈願しおり」などもあります。

🐸 魚の尾骨から爪楊枝

魚をさばくと、食べられないため捨てられる部分があります。

この、捨てられていた鰹(かつお)の尾骨で作った爪楊枝「かつ尾楊枝」が、鰹の一本釣りで有名な土佐久礼の魚市場で商品化されています。

尾ひれの骨は、硬い上に細いという特徴があります。

そのため、木製の爪楊枝のように、先が潰れてダメにならない上に、狭い場所にもしっかり届き、抜群の使い心地が特徴の商品です。

これと似ている商品として、いらない昆布から作られた「昆布のぐいのみ」という、昆布の産地である北海道のお土産があります。

🐸 タマゴの殻で再復活

食べた後のタマゴに着目したのは、かとうしのさん。タマゴの殻を加工した「エッグシェルカード」を発明しました。

　かわいらしく装飾された殻の中には、指輪などのプレゼントが入れられるようになっており、専用ケースでの郵送も可能です。そして、プレゼントを取り出すときは、殻を割って取り出すという、ロマンチックな演出がされています。プレゼントは気持ちが重要です。印象に残る感動を演出するために、割って取り出せるタマゴの殻に注目したのは素晴らしい着眼点といえます。

　これらの例のように、新しい使い道を探すということは、新たな価値を見つけることです。空気、霧、灰、瓦礫、砂、糞、骨、殻を知らない人はいませんが、それらから何かを発想できる人は少ないはずです。
　これは、すでに与えられているヒントから、アイデアを出すために必要な、「発想力」が鍛えられていないだけなのです。
　「アイデアが出ない」という人は、この発想法を何度も読んでから、あらためてもう一度身の回りを見回してみましょう。「他のことに使えないか?」という視点で着目すれば、ゴミ同然、タダ同然のものも発想のヒントになり、新たな価値を与えることができるのです。

011 カエル発想法その2
「他からアイデアを借りてこよう」

　服にくっつくゴボウの実から面ファスナーが生まれ、水流の抵抗が少ないサメの肌から競泳水着が生まれたように、動物や植物からアイデアを借りてきて発明することを、バイオミメティクス(生体模倣技術)といいます。これと同じように、身の回りにある商品の形や機能を借りてきて発明することも可能です。

ヒントは病院にあった

　難聴の人との会話は、大声を上げて会話するのも大変ですし、話の内容も筒抜けになり恥ずかしいものです。公共のスペースの場合は、迷惑にもなる問題がありました。

　そんな、難聴者との会話に困っていた折笠道子さん。とっさに、新聞紙をメガホン状に丸め、細い方を難聴者の耳へあて、もう一方の太いほうから声を出して話をしたところ、大変よく通じることがわかりました。

　音声を効率よく伝えるためには、病院で見掛ける聴診器のように声を伝えつつ、外からの音も防ぐ構造が、効果的であることを発見。

　これをヒントに発明したのが、ゴム管と会話口、耳あてを組み合わせた、ゴム管式の難聴用補聴器具「ハロー愛ホーン」です。

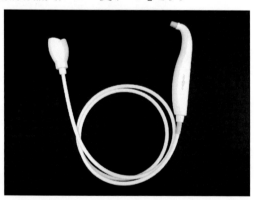

　通常の補聴器は、会話の相手の声だけでなく、雑音などの周囲の音をすべて拾い、機械で電気的に増幅してしまうため、難聴者にとっては大変苦痛であるようです。しかし、ハロー愛ホーンを使うと、会話の相手の声だけを集め、大きな音で聞くことができるため、大変聞こえやすいと評判の発明品です。

🐸 大工道具が健康商品に

　日曜大工工具の糸のこぎりを使っているときに、あるアイデアがひらめきました。さて、何でしょうか？

　答えは「マッサージ具」です。

　考案者の鈴木輝彦さんは、日曜大工の合間、刃がない糸のこぎりのフレームで肩や背中を押してみたところ、とても気持ちがいいことに気がつき、マッサージ具の発明に着手しました。

　早速、鉄筋を曲げて作った、つりがね草の形をした金属製のアームに、握りと、つぼ押し用の突起を付けた試作品を作りました。

　こうして完成したのが、「ブルーベル」マッサージ具（一人指圧器）です。

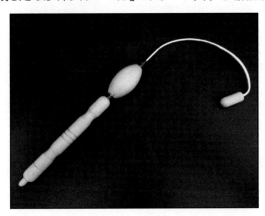

　「ブルーベル」とは、つりがね草のことです。形も似ていて、みんなに親しまれるようにとの願いをこめてネーミングされました。

　このマッサージ具のポイントは、金属製のアームに弾力性を持たせた点です。アームのしなりが弱すぎれば、伸びてしまいツボ押しの効果が半減しますし、強すぎれば、痛いし、折れてしまいます。

　そのため、どのぐらいの弾力性が、つぼを押すのに効果的であるか、工業試験場で焼入れをしてもらい、最適な弾性率を探し出しました。

　鈴木さん自身も、デパートなどの展示販売をしながら指圧器の売り込みを続け、これまでに通算10万本もの数を販売しました。

　90歳を過ぎた現在でも、マッサージ具の新商品が完成し、その発明熱は納まりません。誰でも知っているこのマッサージ具の形は、昭和45年ごろに鈴木さんが商品化したのがはじまりだったのです。

つらい経験を活かす

居眠り運転をした結果、事故を起こしてしまった佐溝浩三さん。

居眠りをすると、コックリコックリと、頭の角度が変わることに注目。角度が変わる傾斜に反応するセンサーと、振動する機能を組み入れた、居眠り感知器「INEMURAN(イネムラン)」を発明しました。

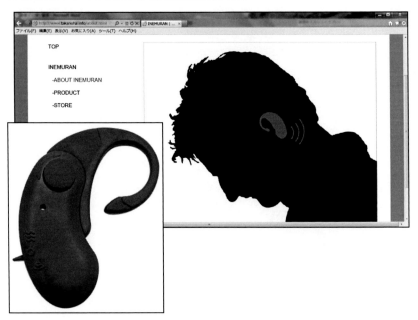

居眠りをすると、傾斜センサーが感知してイネムランが激しく振動し、びっくりして起きるという仕組みです。

重要なのはその形です。頭部に器具を取り付けられるように「耳掛け式の補聴器」を参考に装置を作り、違和感なく器具を頭部に設置することを可能にしました。

「聴診器」「糸ノコギリの形」「補聴器」などのモチーフから、「形」「用途」「効果」「手段」などの「ヒントを借りてくる」という特徴があることがわかります。

今ある既存の商品の要素を借りることで、まだまだ新しいアイデアを生むことができます。「何かに利用できないか?」という着眼点を日ごろから持ち、身の回りにあるものを見渡せば、たくさんのヒントを見つけることができるものです。

012 カエル発想法その3「変えてみよう」

　転がりにくいように六角形に変えた鉛筆のように、素材や色、形などを変えてみるのも、新しいアイデアが出てくる発想法です。

形を変えてみよう

　スプーンの形を四つ葉のクローバーの形に変えた永田栄吉さん。「生たまごのカラザ」をすくい取るための「クローバースプーン」を発明しました。

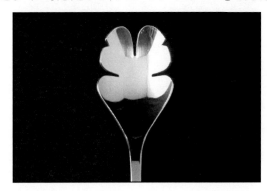

　幸福のイメージを持つ「四つ葉のクローバー」がモチーフなので、贈り物や引き出物として大ヒット商品になりました。メディアでも「88歳米寿、下町のエジソン」として取り上げられ、有名発明家の仲間入りを果たしました。

　次は、雨傘の取手の形を、日本刀の柄（つか）と、鍔（つば）に変えた、ユーモアあふれる商品です。

これは岩立周作さんが大学3年生のときに発明した商品です。「傘」+「刀」なので、「かさな」といいます。武器への興味とあこがれから、いつも日本刀を身につけていられることを考えた結果、身近な傘に着目し、傘の持ち手を、日本刀の柄と鍔に変えました。

　しかも、ただの面白商品ではありません。刀には欠かせない鍔の部分が、傘の重みを支えてくれるストッパーのような効果を生んで、握力を使うことなく傘を差せるようになりました。

　斬新な見た目と抜群の効果を兼ね備えたアイデアのため、筆者はかさなを講義のネタとして重宝しています。しかし、電車に乗るのがとても恥ずかしい、困った商品です。

　次は主婦らしい、台所から生まれたアイデアです。

　ぬかみそに鉄クギを入れると、鉄イオンの働きで、なす漬けなどの漬物の色がよくなることが知られています。そのため、鉄タマゴや、鉄なすびなどの商品は、すでに商品化されています。

　主婦の池田真由美さんは、これら、既存の商品である鉄タマゴや鉄なすびの形をしゃもじ形に変えた、ぬか漬け用の「鉄しゃもじ」を発明し、商品化されました。

しゃもじ型なので、ぬかみそその中に手を入れることなく、混ぜることができます。また、ぬかみそをかき混ぜた後は、鉄しゃもじをぬかみそに刺したままにすれば、鉄タマゴや鉄なすびと同じく、漬物の色をよくする効果は変わりません。

既存の商品の形をしゃもじ型に変えて、更なる機能を持たせることができた例です。

角度を変えてみよう

従来の計量カップは、目盛りを読むためには、計量カップを目の位置まで持ち上げる必要がありました。しかし、持ち上げるのが面倒な上に、手で持っているため液面が揺れて、目盛りを読みにくいという欠点もありました。

そのため、計量カップ本体に傾斜部をつけて、その傾斜部に目盛りをつける工夫をしました。

これにより、計量カップ上面から液面の目盛りが読めるようになります。

従来のように、横から目盛りを見るために、計量カップを目の位置まで持ち上げる必要がなくなりました。

また、置いたままで量れるため、液面が揺れることがなくなり、目盛りが読みやすくなりました。

計量カップに傾斜部をつけただけのアイデアですが、目盛りを見る角度が変わっただけで、作業がとても楽になりました。

色を変えてみよう

有名な標識ロープ（虎ロープ）は、色を変え新たな効果を生み出した発明の代表です。より合わせているヒモを黄色と黒色に変えると、まるで虎模様のロープになります。黄色と黒色の組み合わせは、危険を知らせる標識効果があるため、その色使いの組み合わせだけで意味を持ち、大きなメリットが生まれます。同様に、紅白や白黒のロープもすでに商品化されています。

観念的な効果ではなく、実質的な効果を持つ商品もあります。しゃもじや綿棒の綿を黒色に変えた商品です。

白い樹脂や綿では、汚れが目立ちません。しかし黒色にすることで汚れが見やすくなるため、汚れ具合を把握しやすくなる効果が生まれました。たかが色を変えただけと、あなどることはできません。

硬さを変えてみよう

スプーンをシリコンゴム製にしてやわらかくしました。すると、スプーンが、瓶の底の形にぴったりフィットして、底に残るジャムを残さず取れるようになりました。赤ちゃんの歯や口に優しいスプーンとしても、活用できますね。

使い方を変えてみよう

たとえば、結婚式で使う祝儀袋は、「水引（みずひき）」で飾られています。この水引で、メッセージを作ってしまった、新しい金封が登場しています。

本来、水引には、単に袋を飾る目的だけではなく、さまざまな結び方ごとに異なる願いも込められています。しかし、そんな意味を持つ水引の使い方そのものを変えてしまい、人文字ならぬ、水引文字でお祝いのメッセージを表現したところに、慣習にとらわれない現代らしい新商品開発の姿を見ることができます。

　何をどのように変えて、どのような効果が期待できるかは、実際にやってみなければわかりません。とにかく実行してみて、頭で考えただけでは想像できなかった意外性を探してみましょう。

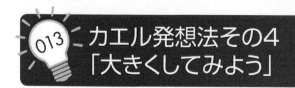
カエル発想法その4「大きくしてみよう」

　大きくするというのは、長さや高さ、厚さなど、商品を構成する要素のどこかを拡大するという意味です。キーワードは「重、厚、長、大、多」です。

穴を大きく

　大きくする発想で有名な例は、「味の素のフタの穴を大きくし、穴の数も増やす」アイデアです。調味料の消費量を上げて売り上げを伸ばすため、といううわさがありました。しかし、味の素のホームページによれば、実際は、湿気による目詰まりを防ぐためのようです。食卓だけでなく、湯気などの湿気が多い台所での使用も普及してきたことで、場所に応じた穴に対する工夫が求められた一例です。

クリップを大きく

　次に紹介するのは、縦20センチ、横8センチもある超特大クリップ。

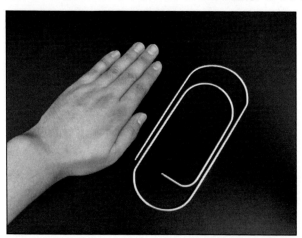

　さて、何に使うかわかりますか？　「大きい書類用？」などのように、文房具を想像した方は不正解。

013 ● カエル発想法その4「大きくしてみよう」

　正解は、「いかクリップ」という、イカを挟んで焼くための調理器具です。
　生イカは焼くと皮が縮むため、丸まってしまいます。当然、まんべんなく上手に焼けません。しかし、このいかクリップを使うと、イカが丸まるのを押さえ、きれいに焼くことができる、素晴らしい商品です。生イカの他、スルメを焼くときにも活用できます。

🐸 大きいことはいいことだ

　大きくして「願望をかなえた」商品もあります。
　「子供の頃の夢」というキャッチフレーズで販売されているのは、高さ10cmほどのミニバケツで作られた「バケツプリン」です。たくさん食べられる満足感が売りの商品です。
　バケツを容器に使う、商品の面白さもさることながら、ネーミングにも注目すべきポイントがあります。大盛りであることを直感的に伝えるために、単なる大容量という意味の「大盛りプリン」ではなく、あえて「バケツプリン」とネーミングした点がポイントです。
　商品そのものだけでなく、ネーミングのイメージも拡大させたのは、この発想法を利用した面白い例といえるでしょう。
　ということは、バケツ以外にも「大容量のイメージ」が定着しているもの。たとえば「どんぶり」「桶」「鍋」「タンク」「ドラムカン」「バスタブ」「洗面器」「タライ」「プール」「ダム」と、ネーミングに使えそうなモチーフの開拓は、まだまだできそうです。

🐸 背を高く、美しいスタイルに見せたい！

　背を高く見せるために、靴のインソール（中敷）を厚くした商品も、この発想法に当てはまるアイデアです。

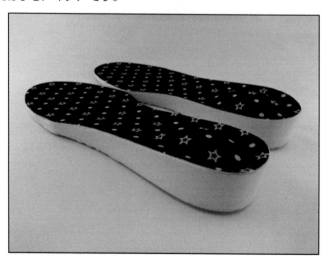

もともと、厚底にしたシークレットシューズは、身長が低い男性のコンプレックス解消を目的にした秘密のグッズとして知られており、どちらかというとネガティブなあまりよいイメージの商品ではありませんでした。
　しかし、今では足が長く見え、ひざや腰の位置が上がり、スタイルがよくなる美容商品として、若い女性に人気の商品となっています。
　希望する身長になるように、中敷の厚さも選べるファッション性を特徴とした商品にしたことで、新商品として見事に生まれ変わりました。
　それなら、「靴を脱いでも身長が変わらないように、靴下を厚底にすればよいのでは」と発想を広げていけば、また新しいアイデアを発想することができます。
　身の回りの色々なもので、「重、厚、長、大、多」を試して、どんどんアイデアを出してみましょう。

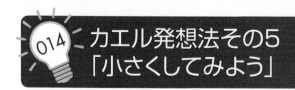

カエル発想法その5「小さくしてみよう」

これは、「大きくしてみよう」の反対です。つまり、キーワードは「軽、薄、短、小、少」となります。

👉 物の短縮

この発想法で成功した例は、何といっても、主婦の中沢信子さんが発明した「初恋ダイエットスリッパ」です。普通のスリッパと比べると、その小ささがわかりますね。

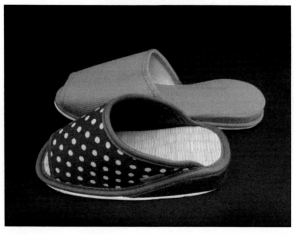

腰やひざの痛みが悩みだった中沢さん。腰やひざへの負担を軽くするために、体重を減らすための運動が必要になりました。

　中沢さんは、家事の最中、背伸びをしてつま先立ちになったときに、まるでバレエのような体操になっていることを発見。そのつま先立ち運動には、ふくらはぎの筋肉が鍛えられ、血流がよくなるため、足の疲労対策やむくみ・疲れの解消になる医学的効果があることもわかり、それ以来、つま先立ちを心がけるようになりました。

　しかし、すぐ疲れてまったく続きません。そこで、つま先立ち状態をキープするため、普段、履いているスリッパのかかと部分を切り落として短くしてしまうという発想に至ったのです。

　実際に履くと、長さが足りずに、かかとがスリッパから飛び出してしまいます。実はここがポイント！　スリッパから足のかかと部分が飛び出してしまうので、つま先立ち歩きをしている状態になり、背筋が伸びていることを実感できます。運動量が上がるだけでなく、姿勢も改善され、シェイプアップ効果が期待できるのです。

　また、かかとがスリッパから飛び出してしまうため、土踏まずの部分が、厚みがあるスリッパの後端部に当たることになります。これがとても気持ちがよく、まるで青竹踏みをしているようなマッサージ効果をも生んでいるのです。

　「軽、薄、短、小、少」の発想法は、「不足、未完成、不十分」といった、マイナス的な印象を本能的に持ってしまうものです。

　しかし、初恋ダイエットスリッパを実際に履くと、スリッパを短くしても、デメリットや不快に感じるところはまったくなく、よいことずくめです。その見た目の意外さと、実際に履いて感じる心地よさのギャップがあまりにも大きいことも、これだけ大ヒットした原因なのかもしれません。

時間の短縮

　この「軽、薄、短、小、少」の発想法には、物ではなく時間を短縮して問題を解決する例もあります。

　真空状態を作り出せることで、塩水が食材に浸透しやすくなるため、漬物がより早く漬かる調理器具が商品化されています。

　また、遠赤外線を出す、備前焼のようなケイ素を含む天然セラミックを活用して、時間短縮の発想を利用した商品も見掛けるようになりました。

その陶器製容器にお酒を入れると、遠赤外線の効果で、酒がまろやかになり、長期間熟成させた焼酎と同じような味になるという焼酎サーバーが販売されています。
　これを活用すれば、たとえば、ぐい飲みやコースター、マドラーに至るまで、すべてその陶器で作りかえれば、短時間でおいしい酒に熟成させることができるメリットを打ち出すことができます。
　備前の土は陶芸用に一般に販売されています。手軽に実践できるため、他のことに転用する価値はありそうです。「おいしいものを食べるためには時間が必要だ」という概念は捨てて、発想してみましょう。

「小・薄・軽」＝カードサイズ

　持ち運びを楽にする小・薄・軽という三要素の究極の組み合わせが「カードサイズ」という考え方です。現代はカード社会とも呼ばれ、カードサイズは管理がしやすいだけでなく、省スペース、便利などの概念がすでに人々の頭に刷り込まれているモチーフともいえます。
　カード型の印鑑の他、放射線を測定するためのカードも販売されています。最近では、災害や防犯に備え、笛（ホイッスル）や警報ブザーを携帯する人も増えていますが、笛を薄型にして携帯しやすくした商品も販売されています。
　今後、災害や防犯を目的にした商品の中でも、特に携帯性も重視された安心グッズであれば、さらに人々に求められるヒット商品となるでしょう。

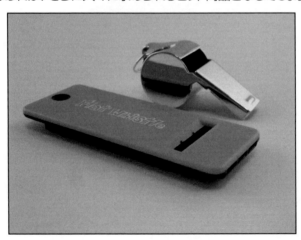

015 カエル発想法その6「取り換えてみよう」

　アイスクリームを知らない人はいません。しかし、だいふくのアンコをアイスクリームに取り換えたらどうなるかということは、誰も知りませんでした。気付いて実践した人だけに勝利を呼び寄せる力が、この発想法には秘められています。

🐸 中身を変える

　「雪見だいふく」は、アンコの代わりにアイスクリームが入っている、誰でも知っている有名なアイスです。

　このアイデアが社内で提案されたとき、とても笑われたそうです。あまりに斬新で常識から外れていたからです。

　しかし、結果的には大ヒット商品になりました。誰もが「だいふくの中身はアンコ」という考えに固まっていたからこそ、そのアイデアの斬新さが際立ったのでしょう。誰でも知っているアンコをアイスクリームに入れ替えるというアイデアでも、簡単なようで、なかなか思い浮かばないものです。

　常識を疑うこと。常識にとらわれないことが、発想をする上では重要です。

🐸 素材を変える

　ビールジョッキの大体はガラス製です。ところが陶器でつくった、焼き物製のビールジョッキが、商品化されています。

　陶器の表面には無数の小さな穴が開いており、ガラス製のビールジョッキにはないこの穴が、きめ細かな泡をつくるのに一役買っているのです。

　容器の形ではなく、素材を陶器に変えていた点が、新しい商品として成功した要因といえるでしょう。

🐸 「動かない」から「よくすべる」に変える

　家具は、「動かない」「倒れない」ようにするため、固定する方向に考えるのが一般的です。これは、家具が止まっているときのほうが、圧倒的に多いからです。

　そのため、摩擦力があり滑りにくいゴム素材や、粘着性の高いゲル素材が、家具の脚や防振シートの素材として一般的です。

しかし、あえて、「より滑るように」「より動くように」と発想すると、また新しい効果を見つけることにも役立ちます。

滑りがよいフッ素樹脂製の滑り材を、ソファーや机の脚など、家具の底面部に貼り付けると、まるでソリやスキーのようなイメージで、家具が軽く小さな力で動かせるようになります。

これにより、ソファーなどを移動させ、簡単に掃除ができるようになりました。また、大変だった部屋の模様替えも楽になりました。床を傷つけることもなくなります。

素材を換えただけで、新しい用途を発掘できる素材は、まだまだあるはずです。

ファスナーに変える

靴ひもを線ファスナーに変えたら、靴が脱ぎやすくなりました。

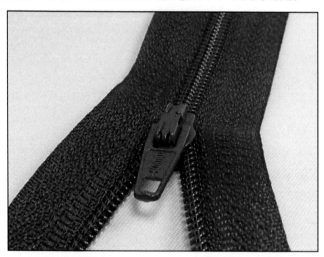

洋服のボタンを、面ファスナーに変えたら、ボタンホールにボタンを掛ける着衣の動作が簡単になりました。

　靴ひもやボタンをファスナーに変えると、子供や障害をお持ちの方には、特に使いやすい商品にすることができます。また、着脱が簡単になるため、頻繁に取り外しをする物にも、そのメリットを活かすことができます。
　ファスナー以外にも、ホック(こはぜ)、スナップボタン、マグネット、クリップなどは、何かを接続したり、着脱自在にしたりする、よいアイデアのヒントになる素材です。
　身の回りのものに、これらの素材に置き換えられる部分はないだろうかと考え、それを実践すれば、「取り換える発想法」は、もっとわかりやすくなるでしょう。

016 カエル発想法その7「逆にしてみよう」

上下左右や、表裏など、「○と○を逆にしたらどうか」と考えてみる発想法です。

コタツは従来、下に練炭などの熱源を置いていました。しかし、足がつかえて邪魔である欠点がありました。そこで考え出されたのが、熱源を上へ、つまり机の裏に熱源を設置した電気コタツのアイデアです。

これにより足が伸ばせるようになりました。

昔ながらの練炭から、電気を熱源に使うようになったため、机の裏面にも熱源を設置しやすくなりました。

技術が変われば、以前は技術的に難しかったこと、不可能なことも、いとも簡単にできるようになります。

熱源は下にあるものという固定観念を持っていては、いつまでたっても、足は伸ばすことができず、窮屈なままだったことでしょう。

逆にして省スペース

主婦の石田万友実さんは、靴をZ字の状態に保持収納する靴収納具「シューゼット」シリーズを発明しました。

靴が箱に入っているときは、かかとの部分とつま先の部分が交互になっているため、小さな箱でも入ります。これに着目し、箱の中と同じように、靴が互い違いで、しかも、上下逆さまの状態に靴を保持できる構造を考え出した点がポイントです。

今では、スニーカーやハイヒールなどの靴類の他、ブーツや長靴などの長さのある靴にも対応できるように種類を増やしています。

また、靴の型崩れやつま先をつぶれから守る靴キーパー効果や、汚れ落としやつや出しなどの作業がしやすい、靴ケアを簡単にする構造も取り入れ、単なる靴収納具ではなく、これ一台で何役分もの効果を持たせている点もポイントです。

通販雑誌や、テレビショッピングでも大好評で、新商品開発の傍ら、テレビ出演にも大忙しの毎日を送っています。

ポイントはお玉の裏面

ナベ料理や煮物の調理中「アク」を取ります。今までは、お玉で、煮汁表面に浮いた泡状のアクを、すくい取っていました。

しかし、少し変わった方法でアクを取るお玉を考えた発明家がいます。

「アク取りお玉」を考案した、小川信子さんです。このアイデア商品は、アクをお玉ですくうのではなく、凹凸があるお玉の底で、泡状のアクをなでるだけで、アクが取れてしまいます。スープが減らないのもよいところです。

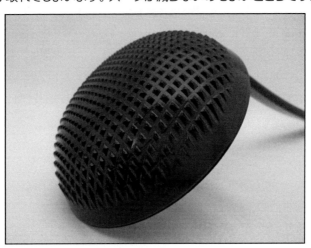

016 ● カエル発想法その7「逆にしてみよう」

　お玉はすくうためのものであり、なでるためのものではありません。誰からも注目されることがない裏面に機能を持たせて、お玉の裏面でアクを取れるようにするとは、なんとも画期的で、誰も考え付かなかったアイデアです。まさに、逆に考えてみる発想法です。

　このアイデアは、アルミホイルの凹凸に張り付くアクを見てひらめいたとのこと。まさに家事をする主婦でなければ思い浮かばない発明です。多くの共感を呼び、30万本を突破する大発明品となっています。

　逆に考えることは、とても難しいことです。しかし、それだけに、逆転の発想がひらめくと、大発見をしたかのような感動があります。

　「箸を逆に持ったらどうなるだろうか？」「スプーンを逆に持ったらどうなるだろうか？」「何か他のことに使うことはできないだろうか？」と、何でも逆にして考えるようにすると、アイデアが噴出するでしょう。

　発想は、とにかくやってみることが大事です。実践をしない限り、発見はできません。

017 カエル発想法その8 「組み合わせてみよう」

　アイデアは、「無」から作られるものだけがすべてではありません。既存のものを組み合わせることで、従来品とは少し違う、新しいアイデアが生まれるものもあります。

「2つで1つ」の発想

　これは、靴の中敷に印刷されたイラストを組み合わせ、左右両足の靴が一対になるようにした「絵合わせインソール」です。

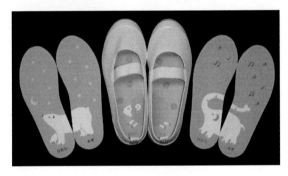

　イラストを組み合わせると、1つの絵柄になり、子供の左右履き違えを防ぐ効果が生まれました。

「A+B」の発想

　たとえば、「鉛筆」と「消しゴム」を組み合わせたら……有名な「消しゴム付き鉛筆」の完成です。

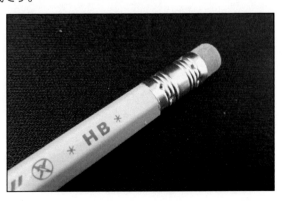

「はさみ」の刃の部分に「メジャー（定規）」を付けたアイデアも、この発想法によるものです。

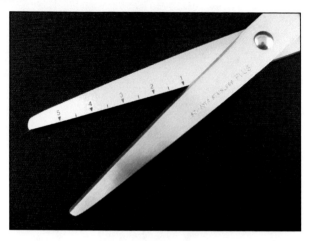

それでは、ベルトにもメジャーを付けたらどうでしょう。メタボベルトになるかも知れませんね。その他、ナイフ、缶切り、コルク抜きなどを組み合わせた十徳ナイフも、組み合わせの発想の代表例といえるでしょう。

違う金属同士を組み合わせた商品もあります。たとえば、比重に着目した場合です。

釣り具の金属製のルアーの中で、比重の違う異種金属を組み合わせることで、漁具として理想的な動きを演出できるように、アルミ製のボディーに真鍮製の眼を組み合わせてバランスを取っている商品があります。

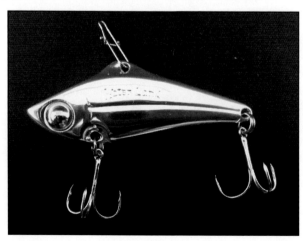

真鍮とアルミニウムは、比重が違います。真鍮の方が重く、アルミニウムのほうが軽いのです。アルミや真鍮の他、鉄や鉛、スズなどの金属の他、最近ではタングステンという、鉛よりもさらに比重が重く、硬度もある素材が注目されています。ステンレスなどの合金まで含めると金属の種類は大変な数になり、金属の比重だけでなく、硬度や反射率、強度、地金の色等にも着目すると、さらに組み合わせの幅が広がります。

言葉や文字の組み合わせ

　文字や言葉をうまく組み合わせると、1つの文字が創作され、商品につながった例があります。

　一見、「寿（ことぶき）」に見えますが、よく見るとひらがなの「おめでとう」という文字が組み合わされてできていることがわかります。
　この「おめでとう寿文字」は、竹内久和さんが発明した作品です。紙工業を営む社長さんによって採用されて、のし袋やポチ袋に使用されました。
　上手な字を書くために習字をするのはよいことです。しかし、当たり前の字を、当たり前に書くだけではなく、あえて書き順を無視したり、いたずら書きをしてみることもまたよいことです。もしかしたら、他のものに見えたり、読めたりする創作文字の発想につながるかもしれません。
　オリジナルの創作文字完成を目指して、たまには下手な字、変な字も書いてみましょう。

組み合わせ発想のコツ

　さて、「組み合わせ」発想法には、ちょっとしたコツがあります。このポイントを「消しゴム付き鉛筆」を例に解説しましょう。

　鉛筆も消しゴムも同じ筆記具の分野です。ということは、同じ出番でそれぞれのものが登場する可能性が大きいということです。文字を書いていたら、当然消したくなることが多いのです。

　よく、消しゴムの代わりに、まったく筆記具の分野である鉛筆とは異分野の、「耳かき」を付けるようなアイデアを考える人がいます。確かに耳かきをしたくなるときもありますが、その頻度を考えるとどうでしょう。

　文字を書きながら、という場面を想定すると、「消しゴムが欲しくなる場合」と「耳かきが欲しくなる場合」と、どちらが多いでしょうか。当然消しゴムが多いはずです。

　つまりこの、「組み合わせてみよう」という発想法は、できるだけ同じ分野のものを組み合わせるように心がけて考えると、より、実践的でよいものが発想できる場合が多いのです。

018 カエル発想法その9「加えてみよう」

「加える発想法」というのは、前項の「組み合わせてみる」発想法とどのように違うのでしょうか。

簡単にいえば、異分野のものを加える方法です。

前項で、説明した「耳かき付き鉛筆」のパターンです。

鉛筆と消しゴムを組み合わせた消しゴム付き鉛筆は、同じ文房具と言う分野の商品を組み合わせた例でした。耳かきに、耳かすを取る羽毛（ぼんてん）を付けるのも、同分野からヒントを得たパターンです。

しかし、「鉛筆」と「耳かき」の場合は、文房具と衛生用具とそれぞれ分野が異なります。

つまり、ある商品に、異なる分野の商品を加えることで、新たな商品開発を行う考え方です。

これには、前項の同じ分野同士を組み合わせるよりも、とても斬新なものが生まれやすい特徴があります。

「耳かき+○○」の発想

耳かき付き鉛筆から連想するのは、他人の耳かきをしてあげるときに、耳の中が暗くて耳かきが難しいということ。

そのためには、明るくするために、光を発するものを耳かきに加えてあげることで、課題が解決されます。「ライト付きの耳かき」は数多く商品化されています。

中には「内視鏡付きの耳かき」まで商品化されています。大変画期的で、なぜ耳かきがここまで飛躍してしまうのかとビックリしてしまうくらい斬新です。

「靴下+テーピング」の発想

接骨院を経営する柔道整復師の長谷川一夫さんは、5本指靴下の足裏に、特殊なパターンにゴムを溶かして着けることで、足裏に施したテーピングと同じ効果がある「びっくり素ッ足ス（ソックス）」を考案、商品化されました。

従来のテーピングには「剥がれる、かぶれる、自分で貼れない」と、効果は高い半面、手軽ではないデメリットがありました。

しかし、この靴下を履くと、親指と小指がゴムの弾力によって、かかと方向

に引っ張られて、足裏に自然なアーチが生まれます。これにより、足裏にテーピングをしたのと同じように、足腰が楽になり美しい姿勢を保つ効果が生まれました。

　靴下にゴムを付けるのは、滑り止めが目的だけではありません。

　ゴムをつけて生まれた新しいテーピングソックスとしての効果は特許としても認められ、ヒット商品となっています。

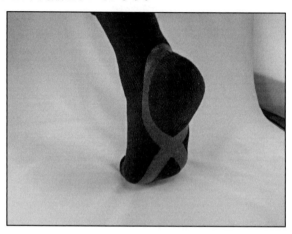

突起を加えて驚きの演出

　コーヒーなどを飲むカップの内側に、突起を加えました。

これだけなら、変な形のカップです。どうしてこんな突起があるのでしょうか。答えは、コーヒーを注げばわかります。飲み物を注ぐにつれて……何とハートが浮き上がってきます。

　秋田克之さんが代表を務める有限会社シンクポートの「ハートカップ」シリーズには、コーヒー・ティーカップの他、ワインやスープ用など、さまざまな種類があります。

　カップ単体では突起がもたらす発明の効果は発揮されません。しかし、コーヒーなどの飲み物を注いで、初めて発明の効果と商品の価値が発揮されます。何かを加えたとき、はじめてアイデアの本領が発揮されるものは、加えるという発想の中でも、さらに新しい発想のスタイルといえます。

019 カエル発想法その10「減らしてみよう」

「加える」「組み合わせる」などのように、足し算掛け算の発想は比較的簡単です。しかし「小さくする」「減らす」「なくしてしまう」という引き算割り算の発想で新しい効果を生み出すことはなかなか難しいものです。

コードレスや無線、リモコンの普及で電化製品は大幅な発展を遂げました。これらの技術は専門知識が必要ですが、大衆発明家でも実践できるような、減らす発想によって生まれた商品も、身の回りにはたくさんあります。

出る量を減らしてみよう

味の素の例で有名な調味料容器の穴を大きくするアイデアは、湿気によるつまりを防止し、調味料が出やすくするためのものでした。

しかし、逆に調味料を出にくくした調味料容器があります。スポイトの原理を使い、調味料を1滴ずつポタポタと出せるようにした、プッシュ式の調味料容器です。

必要最低限の分量を使うことができるので、節約効果が生まれます。しかし、何よりも重要なのは、健康対策になることです。

塩分や糖分、脂分の摂りすぎは病気の原因にもなります。そのため、調味料が大量に出ないように、あえて調味料の出方を減らしたいというニーズもあるのです。市販のしょう油でも、この機能を採用したプラスチック容器入りものが大ヒット商品となっています。

また、スプレー式にした調味料容器もあります。霧状に調味料を噴霧することで、プッシュ式容器と同じ効果が生まれます。

そしてさらには、調味料を食材に満遍なくかけられることや、調味料が霧状になることで調味料の香りが引き立ち、料理が美味しくなる新たな効果も生まれ、健康志向以外の方にも人気の商品になっています。

音をなくしてみよう

音をなくすヒントを、トイレから探してきた例もあります。

トイレ使用時の音を消すために、女性は1回の使用につき、約3回、水を流すという調査結果があります。深刻な節水問題に貢献するためにはどうすればよいのでしょうか。

答えは簡単です。トイレ使用時の音を消すための音源を、他に作ればよいのです。録音された水が流れる音を、スイッチで出せるようにした「エチケットトーン」は、大ヒット商品になりました。

「音を消すために音を出す」という、一見すると矛盾している発想にたどり着くには、相当の発想力が必要です。

くしの歯を減らしてみよう

ツゲの木で作ったくしの価値は、歯の数で決まるそうです。硬く滑らかな素材だからこそ、細かく歯を入れることができるため、髪の毛をより滑らかにとかすことができるのです。

しかし、あえて歯を減らしたくしもあります。

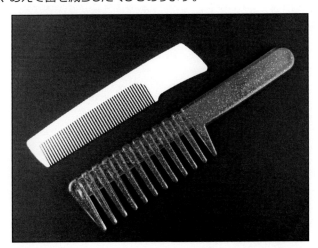

荒くしとも呼ばれているこのくしは、細かい歯のくしに比べて、髪の毛をしっかりとそろえたり、なで付けたりするような使い方はできません。

その代わり、ルーズな手ぐし感覚で、キメすぎないスタイリングが可能です。歯の数が少ない分、抵抗がかからないので、切れ毛の心配もありません。そのため、ウェーブが入った髪の毛をとかすときにも、髪の毛が引っかかることや、せっかくのウェーブを伸ばしてしまうこともなく、ざっくりと髪の毛をとかすことができるのです。

髪型や髪質にも色々なものがあるように、くしにも種類が求められます。「歯が細かいくし」だけを基準に、物の価値を判断してしまうと、発想の幅が狭くなってしまうのです。

019 ● カエル発想法その10「減らしてみよう」

発想の順番〜タマゴが先かニワトリが先か?

　調味料容器の発明を例に考えた場合、「調味料を減らしたい健康志向の人」の存在をヒントに調味料容器を発明する場合と、「調味料の出を押さえた容器」をまず作ってから、そのニーズを探る2通りの発想の順番があります。

　身近に該当する人がいない限り、「健康志向の人の存在」はわかりません。そのため、アイデアテーマを探すためにはテレビなどの情報に特に敏感になってヒントを探すことが大切です。

　しかし、それだけでは不十分です。身の回りのものすべてを疑い、積極的に変える事で新用途を探すことも大切です。時に斬新過ぎるアイデアが生まれ、笑われることもあるかもしれません。しかし、それを恐れず、まずは変えてみてから何に使えるかというニーズを後で探る攻めの発想をすれば、さらに発想の幅やチャンスは広がるのです。

020 カエル発想法その11「表情を与えてみよう」

笑うと、とても楽しくなります。しかし、単に楽しいだけでなく医学的にも、笑うことで色々な効果があるといわれています。そのうちのいくつかを紹介しましょう。

- ジョギングのような、適度な運動に匹敵する効果がある。
- 全身がリラックスするので自律神経の働きが安定する。
- 血中酸素濃度が増加するためストレスを減少させる事ができる。
- エンドルフィン(鎮痛作用を持つ神経伝達物質)が増加し、悩みや痛み、つらいことを忘れてしまう。
- 情緒をつかさどる脳が活性化して、リラックス効果がある。

このように、笑いには万人によいイメージがあり、興味と注目が集まりやすいのです。

物を笑わせてみよう

招き猫は、ギョロっとした表情のため、少々怖いイメージがありましたが、それを笑わせてみました。

見た目がかなり変わりましたね。店先にギョロっとした顔の招き猫があるよりも、こっちの笑っている招き猫のほうが、人気が集まりそうです。

このように考えると、たとえば、だるま、お地蔵さん、大仏、福助、おかめ、こけし、河童など、今すでに存在しているものの顔をもう1回、探してみて、すべて笑わせてみると、新しい商品が生まれるかもしれません。民芸品を一から作るのは大変ですが、今あるものを笑わせるだけでも、お土産やグッズの新商品として成立してしまいます。笑いながら、お気楽にアイデアを発想しましょう。

表情（顔）を与えてみよう

　料理用の落しぶたを、ブタの顔にデザインした、「ブタの落としぶた」という商品があります。実は落としぶたに開けられたこの穴には、重要な意味があります。

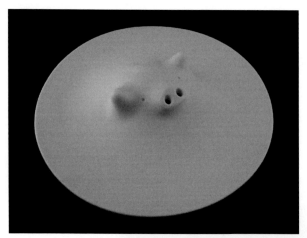

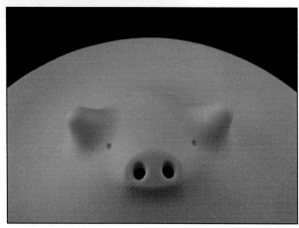

1つ目は蒸気を逃がす排気孔の役割です。鍋から勢いよく出る煮立った蒸気でも、落としぶたが動いたりしません。

そして、2つ目の用途は、やけどの心配なく、落としぶたを扱えるようにするための用途です。煮立った鍋からは、高温の蒸気や、煮汁が吹き上がります。そのため、料理中に落としぶたを扱うとやけどの心配があります。そこで、菜ばしをブタの鼻に差し込むと、簡単かつ安全に落としぶたを持ち上げることができるのです。

発明は、効果だけではなく、その商品が持つ雰囲気や、所有する喜び、デザイン性、印象によって商品の価値が大きく左右します。

かわいいもの、カラフルなもの、かっこいいものでなければ、いくら発明品として効果が優れていても人々に愛される大ヒット商品にはなりません。

ただ開けた穴でも、同じ効果は期待できるでしょう。しかし、あえて、穴を鼻として印象的に表現するために、ブタの顔でデザインした意味と効果も知っておくと、より発明成功に近くなるのです。

人間には顔(表情)に対する偏好傾向があり、特に赤ちゃんはその傾向が強いといわれています。親しみを感じる商品を演出するためにも、穴といえば「人間やブタ、ゴリラの鼻」、三角突起といえば「猫の耳や鳥のくちばし」というように、商品を顔(表情)に演出するのも重要なことなのです。

021 カエル発想法の改善手段の一覧表

　人の創造性には限りがあるため、よい発想がなかなか浮かばないのは当たり前です。そのため、さまざまな切り口で強制的に変化を与えて、解決案を探るのです。

　変化を与える切り口が多ければ多いほど、生み出されるアイデアは増えていきます。

　そして、既存のものに変化を与えるアイデア発想の切り口は、本書がこれまでに紹介してきたものだけではありません。

　この表にある、他の変化を与える手段も試して、アイデア発想に役立ててください。

●『大きくする（加える）』

《具体策》	【最終手段】
重くする	形を大きくする
	つけ加える
	比重を変える
	材質を変える
	密度を変える
	割合を変える
高くする	つけ加える
	伸縮自在にする
	屈曲自在にする
長くする	伸ばす
全体の形の拡大	拡大して作る
一部、形の拡大	たたいて広げる
面積の拡大	つけ加える
	散在させる
直径（半径）の拡大	太くする
	穴を削る
	広げる
時間を長くする	速度を遅くする
	間合いを取る
	間欠運動をさせる
	歯車比を変える
	回数を増やす

●『小さくする(省略する)』

《具体策》	【最終手段】
軽くする	一部を省略する
	形状を小さくする
	比重を変える
	混合比を変える
	数を少なくする
	併用させる
薄くする	削る
短くする	ちぎる
低くする	折り曲げる
	折りたたむ
時間の短縮	速度を速める
	連続に行う
	回転を増やす
全体の形の縮小	縮小して作る
一部、形の縮小	圧縮する
面積の縮小	取り去る
直径(半径)の縮小	太さを削る
	穴を埋める

021 ● カエル発想法の改善手段の一覧表

●『他の物にかえる(逆にする)』

《具体策》	【最終手段】
形をかえる	○⇔△⇔□⇔☆⇔◇
	大⇔小
	細⇔太
	直⇔曲
	長⇔短
	正方形⇔長方形
	三角⇔多角
	平面⇔立体
	円⇔楕円
	円錐⇔角錐
	波線⇔水面のさざなみに表現する
	△⇔動物の耳に表現する
素材をかえる	金属⇔木
	金属⇔合成樹脂
	金属⇔陶器
	金属⇔ガラス
	金属⇔紙
色彩をかえる	赤⇔橙⇔黄⇔緑⇔青⇔藍⇔紫
	白⇔黒
	濃⇔淡
	夜光、蛍光、紫外線発光
	透明(スケルトン)
	混色
	規則正しいしま模様
	不規則なマーブル模様・迷彩色
	着色⇔焼付⇔吹付⇔染色
割合をかえる	混合比をかえる
	面積比をかえる
	広⇔狭
	数を多くする⇔少なくする
状態をかえる	着⇔脱
	浮⇔沈
	暖⇔冷
	乾⇔湿
	倒⇔立
	縦⇔横
	微⇔粗
	硬⇔柔
位置をかえる	内⇔外
	表⇔裏
	左⇔右
	高⇔低
表情をかえる	喜・怒・哀・楽・変顔

100

◉『組み合わせてみる』

《具体策》	【最終手段】
完成品と部品	完成品と一部品
素材の混用	異種金属（鉄⇔アルミ）（銅⇔真鍮）
	陶器と金属
	合成樹脂と金属
	紙と木

◉『分解してみる』

《具体策》	【最終手段】
全体をバラバラにする	
一部をバラバラにする	等分する
	ゆるめる
一部を取り出す	除外する
	まとめる

◉『対象・用途を変える』

《具体策》	【最終手段】
対象を変える	男性用⇔女性用
	日本人用⇔外国人用
	人間用⇔ペット用
	赤ちゃん用⇔老人用
	障がい者用・軍事用・宇宙飛行士用
用途を変える	室内用⇔屋外用
	昼間用⇔夜間用
	トイレ用⇔台所用⇔浴室用
	夏用⇔冬用
	日本国内用⇔外国用

022 質よりも量　愚案珍案大歓迎

　質より量を重んじるのは、「アイデアを厳選するため」と、「アイデアを絶え間なく売りこむため」という2つの理由があります。

厳選抽出のため

　たとえば10案の中からベスト1を選ぶより、100案の中からベスト1を選んだ方が、よりよいものを抽出できるばかりでなく、厳選のアイデアである説得力も増します。

　よいアイデアだけを選んで出せる人はいません。そのため、色々と発想するアイデアの中には、バカな発想のもの、到底実現できない夢のような願望によるもの、くだらない発想のもの、アイデアを出した自分が恥ずかしくなってしまうようなアイデアもあることでしょう。

　でも、愚案珍案を恥じることなくどんどんアイデアを出しましょう。よいアイデアは、出したアイデアの量に比例します。つまり、たくさん出した愚案珍案の中に、キラリと光るよいアイデアが眠っているという考えです。

　よいアイデア探しは、まるで砂金採りと同じようなものなのです。

　砂金の採掘は、金だけをつまんで取れるほど簡単ではありません。何トンもの土砂の中から、数グラムの金をようやく見つけるのです。たとえば、世界で最も金産出量が多い南アフリカの金鉱山でも、土砂1トン当たり、金の含有量はたった数グラムしかないそうです。

　土砂は愚案珍案、砂金は妙案です。根気よく砂をふるいましょう。当然、愚案珍案は、土砂と同じゴミですし、採用されることもありません。もしかしたら無駄な時間を過ごしていると、自信をなくしてしまうかもしれません。場合によっては、他人にバカにされてしまうことがあるかもしれません。しかし、アンコの代わりにアイスを入れた、ロッテの「雪見だいふく」も最初はバカにされたアイデアです。

　愚案珍案に費やした辛い期間は、やがて出てくるであろう、よいアイデアを熟成している期間であると考えるべきです。

　「愚案珍案を出せない者に、よいアイデアが出るはずがない。まずは、アイデアをたくさん出すことだ。愚案珍案のなかに、1つぐらいは良案があるはず

だ。最初から良案のみをもとめてはならない。」

これは養殖真珠の発明者、御木本幸吉翁が残した有名な言葉です。

絶え間なくチャレンジをするため

今後は、アイデアを創作しては売り込みを行い、結果がよくない場合は、どんどん別の発明の創作に切り替えて、再度売り込みをすることになります。

1案しかないアイデアを売り込むよりも、100案を売り込んだほうが、チャレンジの回数が増える分だけ、成功の確率は高くなります。

つまり、次々と創作し、売り込んでは結果を待つという繰り返しを円滑にすることが、発明で成功する秘訣なのです。

「ホームランの数は、振ったバットの数に比例する」という、アメリカのホームラン王ベーブルースの名言は、まさにこの考え方そのものが表れているといえるでしょう。

アイデアを歓迎する風土を作ろう

筆者は以前、ある企業内で行われた社内提案大会で、社長賞をもらったという発明家にお会いしたことがあります。

社長賞を受賞したその案とは、「トイレに設置されている痰ツボの横に、溶きタマゴを入れた同じツボを置いておき、人が来たら、おもむろにその溶きタマゴを飲む」という、人を驚かせるためのアイデアでした。

その発明家は、有名な自動車のトップメーカーの元社員でした。自動車会社の提案大会なのに、自動車とはまったく関係ないどころか、くだらないアイデアだと怒られそうな心配もある提案ですが、技術者のカリスマと呼ばれた社長から賞をもらったことを、大変な誇りにしていました。

果たしてこの出来事から、発明成功に必要な、どのような秘訣を見つけることができるのでしょうか。

失敗を恐れ、最初から大ヒット発明を狙っても、なかなか成功はしません。くだらない案やばかばかしい案を何十何百と出していくうちに、よい案が生まれるのです。

発想の過程で生まれた失敗や愚案珍案を叱り蔑んで、何の意味があるのでしょう。どんなにくだらないことでも、積極的に試そうとする研究活動を無駄なことと恥じては、良案が生まれるはずもありません。成功や発展を望むならば、もっとアイデアが噴出するように、発想を促さなければいけません。

自動車とは関係のない、「溶きタマゴを飲む」アイデアが社長賞を取れば、他の社員は驚き、そして自信が生まれます。そうすれば「溶きタマゴ」が呼び水となり、やがて「工具の置き方」「効率のよい車の組み立て方」「低燃費エンジンのアイデア」と、次々とアイデア提案され、素晴らしいアイデアに発展していくはずです。

世界に誇る自動車メーカーになった今日の姿は、全社員からアイデアを積極的に求める真剣な姿勢を示すため、溶きタマゴに社長賞を与えた寛容さあってのものに他なりません。

愚案珍案を推奨する、もう1つの例といえるでしょう。

たくさんの意見を集めよう

個人で発想する場合、思考の方向や傾向が単一であるため、たくさんの案を出すことや、より多彩で選び甲斐のある良質な案を出すことはなかなか難しいものです。

しかし、サークルや会社組織などのような、集団でアイデアを出す場を作り、共通の題目をテーマに、複数人の知恵を借りてアイデアを考えると、お互いの発想が刺激になります。その結果、アイデア同士が結びついて、新しいアイデアが生まれるなどのよい反応を起こして、たくさんの発想が噴出する結果、良案の抽出がしやすくなります。

よい発想を導き出すために、皆の意見を持ち寄るこのような思考法は、アレックス・オズボーンというビジネスマンが発表した「ブレーンストーミング法」として知られています。

この思考法の特徴は、「愚案珍案歓迎」「質より量」「他人のアイデアに乗るただ乗り歓迎」「結論や否定は厳禁」の4点をルールにすることに特徴があります。

個人で発明する場合でも、家族に協力を求めアイデア会議に参加してもらうと、性別や年齢を超えた、より多くのアイデアを集められるため、自分の発明に活かすことができます。自分だけの殻に閉じこもって発想するのではなく、信頼のおける家族や友人にも協力を仰ぎ、良案発想のために、皆の知恵を上手に利用するとよいでしょう。

023 発明ではなく工夫だと考えよう

　発明の門を叩き、発明相談にやってくる発明初心者の方々は、どことなく発明の世界におびえ、身構えています。
　中には「私のアイデアなど、くだらないと思うかもしれませんが……」と、自分のアイデアを謙遜どころか、卑下してしまうような人もいるぐらいです。
　このことからみても、発明という言葉には、「難しい」「知的」「高尚」「高度」「素人には無理」というイメージが浸透してしまっているように思います。では、参考までに、世間一般で「発明」とはどのように定義されているのでしょうか？
　特許法2条では、発明について『自然法則を用いた技術的思想の創作のうち、高度のもの』と説明しています。
　また、辞典（大辞林）では、発明について『それまで世になかった新しいものを、考え出したり作り出したりすること』と説明しています。
　やはり、あまり身近な分野とは言い難い内容です。自分も発明ができるだろうかと、不安に思ってしまうのも無理はありません。

「工夫」と考えれば、気が楽になる!

　法律の条文として、また、言語の意味としてはその通りかもしれません。しかし、たくさんの発明成功例を見ていると、ちょっと違う印象を筆者は感じます。
　スリッパを半分に切ったダイエットスリッパは、大変斬新で世間をあっといわせました。
　なぜびっくりしたのか？　それは、あまりにも身近な「スリッパ」を「半分切り短くしただけで新しい効果を生み出した」からです。
　この例を見ても、有名な発明も「今ある商品のどこかをチョット変えること」で生まれているものが多く見つかります。
　この創作活動に対して、世間は「発明」という、あくまでも理念として理解しやすい言葉を、とりあえず便宜上、当てはめて使っています。
　また本書でも、「人々の役に立ち、喜んでもらえるアイデア商品」のことを、発明品と定義しており、特許法が説明する、いわゆる「発明」と定義されたものだけを、必ずしも指してはいません。そのため、単なる素材や用途を変えただけで商品化されたアイデア商品のように、特許権を得るための条件を満

023 ● 発明ではなく工夫だと考えよう

たしていないものも含め、本書では発明品として紹介しています。

もし、難しそうな印象がある「発明をする」と考えるよりも、身近な題材をテーマにして、どこかを少し変えた「工夫をする」と考えたらどのようなイメージを持つでしょうか。きっと「発明」よりも「工夫」の方が身近で、今までご紹介した色々な成功発明例と、イメージが重なるのではないでしょうか？

辞典（大辞林）では、工夫について『よい方法や手段をみつけようとして、考えをめぐらすこと。また、その方法や手段』と説明しています。これくらいなら自分にもできそうです。

困ったこと、不便なことがあれば、「何かよい方法や手段がないだろうか？」という程度の軽い気持ちで考えることができれば、より、リラックスして、気軽に色々なアイデアが思い浮かぶはずです。

言葉が持つ意味・印象と、自分が考えたアイデアのレベルとのつりあいが取れないと、自信がなくなりあきらめてしまうものです。

それより、もっと気軽に考えて、「生活の中でひらめいたチョッとした工夫を楽しむのだ！」と考えれば、より自分の意識の中のハードルも下がり、楽しく気軽に発想ができることでしょう！

✍ ほんの少しの心遣いが大事！〜ユニバーサルデザイン〜

洗濯ネットのファスナーのもち手を、ひと回り大きくし、赤い色にしました。これにより、濡れた手でもすべらず、小さな力で開閉が簡単になり、視覚的にも位置が見つけやすくなります。

こんな小さなアイデアですが、企業は多くの人に喜んでもらえる商品として、新商品として販売をしています。企業内では、商品がよりよいものになるように、日々工夫をして、少しずつ改良を加えています。

このような、若者からお年寄りまで、より多くの幅の広い人たちに使いやすくした商品を「ユニバーサルデザイン」といいます。このようなアイデアは、イメージアップになる商品ですし、商品化に際して大きな資金投資が必要ではない場合が多く、企業に大変、喜ばれます。

誰にでも優しい、ユニバーサルデザイン商品には、「どんな人でも同じように使える（公平性）」「どんな方法でも使える（自由度）」「見るだけでわかる（簡単）」「わかりやすい（理解）」「事故やケガが起きにくい（安全）」「楽で負担が少ない（持続性）」「動きやすいスペースの確保（空間性）」という、いずれかの特

徴が備わっています。

　アイデアを発想したら、このような要素も含めることができないか、考えてみましょう。

　かゆいところに手が届く、気の利いたチョッとした優しさや心遣いが、商品をさらによいものにします。

024 メモ魔になろう

　よく、「アイデアがまったく生まれないので困っています」という相談を受けることがあります。

　しかし、アイデアは自然と湧き上がってくるものではなく、アイデアのもととなるヒントを探し、自分で生み出すものです。

　毎日の暮らしを、ベルトコンベアで行う流れ作業のように、ただ漠然とこなすだけでは、アイデアなどひらめくはずがありません。

　つまり、アイデアが生まれないのではなく、アイデアがひらめくように、ヒントを探そうとするものの見方になっていないだけなのです。

エジソンと同じ「アイデア眼」になろう

　たとえば、山へキノコ狩りに行っても、最初は落ち葉としめじの見分けがつかず、なかなか見つけ出すことができません。時には、キノコに気が付かず、踏みつぶしてしまうこともあります。

　しかし、キノコを探そうと意識を集中し、山の斜面を舐めるように見上げていると、次第にキノコが落ち葉を持ち上げようとしているわずかな盛り上がりに気が付くようになったり、色鮮やかな落ち葉に溶け込んでいるキノコの見分けがつくようになり、どんどん収穫できるようになります。

　意識をキノコに集中した結果、山中でもどんどんキノコを収穫できるようになることを、「しめじ眼になった」といいます。

　これと同じように、アイデアを見つけたいなら、あらゆることに敏感に、そして興味と疑問を持つ「アイデア眼」にならなければいけません。

　発明王エジソンは、子供のころからどんなことにも興味を持ち、時に大人を質問攻めにしては困らせたといいます。

　当たり前のこととして見向きもしなかったようなことにまで興味を持つように意識を変えれば、アイデアに対する解像度が上がり、使いにくい道具や、日ごろ不便であることなど、「おやっ」と思う身の回りに埋もれているさまざまなヒントをどんどん収穫できるようになるはずです。

🔖 メモを取ろう

　アイデア眼を持ち、せっかく、色々なことに気が付き、興味を持つようになっても、そのままにしていてはいけません。

　気が付いたことは、必ずメモを取り、書面で残す習慣をつけましょう。特に、パッとひらめいたこと、思ったことは、後で思い出すことは絶対にできません。忘れない10秒以内に、メモを取りましょう。

　メモの対象は、「もっとこのような商品があればいいのに」とか、「こうすれば問題が解決するのではないか」と、日常生活の中で思ったこと。また、雑誌や新聞、テレビやインターネットで見た、なるほどと感心したような情報も重要です。

　このようにものの見方を変えると、家事をしながらだけではなく、テレビを見ているときも、アイデア発想に役立ちそうなヒントを探すために、もっと真剣に見るようになるはずです。

🔖 メモを残す4大ポイント

　メモを取るポイントは「①いつ」「②どこで・どんなとき」「③どうした・○○なんだって」「④だったらこうしよう」の4点です。

　①から③までは、発明に結びつくヒントのようなもので、解決しなければならない課題に関する内容です。そして、④はその課題を解決する手段や利用方法であり、新商品を生み出すきっかけとなるのです。

　①から③までのヒントをメモに残すのは、「④だったらこうしよう」につながる、発想のネタを逃さないようにするためです。

　メモの取り方は簡単です。気が付いたこと、不便に思ったことなどを、項目に当てはめてどんどん書いていきます。たとえば、「①いつ（料理中に）」「②どんなとき（包丁できゅうりを切っているとき）」「③どうした（包丁にきゅうりが張り付いて困った）」や、「①いつ（ネットサーフィン中）」「②どこで（金属に関する情報サイトの特集ページ「金属が持つ意外な効果」で）」「③○○なんだって（銀や銅が出す金属イオンには、抗菌消臭効果があるんだって）」…という具合にメモを残します。

　この4点を残せるように、専用のアイデアメモノートを1冊作りましょう。

アイデアメモノート						
	①いつ	②どこで・どんなとき	③どうした・○○なんだって	④だったらどうする	イラスト	創作日
1	料理中に	包丁できゅうりを切っているとき	包丁にきゅうりが張り付いて困った	包丁に穴や突起を付けて、切った食材が包丁に張り付く面積を減らしてみてはどうか?		2014/01/01
2	銅専門のホームページで	金属が持つ意外な効果のページ内で	銅には、抗菌消臭効果があるんだって	銅板を靴の中に入れれば、靴を消臭できるのでは?		2014/01/01
3						
4						
5						

メモがアイデアに化ける

　こうして書き取った①から③までのメモは、必ず見返しましょう。ここで、解決策がひらめくからです。

　情報に感心するだけで終わったり、「きゅうりは包丁に張り付き、数枚は落としてしまうものだ」と決め付けたりしていては、欠点を解決するキモとなる「④だったらこうすればよい」という発想はひらめかないため、アイデアは生まれません。

　しかし、手と眼を使って積極的にメモをすれば、頭の中に解決したい課題として意識が残ります。さらに、それらのメモを意識的に見返すことで、新しい発想をすることにつながるのです。

　うまく発想ができれば、「④だったらこうしよう(包丁に穴や突起を付けて、切った食材が包丁に張り付く面積を減らしてみよう)」や、「④だったらこうしよう(靴が臭くなるのは、蒸れて雑菌が増えることが原因だから、銅で作った靴消臭具を作ってみよう)」のような発想がひらめいてしまえば大チャンスです。④の記入欄にアイデアの概要や、簡単なイラストをすぐに書き残しておきましょう。後は、④で生まれた発想とイラストをもとに、試作品を作り、実際に試してみればよいのです。

　発明のすべては、どんな小さなきっかけも逃さないように、メモを取ることから始まります。

　発明王エジソンは、朝食のメニューも書き残すようなメモ魔でした。そして、書き残したメモからひらめきを得るため、アイデアノートを片時も放しません

でした。

　不平不満を見つけ出し、メモを取って把握する。そして、その問題を解決するためにはどうすればいいのだろうかと、常にメモを取りながら考える前向きな姿勢は、エジソンも認める、発明で成功する秘訣なのです。

携帯電話で情報を残そう

　古代中国の文学者、欧陽修は、よい考えが生まれやすい3大シチュエーションとして、「馬上、枕上、厠上」の三上を挙げています。つまり、「移動中」「寝ているとき」「トイレの中」です。

　現代においてもこれは変わらないようで、よいアイデアや文章を求め机上にいるときよりも、意識が他に向かい、念が抜けているときほど、良案が生まれるものです。

　しかし、このようなときに限って、メモ用紙がない場合が大半です。これではすぐに忘れてしまいます。

　このようなとき、筆者は携帯電話を使って記録を残し、思いついたことは、自宅のパソコンへメールをしています。

　また、メールで文章を打つことが面倒な場合は、同じく携帯電話の音声メモ（ボイスレコーダー）機能を利用します。とりあえず思いついたことや、企画案・文章案を思いつくまましゃべり、後日、文書データにして残します。

　カメラ機能も使えます。街や旅先で見掛けた面白いネーミングやアイデア商品との出会いは、一期一会のものです。後で、詳しく知りたくなっても、再び探し出すのはなかなか大変なのです。いつの日か原稿のネタとして役立つかもしれませんので、購入できないような資料は、すべて画像で残します。

　こうして集めた記録やメモは、アイデアメモノートとして1つのデータにまとめてパソコンに保存し、定期的に見返しています。

　アイデア成功のヒントは身の回りに転がっています。メモをとるのは、そのヒントが流れていってしまうのを防ぐために、網を張るようなものです。

　わずかな情報も逃さないように、交通違反や迷惑行為とならないように注意しながら、メモ用紙だけでなく携帯電話も活用して、網をきちんと張っておきましょう。

第2章
アイデアは出た！
この後どうすればいい？
（実践編）

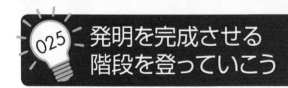

発明を完成させる階段を登っていこう

カエル発想法により、皆さんにはそれぞれ、「これは!?」と思うアイデアが生まれたと思います。

苦労した発想の末に生まれたアイデアなので愛着もひとしおで、もう成功したような気持ちになることでしょう。「すごいアイデアを考えた!」と、喜び勇んで発明相談に来る方もいらっしゃいます。よかったですね。

でも、そのまま商品として販売できるのはとても少ないのです。それはそうです。発想したままのアイデアだからです。

発想したままのアイデアで終わらせないためには、何工程かの作業を加えると、アイデアに磨きがかかり、発明完成に近づきます。

これが「アイデア発想をした後、具体的な発明として完成させるまで」のプロセスを表した、「発明完成の7階段」です。

実際に階段を見てみましょう。

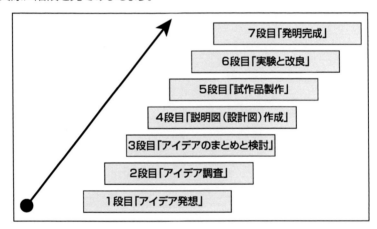

今まで、アイデアを発想したのは、階段の1段目です。素晴らしいアイデアを発想した場合は、無事テーマが決まり、すでに階段の1段目を登ったことになります。この後は2段目、3段目と、少しずつ階段を登っていけばよいのです。

さて、アイデアを完成させるための階段を登りつめるまで、7段あるそれぞれの階段ごとに、やらなければいけないことが色々あるのがよくわかると思います。

やることは色々あるのですが、ビックリすることはありません。

自分サイズのアイデアであれば、こんな階段はすぐ登れてしまいます。自分の力では到底できないものにチャレンジしている場合にのみ、たとえば「試作品が作れません！」などの、無理が出てくるのです。

中には実際に試作品を作り、趣味や家庭生活の中でその試作品を実際に使い、すっかり必需品になってしまっている方がいます。このような方は、知らず知らずのうちに、6段目のテスト（実験）の段階まで進んでしまっているのです。それをごく自然にできてしまう人がたくさんいます。本当にすごいことです。

身の丈に合った発明であれば、どんどん登れてしまうものです。つまり、階段が登れなくなったら、自分には手に負えない、「そのアイデア要注意！」のサインだと思ってもよいでしょう。登れない大発明であれば、違うアイデア発想に戻るしか方法がありません。

さて、実はこのようなプロセスは、企業内での商品開発のプロセスとまったく同じです。

発明家の願いは、アイデアが商品になり、事業化され、たくさんの人に便利な自分の発明品を買ってもらい、お金（ロイヤリティ）を儲けることです。

一方、企業の願いはというと、企画した新商品が事業化され、たくさんのお客様に買っていただき、企業運営のためや、社員に給料を払うためにお金（利益）を儲けることです。

2つを見比べてみても、発明家による発明創作も、企業による新商品開発も、目的はまったく同じです。しかし、シリアスに問題に取り組めるかという点については、差があります。

会社では真剣に発明をしなければ怒られます。給料ももらえず、生活できません。対して発明家は、発明が本業ではありません。他に収入があるため、発明をしなくても生活はできるのです。

企業に発明を評価してもらいたいのであれば、自分が売り込みをしようとしている会社の開発課の社員になったつもりで、試作品作りや実験などに取り組めば、それぞれのステップごとの真剣さに違いが出てくるでしょう。

それぐらい真剣に取り組んでこそ、企業も、社外の開発者として敬意を払い、アイデア提案者には対等に接し、評価してくれます。

それではこれから「発明完成の7階段」を登っていきましょう！

026 発明完成階段2段目「アイデア調査」

まずは、自分の考えたアイデアに関する情報を調べます。では、どのような目的と視点で調べものをしていけばよいか。また、調べたことが何に利用できるのかを詳しく解説していきましょう。

同じ構造の商品が販売されていないだろうか

すでに詳しい姿形まで出来上がってしまっているのであれば、まったく同じ方法の商品が販売されていないかどうかを調べます。

もし商品化されている場合は、あきらめるか、さらに分析し、改良して発明を進歩させる必要があります。効率よく新しい発明品の創作を進めるためには、この視点に立った調査が欠かせません。

同じ目的の商品が販売されていないだろうか

目的は同じでも、その工夫した構造上のポイント(解決手段)が違う場合です。たとえば、「食材が滑らないように、ミゾをつけた箸」があります。「食材が滑らないようにした」というのは、目的です。「ミゾをつけた」のは、具体的な解決手段です。もし「イボイボをつけた箸」を考えた場合は、目的は同じでも、その解決手段が違うということになります。

同じ目的の商品があるので、商品として受け入れられる余地があることは想像できて、有望です。ミゾとイボイボ、トゲトゲなどの他の解決手段も検討して、滑りやすい麺類用などの具体的用途や、それぞれの違いをもっと具体的にアピールできればさらによくなるでしょう。

見つけた会社はどのような会社なのだろうか

竹や木などの天然素材を主に使うことが多い会社なのか。それとも、プラスチック樹脂や金属などの素材で作った商品を製造している会社なのかということも調べてみましょう。取扱商品の素材によっても売り込み先は変わります。

また、具体的に「どのような商品を販売」しているのでしょうか。

家庭用品全般なのか、それとも、ガラス製の食器しか作っていないのか、などの、具体的な製造している商品の分野を調べます。介護用品なら何でも取り扱うという会社もあるでしょう。

ここで調べたことは、アイデアを売り込むときの会社選定に利用できます。

金属で作った方がより効果が出やすい発明品を、木工しかやっていない会社に売り込んでも無駄です。また、老人などの介護用品しか取り扱っていない会社に、ペット用のスプーンを売り込んだらどうでしょう。老人用もペット用も、同じスプーンという食器としては同じでも、分野が違えば対象も異なり、販路を持っていないケースがあるため、ダメな場合が多くなります。ただし、異分野へ進出して販路拡大を進めている場合もあるので、一概にはいえません。

同じ発明がすでに特許庁に出願されていないだろうか

これは、特許情報プラットフォームで調べることができます。まずは、他人の権利に触れてしまう、権利侵害とならないかを、調べましょう。

また、「出願されているのに、商品化になっていない場合」も要注意です。もしかしたら、出願はしたものの、実は製造にコストが掛かりすぎることがわかったので、そのままほったらかしにされている発明かもしれません。出願だけで、権利が発生していなければ、商品化をチャレンジすることもできますが、商品になっていない理由を、よくよく考えて判断しましょう。

関係法令の確認

「出願されているのに、商品化になっていない場合」には、こんな問題が潜んでいる場合もあります。それは「法令が定めた条件を満たしていない場合」です。

特許法などの諸権利は、他の法律とは関係ありません。そのため、たとえば「新しいチャイルドシート」の発明をした場合、その発明の内容が認められれば特許権はもらえますが、商品化できるかどうかは、また別の問題なのです。

なぜならば、「チャイルドシートは背板が〇〇cm以上の大きさでなければいけない」という、安全などに関わる法令や規格が定められている場合もあるからです。もし、サイズが規格外なら、いくら権利はあっても商品化できず、無駄な発明をしたことになってしまいます。

そのような無駄をなくすため、発明した商品に関係する法令を調べ、その条件を満たしていることを確認した上で、発明を進めましょう。

🖐 同じアイデアが商品化されていた方へ

　これから、同じアイデアがあるかどうか、調査を始めることになります。中には、自分が考えたアイデアと同じ商品が、すでに商品化されていることを発見してしまう場合があります。

　自分のほうが、一歩遅かったわけですから、大変ショックだと思います。でも安心してください。

　実は、このような人は「発明の着眼点がよい」と言い換えることができるのです。

　企業がアイデアを商品化するためには、斬新さだけではなく、何よりも、すぐ商品化できて、利益が見込める事業として成立することも求められています。

　つまり、同じアイデアが商品化されているということは、自分が「企業が新商品に求めているもの」をしっかりととらえている、企業と同じ着眼点を持っている発明家である、と判断することができるのです。

　企業が採用しにくい、「あさっての方向を見ている発想」ではないことがわかっただけでも自信が出てきて、次のアイデア発想にも、張り合いが出てくるはずです。

　斬新なアイデアや、奇抜なデザインなど、10年後、20年後に求められるような未来を先取りする発想をすることも素晴らしいのですが、大切なのは今なのです。

　今すぐ、商品として成立しやすい身近な生活用品に目を向けること。さらには、今、世間が求めている流行や、形、色、素材などにも気を配り、再発想にチャレンジしましょう。

027 同じ発明の調査「実地編」

通常、商品になっている姿を見ることができるのは、デパートや百貨店、ホームセンター、釣具屋やゴルフショップなどの専門店などです。

同じ目的のアイデアを探す方法として、手っ取り早いのが、これらの販売店で調べることです。

問題は、広い店内に陳列されている商品の中から、同じアイデアのものを探すことができるかということです。

たとえば、子供の工作用や、プレゼントラッピング用に使える「ギザギザに切ることができるハサミ」を考えたとしましょう。

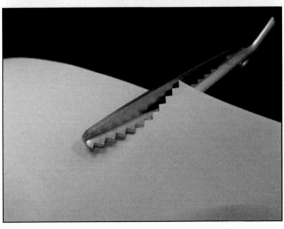

紙やセロファン紙などを切るのであれば、文房具に分類されますから、文房具売り場で、おなじギザギザ刃が付いたハサミを探すはずです。

もしなかった場合それだけで喜んではいけません。調べたデパートには置いていないだけかもしれません。売れない商品のため、注文があったときのみ取り寄せることにしているかもしれません。

できるだけ調査の幅を広げるために、他のデパートなどの販売店を数店、回るだけでなく、商品カタログを見せてもらい、在庫として展示されている商品以外のハサミまで調べます。

また、使う用途が違うために、展示されている場所そのものが違う場合もあります。

ギザギザ刃のハサミで切ると、切断面がギザギザになります。紙を切れば、装飾性にすぐれた切り口になりますが、実用面を重視して、ギザギザ刃を採用したハサミがあるのです。

洋裁の世界で使われている「ピンキングハサミ」です。切断面が直線となる普通の裁ちバサミで布地を切ると、横糸と縦糸が直交している布が切断されてしまうために、ほつれてきてしまいます。

そこで利用されているのが、ピンキングハサミです。裁ち目がジグザグになり、布目のほつれを防ぐ効果が生まれます。そのため、手芸、洋裁に欠かせないハサミなのです。

ハサミには、料理用や、洋裁・手芸用、文房具用、園芸用、工業用、医療・手術用、散髪のための美容・理容用など、色々な種類があります。そして、それぞれのハサミが、それぞれの用途に合うように刃や持ち手に工夫がされています。

先に紹介した、ギザギザ刃の工作用ハサミを考えたのならば、文房具売り場は当然のこと、その他の売り場もくまなく調べれば、「実は手芸・洋裁用ハサミで同じアイデアのハサミが売られていた」という、調査に漏れが出てしまうのを防ぐことができるのです。

自分だけで考えると、「工作用のハサミを考えたから、文房具売り場を探せばよいだろう」と思ってしまいがちなのですが、もっと、ハサミという商品を大きく見て調べることが重要です。

このような失敗を防ぐためには、お店の人に聞くのが一番です。毎日、仕事で商品を見ているので、とてもたくさんの商品知識を持っています。また、お

店の人に聞くときのコツは、「紙をギザギザに切るハサミはないですか」と、用途と効果で聞くのではなく、「ギザギザ刃のハサミはないですか」と、用途を意図的に隠して、ハサミ本体の特徴のみで尋ねるのも効果的です。

　また、東京や大阪などの大都市では、年に数回、新商品の展示会を開催しています。新商品を見られる他、新素材を手に取ることもできます。何よりよいのは、企業の担当者と名刺交換ができることです。

　東京や大阪に遊びに行くついででかまいません。少しだけ展示会に出向き、今売り出されている新商品を調査してはいかがでしょうか。

　その他、通販雑誌や、生活雑誌もさまざまな商品が紹介されているので、メーカーのカタログと合わせて、オススメできる1冊です。

028 同じ発明の調査「インターネット活用編」

　商品を店舗で探すと、商品を手にできる利点がある反面、店舗を足で歩いて探すので、時間が掛かり効率が悪い欠点があります。

　しかし、今はインターネットを活用すると、さまざまな商品をたちどころに見つけることができる、便利な時代になりました。

　それでは実際にインターネットを使って、同じ発明の調べ方を説明していきましょう。調査に使うのは、ヤフーやグーグルなどで有名な検索サイトです。検索サイトなら、何でもかまいません。参考まで、この検索サイトについて、少し解説しておきましょう。

　簡単にいえば、インターネット上に存在する情報（ウェブページ、ウェブサイト、画像ファイル、ネットニュースなど）を検索する機能を持ったサイトのことです。

　つまり、その検索サイトの検索キーワードを入力する部分に、「調べたいキーワード」を入力すれば、現在存在しているウェブページ上で「調べたいキーワード」が使われているサイトだけを探し出すことができるのです。多くのキーワードで検索する場合は、ワードごとの間にスペースを入れてワードを列記します。

　それでは、実際にどのようなものを探すときに使えるのでしょうか。実際に情報の調べ方を解説していきましょう。

専門店を探す

　前項で、店で商品を探しましょうと説明しましたが、その店自体を簡単に探すことができます。家庭用品などの生活に身近な商品は、比較的何でも揃う、百貨店やデパートで探すことがオススメです。

　また、工具や電気製品、釣具やゴルフ用品、カー用品などの発明品を探すのであれば、より多くの専門商品の中から探すことができるので、それらを専門的に取り扱う専門店で探すことがオススメです。

　調べ方は簡単です。調べたい物と、住んでいる県名を入力します。たとえば、東京都内の釣具を売っている店を調べる場合は、「釣具　東京都」で検索するという具合です。たくさん出てきたら、さらに「新宿区」と地域を限定してみて

ください。後は、電話をかけて問い合わせるもよし、実際に出かけて行って、探してもよいでしょう。

商品そのものを検索する

　商品を作っているメーカーでは、自社商品の紹介をインターネットの自社ホームページ上で行っている場合があります。

　カタログの代わりとしての役割も大きいので、とても詳しく載っています。また、販売サイトを運営している企業もあります。

　これらの2つのサイトに掲載されている商品を直接、調べることもできます。こちらの調べ方も簡単です。調べたい物の、特徴や商品分野を入力します。たとえばギザギザ刃のハサミを調べる場合は、「ギザギザ　刃　ハサミ」で検索するという具合です。なお「ギザギザ刃」は、通常「ピンキング刃」と呼ばれています。

　検索に使うワードは、特許出願書類に使われるような、専門的な技術用語も使って検索するとよいでしょう。この専門的な用語は特許電子図書館で調べることができます（154ページ参照）。

企業を検索する

　たとえば、「ギザギザ刃のはさみ」で検索しても、検索キーワードが少し違うだけで、検索案件から漏れてしまいます。できるだけ検索の漏れを防ぐため、最後に、はさみを作っている企業を調べます。

　この場合は、調べたいものの商品分野と、製造元を意味する「企業」「製造」というキーワードを入力します。たとえばハサミを作っている企業を調べる場合は「ハサミ　企業　製造」で検索します。

　以上のように調べると、色々な角度から調査ができるのでたくさんの情報を集めることができます。

　なお、「ハサミ」にも、「はさみ」「鋏」など、色々な表現方法があります。カタカナの「ハサミ」だけで検索すると、残りの「はさみ」「鋏」は検索から漏れてしまいます。

　漏れを少なくするためには、それらの類義語に変えて色々検索してみると、より効果的です。

029 同じ発明の調査「特許情報プラットフォーム編」

『「特許情報プラットフォーム」でヒントを探そう』という発想法の解説で、前に、特許情報プラットフォームの使い方を紹介しました。

どのようなものがあるかを調べるときには、特許情報プラットフォームにある、「特許・実用新案、意匠、商標の簡易検索」を利用するのです（42ページ参照）。

今回の「同じ発明があるかを調べる」ことが目的の場合でも、同じ要領で調べることができます。

その発明品の重要な部分を示す言葉を取り出し、たとえば、消しゴムを付けた鉛筆を考えた場合は、「消しゴム」「鉛筆」のワードで調べます。

ワード検索することにより、出願書類に「消しゴム」「鉛筆」の2つの言葉が含まれるものを抽出することができます。

後は、抽出されたアイデアの内容が同じであるか、違うのかを確認して、判断します。

ワード検索のコツ

ここで、ワード検索をする上で、ちょっとしたコツを解説しましょう。それは「類義語」についてです。同じことを表す言葉でも、さまざまな表現方法があるのです。

たとえば、「ホース」という言葉があります。庭に水をまいたり、車を洗車したりするときに、蛇口からホースで水を引いて使うはずです。また、水ではなく、空気を通す目的のものもあります。

さて、このホースを使った洗車用具を考えた場合、「ホース」と「洗車」というキーワードで検索をするのが一般的です。

しかし、「ホース」と「洗車」の2語だけの検索で十分なのでしょうか。いいえ、実はそれではたくさんの検索漏れが出てしまう恐れがあるのです。

「ホース」の役目をもう一度、考えましょう。ホースは筒状にゴムなどの素材を成型したもので、水を運ぶ用途で登場しました。

ということは、筒状になっているものであれば、とりあえず同じ効果を生むことになります。

「ホース」の他にも、筒状の同じ効果が期待できるものとしては、「チューブ」や「管(かん)」「管(くだ)」「筒(つつ)」「パイプ」などの語句も、同様の効果が期待できることがわかります。

特許情報プラットフォームには、約8400万件もの出願情報が詰まっています。その中には、同じ洗車をする目的で、水を運ぶために「ホース」という言葉を使って出願書類を提出した人もいれば、「チューブ」という言葉を使って出願した人もまた、いるかもしれないのです。

もし、「ホース」だけで検索した場合、同じ効果がある「チューブ」などの言葉を使った情報は、検索されないため、検索に漏れが生じてしまうのです。

ここで皆さまにオススメしたいのは、類義語辞典や、類義語検索サイトを利用して、他の表現方法がないかを探すクセをつけることです。

発明に掛ける無駄な時間を少しでも減らすために、できるだけ調査に漏れがでないように、冷静になって調べてみましょう。

類義語以外にも、ひらがな表記の「洗う」と「あらう」の場合。また、カタカナ表記の「車」と「クルマ」の場合。また「フィルター」を「フィルタ」、「プリンター」を「プリンタ」と表現するような、長音を取る場合。その他にも、「取っ手」は「ハンドル」などの外来語表記の他、「取手」や「把手」と表現する場合もあります。書類中で使う言葉の使い方の違いなどにも注意して、検索ワードに盛り込みましょう。

ただし、調べることに夢中になりすぎて、疲れてしまわないようにしましょう。無駄を防ぐことは大切なことですが、完璧を求めすぎては、いつまでたっても先に進めません。

「先願調査」は、これを仕事としている人がいる程、奥が深いものです。通常では、さらに詳細に調べるために、ワード検索以外にも、分類検索という調査も行い、調査漏れを減らす工夫をしており、専門家に依頼した場合、数万円の費用が掛かります。

発明家が現時点で行う調査の場合は、完璧を求め、費用を掛けて調べるよりも、先の行程に進んだほうが得策です。

そのため、類義語などまで配慮した、ワード検索が最低限できるようになれば、十分でしょう。

030 同じ発明の調査「特許情報プラットフォーム」実践編

それでは、調べ方によってどのような差が出るのでしょうか？

調査のお題は、食べ物をすくい取って食べる、食器の一種「スプーン」にしてみましょう。食器という用途に限らず、調理用などの用途も含め、スプーンと同じ形状で、同じ使い方をするものを、探してみることにします。

なお、今回は、調査対象の言葉でどれだけ差が出るかを調べるだけなので、これ以上、細かいキーワードは指定しないことにします。

さて、簡易検索のキーワードを入れる部分に、「スプーン」と入力して、検索を実行してみます。

何件が該当するでしょうか。

何千件単位での情報があることがわかりました。すごい数ですね。参考までに、検索語句はスプーンのみで調べましたので、スプーンそのものだけではなく、「スプーンホルダー」「スプーンの製造方法」まで該当してしまっているので、これだけの数になります。

さて、それでは違う語句でも調べてみましょう。

今度の検索語句は、「さじ」です。

　この検索語句では、170件程度が該当するにとどまりました。

　この中には、文章中、「さじ」の他に「スプーン」という両方の表現が使われているものもありました。それらの出願については、前の「スプーン」という言葉でのキーワード検索をした中に含まれているため、見逃すことはありません。

　しかし、問題は「さじ」という言葉だけで文章表現されている、調味料を量るための「計量さじ」という調理器具や、「飲食用さじ」という名前で出願されていた、スプーンに類する出願情報が見つかったことです。

　もし、「スプーン」というワードだけで調査をしていたら、今回見つかった「計量さじ」「飲食用さじ」は調査から漏れてしまい、見つけられなかったことになります。

　スプーンを、国語辞書や類語辞書で調べてみると、次の通り紹介されています。

【国語辞書】・・・スプーン【spoon】
1. 匙（さじ）。主に洋食でものをすくうためのもの。
2. ゴルフで、ウッドクラブ3番の称。3番ウッド。
3. ルアーの一。金属製の、さじに似た形の疑似餌（ぎじえ）。湾曲しているため、水中で独特の動きをする。

> 【類語辞書】・・・スプーン
> ○類語： → さじ【さじ】
> ○関連語の詳細： さじ【さじ】
> 大匙　小匙　茶匙　スプーン　軽量スプーン　食匙（しょくし）　薬匙
> 木匙　陶匙　銀匙　蓮華（れんげ）　散り蓮華　杓子（しゃくし）　柄杓
> 茶杓　湯杓

　この方法での検索では、出願書類の中にある文章の中から、入力した語句を探してくる方法で出願情報の抽出が行われます。

　たくさん検索された中には、本来、検索したいと思っている「飲食用に使うスプーン」ではなく、ゴルフクラブや、ルアーの一種「スプーン」が検索されてきている場合も考えられます。

　飲食用のスプーンに関する発明をしたのであれば、「スプーン」という表現だけで検索するのではなく、同意語である「さじ」の他、漢字表記の「匙」や、「れんげ」「しゃくし」で、同じ工夫を施したアイデアが出ている可能性は十分にあります。

　検索漏れにより、先願があることで自分の出願が拒絶されるだけならまだしも、事業化を開始してしまい、先願の権利を侵害してしまうようなことがあってはいけません。

　調査の際には、辞書で同意語、類義語、関連語を調べる必要性があることも、ぜひ知っておきましょう。

031 発明完成階段3段目「アイデアのまとめと検討」

前項までに調べた内容に加えて、下記のチェックリストの項目に当てはめて、さまざまな角度から自分の考えたアイデアを評価してみましょう。

●アイデアの評価検討チェックリスト

用途について	何に使うか
	特色は何か
	同じ用途、目的の商品はあるか
	消費者にはどんな利点があるか
	地域、季節性があるか
購買者の対象と数量	誰が買うのか（性別、年齢、地域）
	誰が使うのか（性別、年齢、地域）
	消費者の使用習慣はどうか
	どのくらいの需要数があるのか
技術・権利・販売関係など	他の権利を侵害しないか
	既存の製造技術で作れるか
	新しい製造技術が必要なのか
	デザインや色彩は良いか
	原材料は何が適しているか
	企業イメージに合うか
	企業に販売経路はあるか
	販売製品の仲間に入れられるか
	安全基準や関係法令はクリアするか
	危険性の有無
価格は	コスト（製造原価）はいくらぐらいか
	適正な販売価格はいくらぐらいか
	類似品、競争品との価格差
	包装、輸送の問題はないか
その他	社会的意義、大義名分
	話題性の有無

ここで紹介したチェックリストを利用してアイデアを客観的に評価すると、もっとよいものに仕上げることができます。

商品のニーズ（需要）について

対象者がどんなに少数でもかまいませんので、人々の役に立つ、ニーズ（需要）のある商品であるか、ということを何度も確認しましょう。

「このような道具があったら便利に違いない」というように、勝手な理論で「便利」を押し付けるような発想から生まれたアイデアは、時としてお客様のニーズを忘れた商品が出来上がることになるからです。

たとえば、序章で紹介した、筆者考案の「糸よれ解消具」は、釣りをしている人の中でも、特に、糸よれで困っている人を対象にした、購入対象者の規模としては、非常に小さい商品として分類されます。

しかし、現に類似する糸よれ解消具が商品化されていることからわかるように、メーカーは釣り人に対する商品の価値を認め、立派な商品として存在しています。

実体験からの発想ではないと、「誰が欲しいのか」が置き去りにされる場合があります。商品はお客様に喜ばれて初めて価値が生まれます。ニーズを無視した商品ではないか、喜んでくれる人のことを考えながら、自分のアイデアを分析しましょう。

デザインや色彩は、発明の効果と同じぐらい大事!

発明家は効果のみを追求し、商品のデザインや色彩には、あまり時間を掛けません。しかし、それは間違いです。

工事現場の単管パイプバリケードにも、ウサギやカエルなどのかわいらしいデザインが採用されています。プロ用ではない一般大衆向け商品であるならば、さらに可愛さや美しさ、優しさを演出するため、デザインや色彩へのこだわりが必要なのは、当たり前のことなのです。

　かわいいと感じるモチーフの代表は「ハート」「リボン」「花びら」「動物」などです。かわいいと感じる色の代表は「ピンク」があります。

　まだまだ、可愛さや華やかさ、楽しさを演出できるモチーフはあるはずです。効果だけに固執せず、アイデアを育てましょう。

　「ハート型バケツ」は、かわいらしさだけでなく、注ぎ口として凸部の形状を活かした点や、凹部が足にフィットして持ちやすくなる効果も生まれた、秀逸なデザインの代表例です。

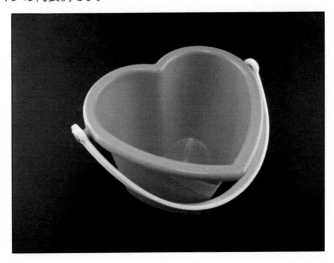

032 発明完成階段4段目「説明図(設計図)作成」

今までやってきたことを少しおさらいしましょう。

まず、カエル発想法でアイデアが思いつきました。その後、そのアイデアについて調べました。

同じ商品はないか、同じ目的の商品はないか、誰が使うのか、どんな色がよいか、特許出願はされていないかなど、色々な調査事項があったと思います。

アイデアのよさが確認できれば、いよいよ、あなたが考えたアイデアを実際に紙に描いてみましょう。

工程1「説明図(ラフスケッチ)」

大まかでかまいません。全体のイメージ図を描きます。

大切なことは、製造に入るために必要な設計図を描くわけではないということです。まず、全体の姿の想像をすることが大切なので、イメージがわいてくる程度のイラストというレベルで十分です。

できれば、上下左右の方向から見た図を描くと、より、想像しやすくなります。

工程2「アイデアのポイントを書き込もう」

さて、大体のイメージ図は描けましたか。

描けたら、次の工程です。それぞれの部品や、必要な要素を書き入れます。

まず、イラストの世界に、あなたを登場させましょう。そして、目を閉じて、そのアイデア商品を実際に使っているところをイメージしてください。使っている場面をイメージしながら、アイデア商品の部分ごとに、細かい説明をしてください。

「ここに、〇mmぐらいの凸凹をつけたら使いやすいだろうなぁ」というように、マンガの台詞をフキダシに入れる要領で、想像を膨らませ、実際に説明をつけながら、その特徴を書き入れていきます。

工程3「アイデア比較」

　さあ、ここからは、今までアイデア調査の項目で調べたことを、活用していきます。

　アイデア調査で調べた他の類似商品と比べて、色々な要素で差別化ができるように工夫します。劣った部分があれば、改良しましょう。

　今まである、同じ目的を持つ商品と見比べることも大切です。既存の商品に比べて、カッコイイ、カワイイと思えればいいのですが、いまいちだったら、よりデザイン性を追及して、見た目を工夫してみましょう。たとえば、とがっている部分はネコの耳に。穴があれば豚の鼻にデザインする要領です。

　また、効果の面で不足を感じた場合は、もっと簡単な構造で実現できないかを色々と工夫してみましょう。

　なお、図面の段階では、試しに色を付けてみましょう。製品時には色が付いているはずです。キャラクターを描き込んだ方がよいものは、それも描き入れてみましょう。色も発明品の大切な要素ですので、色が入るだけで、どのような商品になるのかが、より具体的にイメージできるようになります。

工程4「設計図を描こう」

　色々と書いて考えていると、より具体的にまとまるアイデアが見つかるはずです。そうしたら、そのアイデアをより詳しく、設計図の形に描いてみましょう。

　設計図など描いたことはないという方も大丈夫です。下手でもフリーハンドでもかまいません。大切なことは、具体的に説明できる図面を描くことです。自分で具体的に説明できれば、他の人も理解してくれます。では、具体的とは、どのようなことをいうのでしょうか。

　答えは簡単です。他人がその図を見て、あなたの想像通りのものを作ることができれば、「具体的に描けている」と評価できます。

　たとえば、「くっつける」という表現ではなく「糸で縫い合わせる」。「曲げる」という表現ではなく、「○度の角度で曲げる」。「取り外し自在にする」ではなく、「ボタンを付けて、取り外し自在にする」というように、詳しく具体的に、「どこに、何を、どうすればよいか」に注意して、書いてみましょう。素材を加工する必要があるなら、加工方法も忘れずに書きましょう。

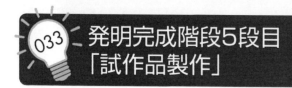

033 発明完成階段5段目「試作品製作」

　さて、紙の上ではおおよその形を表現できたはずです。それではいよいよ、実際に立体に表現してみましょう。

　試作品を作る際は、小・中学校のときに習った「図工」「工作」「技術」の授業を想像してください。ハサミや定規、色鉛筆の他、ノコギリやナイフ。釘に金づちなど、どんどん活用しましょう。

　今はホームセンターなどで「工作室」を利用することもできます。専門の工作用具も完備しており、使い方を教えてくれるアドバイザーがいる場合があります。素材を買った後、そこでアドバイスを受けながら、設計図に従って加工をしてもよいでしょう。

　ミシンなどの道具がレンタルできる場合もあります。

　また、作業工程の一部を、安い値段で加工してくれるホームセンターもあります。身近な場所で、活用できる施設を探してみましょう。

　これから紹介する2つの例は、大衆発明家として有名な2人による、試作品製作秘話です。

目薬点眼補助具「アカンベー」発明者　小林好子さんの場合

　目薬をさすのが苦手な人は多いものです。それは目薬をさす時、目薬の滴が出る所と目との位置関係を把握しにくいからです。

　これを解決したのが、目薬点眼補助具「アカンベー」です。

このアイデアのポイントは、アカンベー本体を目薬容器に取り付けることで、下まぶたを押さえて目が閉じないようにしたこと。また、ガイドとしての機能を持たせたことです。

　これにより、アカンベーが下まぶたを押さえた部分が支点となり、目を開けたまま目薬を目に入れられるようになりました。これを使うと、まるで「あっかんべー状態」となり、目薬点眼が簡単に、誰でもできるようになりました。

　さて、発明した小林さんは、この発明でどのような手順で試作品を作り、商品化に至ったのでしょうか？

　最初は綿棒を貼り付けてみました。しかし、ガイドとしての機能はあるものの、下まぶたを点で押さえるため危険がありました。安全で、肌に優しいものにするには、線で下まぶたを押さえることが、どうしても必要なことに気が付きました。

　この問題を解決するヒントは身近にありました。アイスクリームのスプーンが、抜群の形状と効果だったのです。その後、スプーンの形状を参考に、肌に触れても痛くないように丸みを帯びたデザインにしました。また、あらゆる目薬容器を調査した結果、円筒状の目薬容器にも取り付けられるようにするには、アカンベーの接着面に、半円形の溝が必要なこともわかりました。

　そして、オーブン粘土と簡単なゴム型を使い、試作品第一号がようやく完成しました。

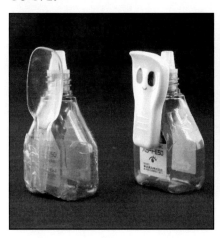
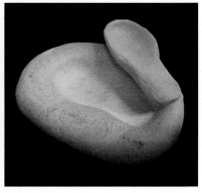

　現在の製品版アカンベーに比べたら、手作り感があります。しかし、効果は、この試作品で十分に確認できるのです。

皮むき名人「ピーラーシリーズ」発明者　高橋宏三さんの場合

　四徳ピーラーで成功した高橋宏三さんも、「試作品」が必要不可欠であると語ります。たとえば、同じくメーカーに採用された発明品「栗の皮むき器」の場合、どのような試作品を作ったのでしょうか？

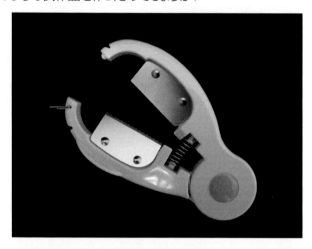

　写真は、固い栗の皮をむく器具を発明する過程で作った試作品達です。

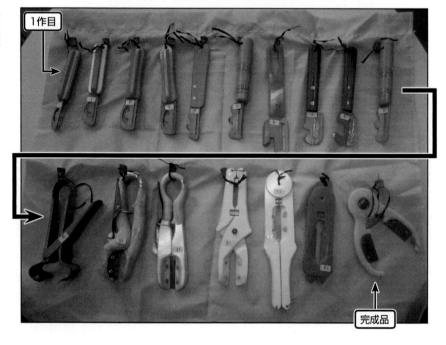

1段目の左から右、2段目の左から右の順番へ試作品を作りました。もちろん、すべて高橋さんご自身による手作りの試作品です。ナイフのような使い方だった1作目から、ハサミのような支点を持つ構造へ改良されていく発明の変遷がよくわかります。結局、納得できる効果が出せるまで、17個もの試作品を作りました。

　試作品を実際に使用してみれば、どこかに欠点があるものです。

　試作品は、その欠点を解決して、よりよいアイデアに成長させるためには必要不可欠なのです。こんなにたくさんの試作品を作り、そのたびに何個の栗をむいたのか、想像もできません。

　これだけ実験すれば「この形が一番優れている理由」に納得し、企業担当者も契約したくなるのがうなずけます。

　「発明品30個、キャラクター300案、ネーミング1000案」これは、数々の契約を勝ち取ってきた自身の経験が導き出した、試作品を作る数の目安を意味する、高橋さんの名言です。

　高橋さんは、同じく採用された「四徳ピーラー」の発明の際には、なんと34個もの試作品を作っています。少しずつ改良を繰り返し、よりよい物を作りたいという熱意を感じる逸話でもあります。

試作品製作のコツ1　試作品を何度も作り直せる発明を選ぼう

　高橋さんの「栗の皮むき器」の試作品は、すごい完成度で、素人とは思えないほどの出来栄えです。このような完成度の試作品を作れる人は、そう多くはありません。

　しかし、「こんなすごい試作品はとても作れない」と、びっくりする必要はありません。

　大切なことは、「試作品は、自分にできるレベルの物を作る」ということです。小林さんには小林さんの。高橋さんには高橋さんの。そして、皆さんには皆さんのレベルがあり、他の例と比較する必要はありません。

　何度も作り直しが必要になるので、負担なく手作りできるレベルの発明テーマを、見つけるようにしましょう。

試作品製作のコツ2　素材や見た目には心配無用！　試作品＝商品ではない！

　コップに凹凸をつけて、持ちやすくしたコップを考えたとします。商品化になった際は、金型を作り、プラスチックで凹凸コップを一体成型で作るはずで

す。そのため、発明家の中には、プラスチックで作れないので試作できない、と心配する方もいます。でも大丈夫です。現時点では金型も、プラスチックで作る必要もありません。

　アイデアの特徴と目的は何でしょう。「プラスチックで作ったコップ」ではないですね。「凹凸を付けた」ことが特徴なのです。

　ということは、家にあるコップに凹凸を付けてもよいわけです。重要なポイントは、凹凸の形や、高さ、大きさなので、それを工夫して、どのように表現して試作品を仕上げるかがポイントです。

　ここでオススメなのは「紙粘土」の活用です。

　紙粘土は、乾燥すると硬くなる、とても便利な素材です。幼稚園児や小学生も使うぐらいですから、安全性もあります。

　この紙粘土をこねて、家にあるコップに凹凸を付けてみましょう。

　商品化になった際は、凹凸まで含めたコップそのものが一体成型され、商品化されます。しかし紙粘土でも、とりあえず今のところは「凹凸が付いたコップ」を作ることができるので、これで十分です。

　工作用のニスを塗れば光沢が生まれ、まるでプラスチックのような見た目になりますし、防水性も生まれるため、実際の使用もある程度は可能です。

　また、たくさんの色がある「オーブン粘土（樹脂粘土）」も利用できます。成形した後にオーブンで焼くとカチカチに固まり、プラスチックのようになる素材です。100円ショップにも売っている素材なので、ぜひ活用しましょう。

　試作品には、店頭に並ぶ商品のような品質は求められていません。あくまでも、発明の効果を確認することが目的なので、見栄えが悪くても、なんら問題はありません。

試作品製作のコツ3　既存の商品に追加工して作り変えよう

　ハサミの丸い持ち手に指が入らず使いにくいものです。そのため「持ち手を大きくしたハサミ」を考えたとします。

　このようなときは、100円ショップで安いハサミを買ってきて、ノコギリやヤスリでもともと付いている取っ手を壊して取り去ります。その後、手の形に合うように、紙粘土で持ち手を作り変えるのです。

　細かい形の変更は、紙粘土の付き具合を調整し、指の凹凸に合うようにして、ヤスリで整えます。

キュウリがくっつかないように工夫した「穴あき包丁」を考えた場合も、既存品を加工して試作品が作ることができる代表例です。100円ショップで包丁を買ってきて、ドリルで穴を開けてみればよいのです。100円ショップは、平均1万点の品数で、ほとんどの日用品を取り扱っています。自分の発明試作のために、追加工に利用できる商品もあるはずです。どうせ100円なのですから、思い切ってやってみましょう。

試作品製作のコツ4　試作品製作の依頼は慎重に！

インターネットで「試作品」と検索すると、試作品を作ってくれる企業を見つけることができます。このような企業に依頼すれば、すぐきれいな試作品（テストモデル）を作ってくれます。メーカーによる商品開発も、試作品製作は外注（仕事を会社外部に注文してさせること）に出す場合が多いようです。

しかし、試作品の大半は欠点だらけなので、それらの欠陥を改良して、また試作品を作り直すことになります。そのため、もし、試作品製作を依頼すると、その都度、お金が掛かることになります。人に依頼すると、手間が減り、きれいな試作品を作ることができますが、大変な費用が掛かることは避けられません。

仮に、栗の皮むき器の発明の例で当てはめて、考えてみましょう。試作品製作1個に掛かる費用が3万円の場合、3万円×17個ですから、その総額は51万円にもなります。

一般の家庭で、50万円もの大金を使うのは、大変な負担です。最近では、企業における開発においても、この負担は深刻な問題となっています。

不景気により開発に掛かる予算が削られた結果、試作品製作を外注するための経費が、十分に掛けられないのです。そのため、自社内で試作品を作ったり、プラスチック素材の試作品製作を容易にした「3Dプリンター」を導入する企業も増えてきています。

お金を掛けても、採用される保障はありません。お金の掛け方には、十分に注意しましょう。

どうしても依頼するなら、予算を決めること。また、デザイン性等も視野に入れ、これ以上、改良ができないほどに、何度も自分で作り直した最終形態の試作品のみ、売り込み先企業でのプレゼン等に備える意味で、お金を掛けてきれいに作ってもらうとよいでしょう。

034 試作品が作れる「自分サイズ」のテーマを選ぼう

　自分サイズのテーマとは、「自分で試作品を作り、その効果を実験によって確認できること」を指します。

　これができなければ、思考的、または技術的にも、その発明テーマを解決できるレベルに達しておらず、問題を解決する構造や方法を発見したことにはなっていない、ということになります。

　これを知らないと、そもそも問題を解決できるはずもないのに「発明が成功しない」と勘違いしてしまうことになります。たとえば、とても身近な存在になった携帯電話やスマートフォン（スマホ）に「体脂肪が測れる機能を付ける」というアイデアを発想した場合を例に考えてみましょう。

　このような発明分野である場合、具体的な構造面を詳しく説明できない場合が大半です。ほとんどは、あったらいいなという願望や願いだけです。

　専門知識がなく、具体的な解決方法を自分で見つけることができないため、説明ができないのです。このようなケースでは、当然、試作品はありません。専門知識がないため、作って試してみることができないからです。たまに、「自分は、電気の専門家ではない。企業にいる、電気の専門家がやるべき仕事だ」という考えの方がいらっしゃいますが、これを発明と考えるには少々無理があります。

　スマホに体脂肪を測れる機能をつけるという発想をもとに、具体的に計測機器を組み込めるように工夫するのが、発明家の仕事です。斬新なアイデアが出るのは素晴らしいのですが、そこで終わればただの案に過ぎません。発明家ではなく空想家です。

　試作品はなくても、アイデアだけを求めている企業もあるため、売り込みをしてみる価値はあると思います。しかし、そのような提案だけで対価を期待できる企業は、そう多くはないはずです。

　確かにレベルが上の課題に挑戦するほうが、必要に迫られて勉強することになり、自身の知識と能力が向上する利点もあるでしょう。

　しかし、発明で成功することを目指すのであれば、やはり自身の能力や技術をきちんと認識し、実践できるテーマを選びましょう。

　発明で成功するということは、「発明品の構造や効果で、問題を解決し、人

を納得させることができるか？」ということです。

　商品として魅力を感じないものにお金を出す人などいません。人を納得させるためには、まずは自分が納得できなければいけません。もし、試作品が作れずに効果を体験できないのであれば、納得できるアイデア商品を作ることは困難になります。

　「体脂肪が測れるスマホ」のように、自分サイズ以上のアイデアにはまると、先に進めず悩むことになります。

　電話機メーカーにいるような電子工学を学んだ専門家が相手では、それ相応の知識がない限り、スマホのアイデアで相手を唸らせることはできません。それどころか、相手にすらされず勝負そのものが成立しないでしょう。

　しかし、家庭用品のような身近なアイデアテーマであれば、主婦にとってはまさに専門分野であり、工夫のポイントを強くアピールすることができます。この場合、プレゼン勝負で相手を魅了でき、家庭用品メーカーの専門家を感動させて、口説き落とすことも十分に可能なのです。

　発明を楽しみ、そして成功を目指すなら、自分で実験できて効果を確認できる、身の回りの発明テーマに限定し、自分が勝てる土俵を選んで勝負するべきです。

発明で成功した者だけが勝者ではない

　現在の技術で実現できるかわからないような、さらに突き抜けたアイデアである場合、このような斬新なアイデアをどんどん出せる人は、別の方法でアイデアを形にして世の中に送り出せる可能性があります。

　たとえば、人々に夢を与える小説家や漫画家などの創造性をそのまま活かせる分野に軌道修正すれば、自分の作品を世に送り出すという点では、成功に近いかもしれないのです。

　空想が発明の世界に影響を及ぼした面白い例があります。水を入れた寝具「ウォーターベッド」の発明です。

　このウォーターベッドのアイデアが最初に登場したのは、アメリカのSF作家、ロバート・ハインラインによって書かれた小説の中でのことでした。その後、アメリカで実際にこのウォーターベッドが発明され出願されたとき、米国特許商標庁は、出願よりも以前に出版された小説の中で、すでにこのウォーターベッドが描かれていたことを理由に、この発明の特許を拒絶したという逸話があります

(「ロバート・A・ハインライン」『フリー百科事典　ウィキペディア日本語版』。2014年10月20日(月) 23:44　UTC、URL: http://ja.wikipedia.org)。

　また、エジソン研究でも知られる浜田和幸氏の著書『快人エジソン』(日本経済新聞社)でも、同様の例が紹介されています。同じアメリカの作家でジャーナリストであるジュリアン・ホーソンは、発明王として知られるエジソンに対して「エジソンは発明家をやめて小説家に転向すれば、不世出の大作家になるだろう」と評し、当のエジソンも、「劇作家で詩人のシェイクスピアは、その気になれば素晴らしい発明家になれたに違いない」と評しています。

　これらの例は、斬新な発想が、発明品として便利さを世に届けるきっかけとなるだけでなく、小説や漫画として姿を変えると、人々に夢を与える著作者として世の中に貢献できうる可能性を示すものといえるでしょう。

　発想を利用する方向性は、創作した本人が自由に選択することができます。そのときには実現不可能なアイデアだとしても、読み物として面白さが際立つアイデアであれば、発明とはまた別に活かせる道があるのです。

　そして何より、本になり印税が支払われることは、発明品が事業化されロイヤリティが支払われることと、アイデアで世の中に貢献し、それによる対価を得ていることになんら変わりはなく、どちらも素晴らしいことです。

　そもそも発明家を目指すことだけが世の中のすべてではありません。本書は発明成功を目指すためにまとめたものではありますが、自分のアイデアを活かし世の中に貢献することができれば、必ずしも発明で成功した人だけが勝者であるとは考えていません。

　発明とは呼べないような、突拍子もないアイデアでもかまいません。自分に面白いアイデアを発想する力があることを発見できれば、それもまた有意義なことです。「ドラえもん」を超えるような、夢あふれる作品も目指して、どんどんアイデアを発想しましょう。

035 試作品を作る意味

　仕事柄、これまでたくさんの事業化に成功された発明家とお会いしてきました。これらの発明で成功した方々とお会いし、色々とお話を伺う中で、1つの共通点を見つけることができます。
　その共通点とは、ズバリ「試作品」です。
　試作品を作ることなく、アイデアが採用になった人は、まずいません。あっても、本当にごくまれなケースです。

🕯 試作品を作る意味

　暮らしの中の問題点を見つけ、それを改善するにはどうすればよいのかを見つけること（問題に対する解決案を考える）。ここが発明に取り掛かるスタート地点です。この後、発明品として成立させるためには、試作品を作り、具現化させた後、実験をして理論の正当性を確認することが必要です。試作品があるからこそ、アイデアの有効性を確認できるのです。
　しかし、このような、創作内容を試作品にして、具体化することができない内容であれば、自分の能力以上のアイデアに着手していることになります。できれば、効果を実証できる、自分で試作品が作れる範囲での発明に着手したほうが、「成功する」ということを考えた場合、最もよいといえると思います。
　たまに、「企画提案書に理論を書いたので、読めば試作品などなくても、発明のすごさがわかる」という方がいらっしゃいます。
　しかし、試作品を作ってみて、頭の中の理論と事実が異なることに、初めて気が付くこともあります。頭の中で引いた図面には、どこかしらズレがあるものです。中には、実際に部品を組み立てることすらできない構造だったというケースもあります。
　頭の中で都合よく考えてしまう、理論上のズレを埋め、アイデアを成長させることが試作品の役割です。企業は試作品の重要性を理解しています。理論だけで、アイデアが採用されにくいのはそのためです。
　では、試作品が作れないアイデアは、すべて商品化の見込みはないのでしょうか？　いえ、そうではありません。実は例外もあります。

試作品がなかった「鉄しゃもじ」の売り込み

68ページで紹介した池田真由美さんの発明品である、ぬか漬け用の「鉄しゃもじ」は、試作品を製作することなく、紙に書いたアイデア提案書のみを企業に送ることで、契約してもらうことができました。

既存の商品「鉄タマゴ」や「鉄なすび」の形を、「しゃもじ型に変えればよいのではないか?」という発想から、早速、イラストと説明文を作成し、売り込みを始めました。

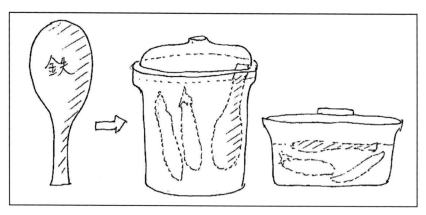

また、売り込み先の企業にも、ひと工夫しました。

一般的な食器メーカーではなく、伝統工芸である南部鉄器に着目。南部鉄器の産地、岩手県にある、わずか数社しかない南部鉄器関連の企業をすべて調べてアイデア売り込みを行いました。

試作品がないにもかかわらず採用に至ったのは、すでに効果や理論が実証されていたからです。

つまり、しゃもじで混ぜれば、ぬかみそに触れなくても混ぜられることは誰でもわかります。また、鉄タマゴや鉄なすびなど、鉄イオンをぬかみそに補給することを目的にした既存の商品もありました。

この2つの要素を組み合わせた商品であることが明白であるため、企業側も商品の価値を想像できたことが、試作品がなくても採用された理由だと思われます。

もちろん、試作品があるほうが望ましいのですが、試作品がなくとも契約することができた、珍しい例といえるでしょう。

036 発明完成階段6段目「実験と改良」

さて、試作品もできたことですし、実際に使ってみましょう。たとえば、凹凸をつけたコップの場合、実際に持って、使ってみます。

さあどうですか。

コップが滑らないように凹凸を付けるのは非常によい発想です。しかし、実際に形にしてみると、意外にも色々な欠点や効果に気が付くようにもなります。

たとえば、具体的な凹凸の高さです。感覚的なことは、実際に手に持ってみなければわからないのです。

もう少し凹凸が高く、大きくてもいいなぁと思う場合や、思ったよりも凹凸が大きすぎて邪魔だと感じることもあります。

また、凹凸を付ける位置も重要です。

口を付けて飲もうとすると、凹凸が邪魔をして、飲みにくいかもしれません。もう少し握る位置が下にずれているといいのに、と思う場合です。年齢や性別によっても左右するでしょう。

これらの具体的な効果・欠点や、感覚的な印象は、試作品を作り、実際に持って確認してみなければわからないのです。

気が付いた点は、また前項の「試作品製作」に戻って改良をしましょう。ヤスリで形を整え、紙粘土を盛り足して高さを調整し、再チャレンジをします。発明のポイントを決める重要なことなので、妥協してはいけません。

また、他人の意見を聞くことも実験をする目的の1つです。たとえば、お年寄り用に考えた持ち手の大きいスプーンを考えたとします。

この場合、自分で勝手に思い込んで作っては意味がありません。必ずお年寄りに使ってもらい、生の声を聞きましょう。

大きすぎる、重すぎる、形が悪いなど、色々な不満が出ればチャンスです。それを全部直せば、よい発明品になります。

その他、家族や兄弟に使ってもらい、意見を求めるのもよいでしょう。釣具などの趣味のアイデアであれば、実際に釣り仲間に使ってもらうのもよい方法です。

よいと思っているのは自分だけで、他人にとっては価値がないアイデアかも

しれません。それを確認するには、実際に使うことが最高の方法なのです。

そしてさらには、使ってもらった後、発明の試作品を、ずっと継続して使ってもらえる、その人にとっての必需品にまでなれば、とても有望です。自分で工夫して作った道具を、ずっと便利で使い続けている場合は、まさにこのパターンです。

自分のために作り、そして、今では家事になくてはならない必需品になってしまっている場合は、発明品としては、かなり完成されているともいえるでしょう。しかし、2～3回使っただけで、飽きてしまい、面倒で定着しないアイデアは、検討が必要です。商品化しても、すぐに邪魔になるだけです。

このように、試作品が作れる発明と、作れない発明との違いは、発明の効果の説得力の違いになって現れます。必要としている人がいるという、需要があることを確認できるのもポイントです。

はさみ変え不要のしおり「スワンタッチ」開発秘話

「スワンタッチ」は、紙をめくると、自動的に白鳥（スワン）のくちばし部が紙を滑り、次のページに自動的に移動する機構を利用した、はさみ変え不要のしおりです。

特に重要なのは、「くちばしの部分のカーブの角度、プラスチック素材が持つ弾力性」でした。

カーブがきつければ、紙が滑らずに破れてしまいます。また、素材の弾力性が強すぎても弱すぎても、次のページにくちばしが移動しません。

そのため、最適なカーブの角度と、弾力性をもたらす薄さを探すために、

毎回、形を変えては試し、また調整するという、実験と改良を根気よく重ねました。

　読書が趣味という、スワンタッチ発明者の高橋健司さんは、本の紙を傷めることがない現在商品化されている形状を見つけるのに、大変苦労したと語ります。

　発想しただけでは、アイデアの概略しか浮かんでいない状態なので、この商品で重要なカーブの角度や素材の薄さに関する、具体的な数値まで導き出すことは到底できません。

　企業が一番求めているのは、構想や思い付きのよさに加え、実験によって導き出された、発明の効果を最大限発揮する具体的なデータです。

　だからこそ、アイデアを売り込まれた企業は、労力と時間を掛けて具体的なデータという答えを導き出した発明家に対して、ロイヤリティという対価をもって、評価しようとするのです。

　発想を具現化させるため。そして、発明が企業に採用されるために、実験が重要であると説明する一番の理由は、ここにあるのです。

037 検査機関を利用しよう

インターネットで、「工業試験」や「商品検査」というキーワードで検索すると、色々なジャンル別の検査機関が出てきます。

これらの機関では、「衛生面」「品質管理」「強度試験」「有毒物質検査」などのさまざまな角度から、商品分析の検査を受けることができます。

それでは、この検査機関の利用法について、詳しく解説していきましょう。

具体的な効果の実証に役立つ

効果が明確でない商品は、信憑性に欠けるため、お客様に納得して購入してもらうことが困難です。しかし、「テストで効果が実証された」という実験結果がパッケージに書いてあると、「なるほど!」と納得して買ってしまうものです。客観的なデータが示す信頼性が、購入する価値が生み出したのです。

この実験結果を明確に示すことは、発明品を企業に売り込むときにも、プラスに働きます。

たとえば、「強度がある」とか、「肌に触れても安全だ」とか、「抗菌性がある素材を利用して商品を作った」というアイデア商品の場合です。

このままの説明では、単なる一発明家としての意見に過ぎず、主観的であるため、いまひとつ信用性に欠けています。理論の正当性を客観的に証明する、明確な裏づけがないからです。

しかし、個人では、効果を明確な数値で立証するような、専門的・科学的な調査はできません。

そこで、各種機関に検査を依頼して得た、第三者機関が証明する調査結果や分析マップを利用するのです。

自分の発明品の効果を検査してもらい、明確な数値で表された、その調査結果の客観的な証拠をデータで示し、「○キロの荷重をかけても壊れません」「有毒成分の検出は0でした」「何時間で、細菌が○%死滅しました」という説明をすれば説得力が生まれ、企業の採用担当者に納得してもらいやすくなります。

思わず「そうなのか!」と思わせるためにも、具体的な数値データとして、効果を示す証拠を利用する方法があることも、知っておきましょう。

発明品の量産に役立つ

　つりがね草型マッサージ具「ブルーベル」シリーズを発明した鈴木輝彦さんも、研究機関を利用した発明家の1人です。

　マッサージ効果の実験を、ご自身の体で体感しながら繰り返す中で、金属性のアームが持つ弾力性がポイントであることを発見しました。ただ硬いだけよりも、アームに弾力があるほうが、まるで親指で指圧を受けているような心地よさで、ツボに効きやすいのです。

　しかし、弾力が弱いとアームが伸びてしまい、マッサージになりません。逆に、弾力が強ければアームは伸びませんが、しならないためひたすら痛いだけで、ちっとも気持ちよくありません。

　問題は、金属性のアームに弾力性を持たせること。そしてその弾性率を数値化することです。

　金属に弾力性を持たせるためには、焼入れ加工が必要不可欠です。また、弾性率を数値で表せなければ、商品を同じ品質に保てないため、量産が難しくなります。

　鈴木さんは「焼入れ加工」と「弾性率の数値化」をするために、東京都にある工業試験場を利用しました。工業試験場は、県や都が管理を行っている全国各地にある公共施設です。

　こうして完成した試作品によって導き出された弾性率などのデータをもとに、金属加工の専門業者にアームの量産を依頼し、マッサージ具「ブルーベル」シリーズの商品化ができました。

　現在では、より弾力性を活かすことができる、ピアノ線に近い高級素材を採用するなどの改良が加えられ、発案された昭和45年以来、ずっと売れ続けている商品となっています。

　「発明を成功させたければ、その道の専門家にならなくては本当によいものはできません。私もツボや、マッサージについてはとても勉強しました。また、金属や木材の加工技術にも詳しくなりました。全部を丸投げして人任せにするのではなく、あらゆる機関を利用しながら、自分で色々と考えることが成功した秘訣だと思います」と成功の秘訣を鈴木さんは語ります。

　今まで紹介した検査機関を利用する方法は、大変有効な方法なのですが、費用が掛かります。金額によっては、誰にでもオススメできることではありませんが、調査する重要性と活用法は知っていても損はありません。

038 写真を撮ろう

　ここまでで、試作品が完成しました。色々と試行錯誤を繰り返して、納得いく形になったことと思います。愛情を持って育てると、見て、触って、試してみるだけで、楽しいものです。

　しかし、試作品を見ることができて、さらに効果を体験できるのは、試作品に直接会い、触れることができる人だけです。

　そこで、発明品に関する視覚的情報だけでも伝えられるように、写真を活用しましょう。

　ここで撮影した写真は、今後、売り込みのための企画提案書を作るときや、自分で事業化するためにパンフレットを作るときなどに大変役立ちます。

　今はデジタルカメラ全盛の時代です。いくら写真を撮ってもお金は掛かりません。携帯電話のカメラ機能でも、十分なので、撮り忘れがないように、リストに従ってどんどん撮影して記録を残しましょう。

写真撮影の準備

　部屋の中で撮影すると、生活感あふれる背景が写り込むことになりますが、これが実に見苦しく、また、大切な部分がわかりにくい写真となってしまいます。

　しかし、撮影対象物以外のものは極力写らないように、背景にさえ注意すれば、それだけで大変わかりやすい写真が撮影できます。

　そのため、発明品そのものを撮影する場合は、試作品が映えて見える色の模造紙を壁に貼り付け、それを背景にして撮影をしましょう。

　また、人物を登場させ、発明品の使用風景を撮影する場合も、部屋の中に、白または黒いカーテンを張り、それを背景にして撮影をしましょう。また、登場人物の服装は、同じく発明品が映えるように、単色のものを選びましょう。

自分の発明品を撮影しよう

　まず、自分の発明品について、写真を撮影しましょう。

- 発明品の姿（真正面から見た姿、背面から見た姿、側面から見た姿、上から見た姿、下から見た姿）
- 外からはわからない、内部構造（分解した姿、組み合わせ前の姿、断面の姿）

- 大きさの目安がわかるもの（スケールを一緒に撮影する）
- アイデアのポイントの拡大写真（接合部分や、外見上の特徴、表面の様子など）
- 色彩上、イラストなどの特徴
- 使用している風景（使用する手順ごとに、実際に使用しながら、工程ごとに撮影）
- 使用後の結果がわかる写真（発明品そのものが変化しているのであれば、発明品の使用後の姿。発明品が変化しなければ、使用後の状態を表す図）

参考となる写真を撮影しよう

次に、自分の発明品を説明するために参考となる、比較するための写真を撮影しましょう。

これは、自分が発明した商品が、従来品と比べ、どこがどのように違うのか。また、効果がどれだけ違うのかを説明するためです。

想像していただきたいのは、週刊誌などでよく見掛ける、「1週間でこれだけやせました」と効果を示すために、「使用前」と「使用後」の写真を対比して見せている演出法です。

改善前の写真を並べ、自分の発明品をよく見せるための、いわゆる当て馬として使うことで、効果がより印象的に伝わります。このような写真が撮影できれば、残しておきましょう。

- 今までに存在した、従来商品の姿（真正面から見た姿、背面から見た姿、側面から見た姿、上から見た姿、下から見た姿）
- 従来商品の外からはわからない、内部構造（分解した姿、組み合わせ前の姿、断面の姿）
- 従来商品の大きさの目安がわかるもの（スケールを一緒に撮影する）
- 従来商品の色彩上、イラストなどの特徴
- 従来商品を使用している風景（使用する手順ごとに、実際に使用しながら、工程ごとに撮影）
- 従来商品を使用した際の結果がわかる写真（発明品そのものが変化しているのであれば、発明品の使用後の姿。発明品が変化しなければ、使用後の状態を表す図）

039 取扱説明書を作ろう

写真は、撮影しました。しかし、写真だけで発明品のすべてを説明することは無理です。

人間は、言葉や文字で意思を伝える動物です。どんなときも毎回、言葉で説明することはできませんから、読んで理解してもらうために、文字で発明品の説明をすることになります。

これが「取扱説明書」の役割です。

この段階から取扱説明書を作っておくと、今後、売り込みのための企画提案書を作るときや、自分で事業化するためにパンフレットを作るときなどに大変役立ちます。

発明者がいなくても、その取扱説明書を見れば、効果も、使い方も、注意しなければいけないこともすべてわかるように、十分に時間を掛けて、少しずつ取扱説明書を作りましょう。

取扱説明書の作り方

それでは、取扱説明書の作り方の手順を説明しましょう。

❶ 商品の特徴やアピールポイント

何をするための発明品であるかを簡単に書きます。

❷ 発明品の構造や機能を書きます

どこを工夫したのかを書きます。

❸ 組み立てなどの準備が必要な場合は、その組み立て方を書きます

組み立てる際に、特に注意しなければいけないことを書きます。

❹ 使い方を書きます

どのように使うのかを説明します。

❺ 取扱い上の注意点を書きます

どのように使ったときに、効果が高いのかを書きます。また、効果が低くなってしまう使い方もあれば、書いておきましょう。強度的な面から、破損の恐れがあれば、書きましょう。

❻ その他の用途があれば、それも書きます

別の使い方があれば、その使い方と機能、効果を同様に書きます。

さて、今までのポイントをすべて文章で説明しようとすると大変です。そこで活用できるのが、前項で撮影した写真なのです。
　それぞれの取扱説明書の中で、使いたい写真を当てはめていきましょう。そして、必要最低限の言葉で、その写真で伝えたい内容をフォローするのです。
　写真の並べ替えや配置を考える作業は、まるでお正月にやった「福笑い」のようですね。わかりやすい順番になるように、何回でも並べ替えましょう。
　写真の配置が終わったら、ワンポイントの説明を写真ごとに入れていきます。具体的な文字数の指定はありませんが、できるだけわかりやすい言葉で端的に入れるのがオススメです。
　イメージしていただきたいのは、漫画です。たとえば、4コマ漫画は、たった4コマのイラストに台詞を吹き出しで入れて表現したものです。4コマのイラストと少々の台詞だけで、あれだけ多くの面白さなどの感情を伝えられる手法は、取扱説明書にもぜひとも応用すべきです。
　さて、これまでで、取扱説明書の作り方を解説してきましたが、作り終わったら、ご家族やご友人に読んでもらうとよいでしょう。「どのように使うの」と聞かれた時点で、書き直す必要がありそうです。
　つい「しっかり読めばわかるはず！」と思いがちですが、それは勝手な発明者側の意見の場合が多いのです。発明品を手にしていただいた方が、じっくり読まなくてもパッと見るだけで、ある程度の内容が伝わるように、わかりやすく作ることが発明者の義務です。
　取扱説明書は、すぐに作れるものではありません。説明文を減らしたり、表現を変えたり、写真を撮り直したり、イラストを加えたり、順番を変えたりして、色々と工夫して作り込みましょう。
　余談ですが、テレビショッピングや、ホームセンターの実演販売の人の説明は、取扱説明書を作る上で、とても参考になります。言葉巧みに説明する「街頭実演販売」があれだけ魅力的なのは、巧みな話術だけではなく、すんなりと頭に特徴が入ってくる説明能力があるからです。特に、商品を説明する順番や、従来商品の欠点と課題の紹介方法、商品の使い方の解説など、人を引き付ける、わかりやすい表現などには注目です。

040 専門用語を調べよう

　説明書を作るときも、人に言葉で説明をするときにも、商品各部の専門的な用語を知っていると、とても説明がしやすくなります。

　見慣れた商品であっても、各部の名前を細かく知っている人はごく少ないのです。

　通常の生活をする上では、そんな部分の名前を知る必要も、メリットもありませんが、アイデアを考え、発明品として工夫した部分の名前を知っていると、発明の説明がとても楽になるのです。

　それでは、一般的に商品の各部の名称を調べるには、どうしたらよいのでしょうか。

　オススメの方法は、やはり特許情報プラットフォームを活用する方法です。特許出願書類は、誰でも理解できる一般的な名前で、説明されています。

　ということは、出願情報の中で調べたい商品の一部分が、どんな名前で説明されているかを調べれば、すぐに専門部位の名前を調べることができるのです。

　それでは実際にやってみましょう。

　今回は、「めがね」を例に、各部の名前の調べ方を説明します。

　まず、特許情報プラットフォームの簡易検索で「特許・実用新案を探す」を選択します（46ページ参照）。

　そして、検索キーワードを入力する所に、「めがね」という言葉を入力しましょう。

　このとき、「メガネ」や「眼鏡」などの「めがね」という言葉の類義語に気をつける必要は特に必要ありません。先願調査をするのではなく、あくまでも部分の名称を調べるだけだからです。

　実際に調べてみると、「めがね」に関する出願情報がたくさん出てきます。

　その書類の中でどんな名前が使われているか、たくさんある出願情報から適当に引き出して、【符号の説明】の項目を調べればいいのです。

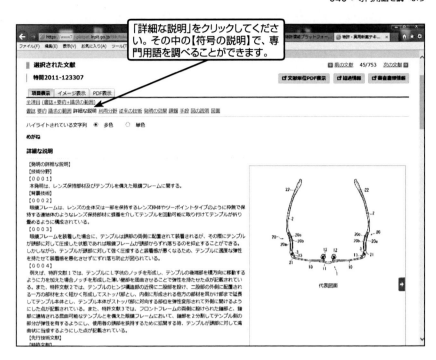

　何件かの出願情報を見れば、それぞれの部分がどのような名前で呼ばれているのかを知ることができます。
　これらの専門用語は、これからアイデアを売り込む企業にも、通用する用語です。
　たとえば、「テンプルの形を変えためがね」という題名の企画提案書であれば、企業の担当者は、すぐにどこを変えたのかを理解することができます。
　また、今後、自分で特許出願書類を作るときにも、これらの語句は参考になります。審査官が理解できる、一般的に使われている名称を使って文章を作る必要があるため、この専門用語がわからないと、書類作成そのものが困難になってしまいます。
　わかりやすい言葉で説明することがとても重要ですので、ぜひ、自分の発明品に関することは、先願の特許出願情報から、用語を色々と調べておくようにしましょう。

041 発明完成階段7段目「発明完成」と権利対策

さて、ようやく7段目の「発明の完成」までたどり着きました。ようやく発明品としてアイデアが固まり、「権利対策」を考える段階を迎えました。

権利対策はアイデアの対象によって異なります。

ほとんどの発明品の場合は、物の構成と組み合わせから新しい機能と効果を生み出すものであり、このようなアイデアの場合は、特許出願を行うのが一般的です。

また、ハート型のバケツなどのように、物の形が重視される場合は、意匠出願を行うことになります。

問題は、その権利対策をいつするかということです。

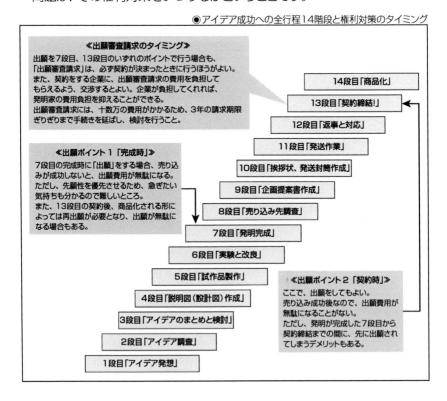

●アイデア成功への全行程14階段と権利対策のタイミング

自分で商品化する場合は、この7段目の時点で権利対策を行うとよいでしょう。企業に企画書を送り、企業に採用してもらって事業化を目指す場合も、できるだけ早いこの時点で権利対策を行うとよいのですが、問題もあります。
　1つ目は、出願内容とは違う形で商品化されることになった場合です。
　この後、実際に、企画提案書を作りアイデアを売り込んでいくことになります。もし、採用された場合、企業との検討の結果によって、デザインや構造などが若干、手直しされることがあります。
　つまり、採用決定前の、発明が完成した時点で特許出願をしてしまうと、企業との検討で手直しされたものと、出願書類に書いた内容が変わってしまうことになります。この場合は、再出願が必要になるため、書類作成の手間も費用も、二度手間になる可能性があります。
　2つ目は、費用の問題です。
　自分で書類を書けば、特許の場合は1万4,000円で特許出願ができます。しかし、自分で出願書類が書けない場合は、特許事務所の弁理士に書類を作ってもらうことになります。弁理士とは、産業財産権の書類作成代行を行う国家資格者です。書類作成でお金を得ることは、弁理士以外は法律で禁止されています。これに、数十万円の費用が必要となります。
　大金を掛けて出願したとしても、売り込みはそう簡単にはうまくいきません。何度も売り込みをしながらも、採用が決まらないことの方が大半です。
　売り込みが成功せず、新しいアイデアを売り込む度に、出願に掛かる費用を払うことになると、経済的なリスクを負うことになってしまいます。そのため、本書では、できるだけ費用を掛けないように、自分で書類を作ることをオススメしています。もし、書類の内容に自信がない場合は、弁理士による書類チェックサービスなどを利用してもよいでしょう。
　これにより、自分で書類を作れば、出願費用の1万4,000円のみで出願が可能で、さらに、書類チェックサービスを利用しても、数万円に出費を抑えることが可能です。
　なお、特許の場合、権利化には「出願審査請求」という、12万2,000円の費用が掛かる手続きが必要となります。この出願審査請求の手続きには、出願日から3年間の猶予期間があるので、出願審査請求の手続きはすぐにせず、この3年の間に企業との契約を成功させるように、売り込みを頑張りましょう。

出願をせず、売り込みを優先させる方法

　発明家の中には、売り込み後、企業との打ち合わせで好感触だった場合にのみ、出願をする方もいます。

　確かに費用が抑えられるメリットはありますが、その分だけ出願の時期が遅れるため、その間に先を越され権利化のチャンスを逃してしまうデメリットもあります。

　日本は先願主義なので、1日でも早く特許出願した方に権利が与えられます。そのため発明が完成した現時点で出願を急ぎたい気持ちと、費用を抑えたい気持ちも、共に理解できるため、難しいところです。

　また、出願をせず売り込むため、売り込み先の企業にアイデアを取られてしまうかも、という心配があるなら、早々に出願を済ませて心配を減らすしかありません。

　それぞれのメリットとデメリットを理解した上で、各自の判断と責任で権利対策をしましょう。

法律について少しでいいので知っておこう

　発明家には、自分のアイデアを守るために、権利のことを少しは知っておくと、大変役に立ちます。

　法律が絡んでくる以上、知らなかったでは済まされません。他人の権利を侵害するようなことがないように、配慮が必要となります。

　また、アイデアは家や土地と同じ財産です。その財産を守るためには、アイデアを守る権利「知的財産権」について少しでも知っておくと、企業に売り込みをする際や、契約を交わすときなどに、大変役に立ちます。

　これからは、特に知っておくとためになる知的財産権に関する内容を、簡単に説明していきましょう。

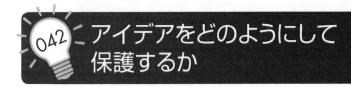

042 アイデアをどのようにして保護するか

それでは、法律の話に少しずつ入ってみましょう。下表は、アイデアを守る知的財産権という権利を表したものです。

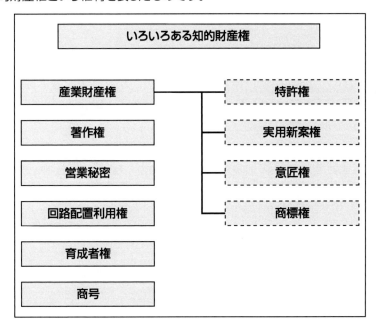

この図で、アイデアを守る権利にも、色々な種類があることがわかります。

さて、同じ知的財産権でも、産業財産権や著作権、中には見慣れない権利もあります。なぜ、いくつもあるのでしょうか。

答えは簡単です。人が色々と考えて工夫した物事の中には、色々なものがあるからです。

それでは、「人が色々と考えて工夫したこと」には一体どんなものがあるでしょう。思いつくままに挙げてみましょう。

- 仕組み ●構造 ●方法 ●組み合わせ ●形 ●模様 ●色 ●物の名前
- 店の名前 ●マーク ●文章 ●イラスト ●キャラクター ●写真 ●映画
- 書画 ●音楽 ●植物の新品種
- 集積回路(IC)を少ないスペースにたくさん配置するレイアウト
- ノウハウ　などなど

色々な工夫例があるのがわかります。実は、知的財産権があれだけ細分化されているのは、それぞれの権利が保護を担当する、「工夫の対象」が違うからなのです。

対象が変われば、保護してくれる権利とそれを定める法律や、必要な書類や保護される期間もそれぞれ変わります。

また、特許権で保護できるものや、意匠権で保護できるものがそれぞれ決められているのですから、当然、権利をまたいで保護するようなこともできません。

それでは、次からは、特に発明をする上で役に立つ、産業財産権（特許権、実用新案権、意匠権、商標権）と、著作権の、合計5つの権利について、次項から、もうちょっと詳しく説明していきましょう。

なお、参考までに、その他の権利と法律についても、簡単に説明します。

◆ 営業秘密、商品等表示・商品形態……不正競争防止法
人と似たものを売ったりして、混同を起こさせるようなことを防ぐ法律です。
権利期間：商品形態模倣の場合は発売開始後3年間

◆ 回路配置利用権……半導体集積回路の配置に関する法律
電子機器などの半導体集積回路の回路配置のマネを防止する法律です。
権利期間：登録から10年

◆ 育成者権……種苗法
「冷害に強いリンゴ」などのよい種苗品種を守る法律です。
権利期間：登録から25年（樹木の場合は30年）

◆ 商号……会社法・商法
社名や屋号、店名を保護する法律です。他の人は、同じ市町村内、同じ営業分野で、登録された同じ店の名前を登記できなくなります。

043 実例で見る権利の使い分け

「消しゴム付き鉛筆」を例に、産業財産権(特許権、実用新案権、意匠権、商標権)と著作権が保護する部分を見てみましょう。

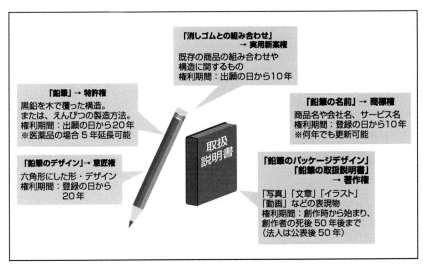

このイラストのように、アイデアの要素によって、保護してくれる法律も、アイデアが保護される状態にするために必要となる手続きや、保護される期間もそれぞれ変わります。

産業財産権について

産業財産権は、色々あるアイデアの中でも、特に「産業の発展に役立つ、仕組み、構造、方法、組み合わせ、形、模様、色、物の名前、店の名前、マーク」を財産として保護する法律で、「特許法」「実用新案法」「意匠法」「商標法」の4法が、それぞれ「発明」「考案」「デザイン」「ネーミング」をアイデアの種類別に保護できるように分かれています。

特許や意匠などの産業財産権は、すべて「登録主義」です。そのため、特許庁への「手続き」が必要です。

特許庁への手続きに必要となるその提出書類が「出願書類」というもので、特許庁が指定する様式、必要となる記載内容にそれぞれ違いがあります。

出願後は、登録に必要な基準と条件(登録要件)をクリアしているかどうか、

審査官の判断によって権利化の可否が決まります。

権利期間の起点日は、書類を出したとき（出願）からか、審査後、権利料を払い登録されたときから始まるのかが、権利によって変わります。

権利表記について

特許権を取得した商品には、「PAT」または「特許第○○○○○○号」などと表示されるのが一般的です。この「PAT」は、特許を意味する英語「Patent（パテント）」のことです。

「PAT. P」という表示は、特許出願中を意味する英語、「Patent Pending（パテントペンディング）」を略したものです。特許出願されただけであり、特許権はまだない状態を指しています。

「®マーク」は、登録された商標を意味する英語、「Registered Trademark（レジスタードトレードマーク）」の頭文字を使った記号で、登録商標であることを指します。

なお、「TMマーク」は、商標を意味する「Trademark」の頭文字を使ったもので、商標として使っていることを主張する意味をもっています。ただし、特許庁に商標登録はされていないため、模倣された場合は商標権の侵害を理由に対抗することはできず、この場合、不正競争防止法などの他の法律で保護をする方法を探すことになります。

また、日本ではあまり見掛けない「SMマーク」は、役務商標を意味する「Servicemark（サービスマーク）」の頭文字を使ったもので、表記をする意味や、商標登録されていないという点では、「TMマーク」と同じとなります。

著作権について

著作権は、文化の発展に貢献する「文章、イラスト、キャラクター、写真、映画、書画、音楽」などの、創作物を保護する権利です。たとえば、著作権のある本や音楽等の作品を、無断でコピーして販売したり、インターネット上などで無断で公開することは、著作権を侵害する行為であり、著作権法により罰せられることになります。

よく見掛ける「©マーク」は、著作権を意味する英語、「Copyright（コピーライト）」の頭文字を使った記号で、著作権を主張している作品であることを指しています。一般的な表記法としては「© 2015 YasuakiMatsuno」のように、「©　最初の公開年　著作権者」の3点を記載します。

著作権は、「文章、イラスト、キャラクター、写真、映画、書画、音楽」などの創作物を創作した時点で、何の手続きをしなくても権利が自然に発生するため、権利を得ることを目的にした、官庁への手続きは不要です。そのため、「無方式主義」と呼ばれています。書類申請などの手続きも不要ですし、出願料も、権利を維持する登録料も掛かりません。

　特許や意匠などの産業財産権が「登録主義」で、権利を得るためには、特許庁への「手続き」が必要でしたが、それとはまったく異なります。

　著作権の権利期間は、創作し、作品が誕生した時点から始まり、創作者の死後50年まで、存続します。また、映画の場合は公表後70年です。

　著作権が存続している作品を、無断で複製して販売するような行為は、著作権を侵害する行為になるため、罰せられます。しかし、たとえば『くもの糸』という小説で有名な作家、芥川龍之介は1927年7月24日に亡くなってから50年が経っており、芥川龍之介の小説の著作権はすでに切れています。そのため、その小説を印刷して販売することも、インターネット上で公開することも可能となっています。

　なお、著作権は、特許などの産業財産権と異なり、創作したときに権利が自然に発生する特徴がありました。しかし、自然発生であるがゆえ、創作した事実が残りにくい点に問題があります。

　特許などの場合は、書類提出などによる出願が前提となるため、「出願人が、何年何月何日に、どのような内容の特許出願をしたか」という一切の記録が、手続き上必然的に残ります。

　この点、著作権は、創作しただけでは、たとえば、「誰が作品を書いたのか？」「いつ書いたのか？」「どのような作品を描いたのか？」という、権利主張に必要となる客観的な事実関係の証拠記録が残らないため、法律上の理論では著作権があるはずですが、権利主張は事実上困難である特徴があります。

　そのため、著作権の権利主張を円滑に行うためには、「創作日時」と「創作内容」、「創作者」の3点を主張するための創作事実に関する証拠作りを自発的にしておくことが必要です。

　もし、創作物が新聞や雑誌などに掲載されたり、書籍として出版されたりした場合は、発行年月日が発行物に印刷されているため創作事実の立証は簡単です。

しかし、作品の大部分は、素人による短歌や俳句、小説などの未公開作品ばかりです。そのため、これらの作品に発生する著作権の主張には、179ページの「証拠を残す権利対策法～先使用権の活用～」で解説する「公証人役場」を利用した立証方法等を活用し、創作者が自らの責任と判断で、創作事実の証拠作りをする必要があります。

産業財産権と著作権

たとえば、「消しゴム付き鉛筆そのものの構造や形、名前」を著作権で保護することはできません。

消しゴム付き鉛筆そのものを構成する要素は、思想感情を創作的に表現した文章やイラストではなく、構造や形、商品名なのですから、特許権や意匠権、商標権等の産業財産権で保護されるべきものとなります。

逆に、「消しゴム付き鉛筆の取扱説明書」「商品パッケージのデザイン」「ゲームのルールブック」「折り紙の折り方」などを説明する本やマニュアルなどは、特許権などの産業財産権ではなく、著作権で保護されるべき内容となります。

このように、アイデアの対象によって、保護を受け持つ権利は変わるため、権利対策に間違いがないようにしましょう。

権利はお客さまの利益も守る

発明家の中には、「たくさんの人にアイデアを使ってもらうため、自分だけが独占する権利はあえて取らない」という考え方の人がいます。一見すると、素晴らしい考えのようにも思えますが、実はこの考えはお客さまのためになりません。

みんなが同じ商品を作れば、必ず競争が起きて乱売状態となり、結果、粗悪品が出回ることになります。これではお客さまは困ってしまいます。権利化を望まないということは、このような粗悪品を作る悪い人から、お客さまを守る権利を自ら放棄したことになるのです。

権利で粗悪品を退け、責任を持って良質な商品を作るからこそ、お客さまに喜んでいただくことができ、お客さまと発明家（企業）双方の利益につながることを覚えておきましょう。

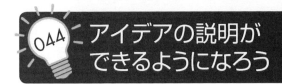
044 アイデアの説明ができるようになろう

　自分のアイデアを説明できるようになると、売り込みや発表など、さまざまな場面で非常に役に立ちます。中でも、特許出願書類を自分で作成するときに、とても役立つのです。
　この項ではアイデア説明文の作り方を通して、特許出願書類の内容や文章構造をわかりやすく説明しましょう。

アイデアを文章で説明するときのコツ

　アイデアを説明する文章の書き方は、小学生のときに習った、作文をする上で大切な4つのテーマに分けて、順番に書く方法とまったく同じです。たとえば、読書感想文などの作文を書くときには、次のように、4つの段落にテーマを分けます。

- 1段落目　「私は、この本を読んで○○だと思いました」
- 2段落目　「しかし、△△だと言う人もいます」
- 3段落目　「でも私は違うと思います。なぜなら、□□だからです」
- 4段落目　「だから、私は○○だと思うのです」

　このように、自分の考えを説明する順番とテーマを決め、根拠となる部分を本から抜き出しながら作文をすると、「自分が本を読んでどう思ったか?」がよく伝わる、説得力のある上手な文章が誰でも書けるようになります。
　この順番を変えたり、テーマと異なる内容を、違う段落に書いたりしてはいけません。なぜならば、何が言いたいかがわかりにくい、まとまりのない文章になってしまうからです。テーマがあちこちに飛ぶ文章では、説得力は生まれません。この文章のまとめ方は「起承転結(きしょうてんけつ)」と呼ばれています。
　実は、アイデアを説明するときも、同じ方法で書くことができます。
　では、どのようなポイントに分けてアイデアを説明すればよいのでしょうか? 作文を書くときには、「起承転結」の4つのポイントがありました。
　それと同じく、アイデアを上手に説明するためには、全部で10個の重要な

ポイントを、図面にそって説明していけば、自分が考えたアイデアを誰にでも、とてもわかりやすく説明することができるようになります。

次に示すのが、アイデアを説明するのに必要となるポイントです。

- 1段落目　「アイデアの名前は〇〇です」
- 2段落目　「これは〇〇のようなアイデアです」
- 3段落目　「今までは、△△のような不便な状態でした。また、□□という似た商品がありました」
- 4段落目　「例に挙げた、似た商品の所在（掲載雑誌や、特許情報）」
- 5段落目　「不便な状態だった結果、××という欠点がありました」
- 6段落目　「私が考えたアイデアの構造は、〇〇です」
- 7段落目　「このアイデアにより、〇〇という効果が生まれました」
- 8段落目　「紹介する図面は、〇〇の状態の図面です」
- 9段落目　「使い方は〇〇のように使います」
- 10段落目　「図面で紹介した、1から3までの各部分は、1は〇〇、2は〇〇、3は〇〇という名前です。」

このテーマ内容と順番に従って説明すれば、発明者が、どんな目的で、どのような構造のアイデアを考えたのかが、すべて文章で説明できるようになります。

まずは、アイデアを上手に説明できるようになるために、自分が考えたアイデアの説明を、ご紹介した10個のテーマごとに、順番に説明ができるようになりましょう！

今回は見本として、有名なアイデア商品「消しゴム付き鉛筆」を、皆さんが考えたと仮定して、筆者が消しゴム付き鉛筆のアイデアを説明した文章を作りました。

皆さんは、筆者が作文した、「消しゴム付き鉛筆」のアイデア説明文をよく読んで、自分がアイデアを考えたつもりで、その文章の中から、10個のテーマがどのように表現されているかをよく探しながら、読んでください。さあ、それでは、始めましょう！

アイデア説明文　『消しゴム付き鉛筆』

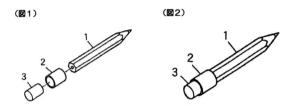

(図1)　　　　　(図2)

　私の考えたアイデアの名前は、「消しゴム付き鉛筆」です。
　これは、六角形断面の鉛筆の一端に消しゴムを付けて、消しゴムをいつでも使うことができるようなアイデアです。
　今までは、鉛筆と消しゴムは別々でした。
　なお、鉛筆と消しゴムがくっついているアイデアがあるか、参考までに調べてみたら、鉛筆と消しゴムをヒモでつなげたものはありました。(掲載雑誌「〇〇鉛筆株式会社の２０１３年度版カタログ　５頁」)
　しかし、消しゴムを使っていくうちに、小さくなってしまった消しゴムを落としたときに、探しにくく、見つけることが大変である欠点や、ヒモで鉛筆と消しゴムをつなげた商品も、ヒモが邪魔で、消しゴムや鉛筆が使いにくい欠点がありました。
　そこで私は、新しく「消しゴム付き鉛筆」を考えました。
　図を見てください。
　六角形断面の鉛筆（１）の一端に筒（２）を付けて、その筒（２）に消しゴム（３）を付けました。
　この構造にしたことにより、鉛筆に消しゴムがくっついているので、消しゴムをなくすことなく、必要なときにすぐ使用することができるようになりました。ヒモが邪魔で消しゴムや鉛筆が使いにくくなることもなくなりました。
　また、持ちやすい鉛筆を軸に消しゴムを使うことができるため、小さな消しゴムでも、大変消しやすくなる効果も新たに生まれました。
　図面の説明は、図１が、部品を分解して、斜めから見た図。図２は斜めから見た図です。
　発明品の具体的な構成は、六角形断面の鉛筆の軸（１）の上部の一端に、金属製の円筒（２）を付けます。その円筒（２）に円柱状の消しゴム（３）を差し込みます。円筒（２）をかしめ、消しゴム（３）を鉛筆の軸（１）に固定します。
　このアイデアの使い方は、通常通り鉛筆で文字などを書き、消す必要があるときは、消しゴムを下にして文字を消します。
　なお、他に実施する方法としては、消しゴムに接着剤を付けて、鉛筆の軸の一端に接着してもいいです。
　図面中、１は「鉛筆」、２は「筒」、３は「消しゴム」です。

いかがだったでしょうか？

10個のテーマ内容で順番に説明すれば、自然と、1つのまとまった文章を作ることができます。

見ず知らずの人に、パッとこのアイデア説明文を見せても、発明した人がどんなアイデアを考えたのかが、誰でもすぐにわかると思います。

アイデア説明文を書く上で、最も大切なことは、「文章を読んで、発明者がどんなことを考えているのかがわかること」「発明者が作った物とまったく同じ物を、誰でも作れるようにすること」です。

なお、アイデア説明文を作る時点で、アイデアが試作品のような形で完成していれば、より詳しい構造の説明ができるようになります。また、実際に使ってみて、より具体的な効果を確かめることができれば、効果の説明の部分も、より具体的になります。

さて、このアイデア説明文を作ることには、次のように、たくさんのメリットがあります。

- 自分で特許出願書類を作るときに役立つ
- テーマごとにアイデアを分析できるので、書き忘れなく、アイデアを隅々まで把握できる
- 企業に売り込む場合の企画提案書になる
- 弁理士に特許出願書類作成を依頼する際にも役立つ
- 商品化された際、取り扱い説明書を作成するときに役立つ
- 売り込み先の企業で、プレゼンをする際の台本としても役立つ
- アイデア発表会などでアイデア発表をする際の台本としても役立つ
- 社内研究部会などで、研究発表をする際の台本としても役立つ

特許出願書類を自分で作る作らないにかかわらず、自分のアイデア説明文は、後々、非常に役に立つのでぜひ作ってみましょう。

それではいよいよ、特許出願書類を作る際に、この説明文がどのように役立つのかを確かめてみましょう。次に紹介するのは、実際に「消しゴム付き鉛筆」を特許庁に出願すると仮定した場合に必要となる「明細書」という書類の、文章見本です。消しゴム付き鉛筆のアイデア説明文と見比べながら、説明の順番や内容によく注意して、読み比べてみてください。

消しゴム付き鉛筆　特許出願書類（明細書）見本

特許出願書類の例は、次のようになります。

【書類名】　　明細書
【発明の名称】　消しゴム付き鉛筆
【技術分野】
　【０００１】
　本発明は、六角形断面の鉛筆の軸の一端に消しゴムをつけて、消しゴムをいつでも使うことができるようにした、消しゴム付き鉛筆に関するものである。
【背景技術】
　【０００２】
　従来、鉛筆と消しゴムは、別々だった。また、鉛筆と消しゴムをひもでつなげたものは提案されていた（例えば非特許文献１参照）。
【先行技術文献】
　【特許文献】
　【０００３】
　【非特許文献１】○○鉛筆株式会社２０１３年度版カタログ５頁
【発明の概要】
【発明が解決しようとする課題】
　【０００４】
　これは次のような欠点があった。
　従来、小さな消しゴムが使いにくくて困ることがあった。消しゴムが必要なときに、小さくなった消しゴムが見つからないことがあった。また、消しゴムをヒモでつなげたものは、ヒモが邪魔で使いにくかった。
　本発明は、以上のような欠点をなくすために、なされたものである。
【課題を解決するための手段】
　【０００５】
　六角形断面の鉛筆（１）の一端に筒（２）を設け、筒（２）に消しゴム（３）を設ける。
　本発明は、以上の構成よりなる消しゴム付き鉛筆である。
【発明の効果】
　【０００６】
　消しゴムが鉛筆の軸と一体になっているので、消しゴムが必要になった場合でも、探す手間が省ける。
　小さな消しゴムでも、鉛筆の軸が柄になるため、消しやすい。
　ヒモが邪魔で消しゴムや鉛筆が使いにくくなることも無くなった。
【図面の簡単な説明】
　【０００７】
　【図１】　本発明の分解斜視図である。
　【図２】　本発明の斜視図である。
【発明を実施するための形態】
　【０００８】
　以下、本発明を実施するための形態について説明する。
　六角形断面の鉛筆の軸（１）の上部の一端に、金属製の円筒（２）を設ける。
　円筒（２）に円柱状の消しゴム（３）を差し込む。
　円筒（２）をかしめ、消しゴム（３）を鉛筆の軸（１）に固定する。
　本発明は、以上のような構造である。
　本発明を使用するときは、通常通り鉛筆で文字などを書き、消す必要があるときは、消しゴムを下にして文字を消す。
　他の実施例を説明する。
　消しゴムに接着剤をつけ、鉛筆の軸の一端に接着してもよい。
【符号の説明】
　【０００９】
　１、鉛筆の軸　２、筒　３、消しゴム

さあ、アイデア説明文と見比べてみて、どうでしたか。文章が「である調」の固いイメージの表現になり、一見すると難しく見えたかもしれません。しかし、内容や順番も、アイデア説明文と同じだったと思います。

　特に「【 】」でくくられた、【技術分野】などの難しい表記が気になったことでしょう。とても難しそうな印象を持つこれらの表記は「見出し項目」というもので、その下の文章のテーマを示している、題名のようなものです。

　実は、先に紹介したアイデア説明文を書くポイントとなる10個のテーマは、この特許出願書類の見出し項目が指す意味を、やさしい言葉に置き換え【発明の名称】から【符号の説明】までを、順番に紹介したものです。

　難しそうな印象を持つ書類も、見出し項目の意味さえ理解してしまえば、とても簡単なものなのです。

　特許や実用新案、意匠、商標の出願書類を自分で作ることに興味のある方は、拙著『「特許の手続き」の教科書』(C&R研究所刊)をご参照ください。

　アイデア説明文を作った後、具体的に特許出願書類を作っていく方法や、本書では解説していない意匠(デザイン)や、商標(ネーミング)の出願書類作成法から、特許庁への出願の仕方などまで詳しく解説しております。

045 文章の表現内容に注意しよう

　前項では、アイデア説明文の作り方を通して、特許出願書類の文章構成をわかりやすく解説しました。

　しかし、権利の質という視点で「アイデア説明文」を見た場合、権利の範囲を狭めてしまう表現が使われたところがあります。

　さて、そこで皆さまに問題です。アイデア説明文をもう一度、読んで、その表現を探してみましょう。どこだかわかりますか？

　答えは、アイデア説明文にある、『六角形断面の鉛筆』という鉛筆の形状を限定している表現部分です。

　「消しゴム付き鉛筆」という発明品のポイントは何でしょうか。それは、「消しゴムをなくすことなく、いつでも使えるようにした。しかも消しやすくなった」という効果に答えがあります。

　その発明の効果を出すためには、消しゴム付き鉛筆の発明において、鉛筆が六角形である必要はありません。丸断面でも四角断面でも、まったく同じ効果が期待できるのです。

　特許権の権利範囲は、技術内容が文章で表現された内容で決められます。そのため、「形状、種類、素材、比率、用途」などを詳細に指定すればするほど、限定されたとても狭い権利範囲となります。

　特許出願書類には、権利範囲を決める「特許請求の範囲」という書類があります。もし、この書類に「六角形断面の鉛筆」と書いてしまった場合、丸い断面の鉛筆等に消しゴムを付けた類似商品が出てきても、特許の権利範囲外となるため、それらの商品を退けることができなくなってしまうのです。

　逆に権利化を優先するため、「六角形断面の鉛筆」とあえて限定してしまえば、権利範囲は狭くなり、既存のアイデアに抵触する可能性は少なくなるため、特許権は取りやすくなります。

　しかし、競合商品に対抗できない権利に、果たして価値があるかは疑問です。発明の本質を見極めることができないと、このような失敗をしてしまう可能性があります。

　もし自分で作ったアイデア説明文が、「室内用〜」「六角形〜」「男性用〜」「金属製〜」「○○を3％混ぜた〜」などの表現になっていたら、その内容で

本当によいのか、もう一度、考えてみましょう。

🖋 アイデアの説明を上手になろう

たとえば、発明家は、六角形断面の鉛筆で実験し、消しゴム付き鉛筆の発明を成功させた場合、体験をそのまま素直に出願書類に反映させ、「六角形断面の鉛筆〜」と書いてしまい、失敗をする場合があります。

自分の大切なアイデアの周辺に生まれてくる競合商品を退けるためには、発明品の本質を正しく理解して、権利化をすることが求められます。

出願書類を作るときのポイントは、権利が及ぶ範囲を広くするため、「上位概念（じょういがいねん）」で考えて文章を作ることです。簡単に説明すれば、「六角形断面の鉛筆」ではなく「鉛筆」に。さらには、「鉛筆」だけでなく、ボールペンなども含めた「筆記具」にするという具合です。

このように考える癖を付けると、さらに『「金属の筒で付ける」と限定しないほうがよいのでは?』という思考ができるようになり、発明をさらに細かい視点で見直すことができるようになり、改善進歩にも役立ちます。

発明家は、できる限り自分のアイデアに関する目的、構成、効果を確認しましょう。そして、どのような類似まで保護したいのか、という観点から、自分の発明品について確認しましょう。こうすれば、また新たな発想が生まれてくることにもつながります。

発明者側が、権利範囲をいつも意識することで、アイデアに幅を持たせることもできますし、せっかく出願したにもかかわらず、「権利範囲に含まれると思っていたのに、実は違っていた」という、イメージと実際の権利範囲との食い違いを減らすこともできます。

発明家は権利のことについて、ほんの少しでも知っておくべきだと、強く言うのはここに理由があるからなのです。

046 権利対策の注意点

　発明で成功するためには、信頼できる相談相手を持つことが重要です。特に法律などの専門分野では、発明家に「安心」をもたらしてくれます。

権利相談をする意味と価値

　出願書類は簡単に作れます。

　特許庁が求める書類様式に仕上げる方法も、現在では、特許庁のホームページで、Wordデータ形式の出願書類様式がダウンロードできるようになっています。アイデア説明文で作った文章を、この様式に当てはめていけば、書類作成がとても楽です。

　簡単な構造の発明であれば、ぜひ、自分で出願書類を作ってみることにチャレンジしてみましょう。

　しかし、特許や実用新案の出願においては、たとえ書類は簡単に作れたとしても、強い効果を発揮する文章になっているか、という点については、特に注意が必要です。

　前項の「六角形断面の鉛筆」の例でもわかるように、権利範囲を意識した文章作成には、独特なコツが必要になるのです。

　つまり、「特許庁が指定する様式」に書類を作ることができるか、という問題よりも、「権利範囲を決める文章の内容」のほうが、何倍も重要なのです。

　自分で出願書類を作ったとしても、もっと改善できる文章内容ではないかと不安であるはずです。そのため、最高の文章内容で出願ができるように、自分で作った出願書類には、できる限り専門家の目が入るようにしたほうがよいでしょう。

　産業財産権の出願代理人である弁理士への依頼や、発明家を支援する団体などの権利相談を利用するメリットはここにあります。発明家の説明を聞き、発明の本質を冷静に見極めて、よりよい文章になるようにアドバイスがもらえるはずです。

　これらの方法の場合、自分で書類を作り出願するのに比べ、費用が大きな問題となります。大衆発明家には特に重要な問題です。

　書類を自分で作らず、弁理士に出願書類作成をすべて頼めば、数十万円の

費用が掛かります。権利化された場合、成功報酬も必要になるでしょう。商品化が決まる前に、この多額の費用を掛けることは大変なことなのです。

しかし、弁理士による特許事務所の中には、「自分でする特許出願」を支援する、大衆発明家にとって力強いサポートをしてくれるところも近年見られるようになりました。

発明家自身が作った特許出願書類一式を弁理士が直接、チェックしてくれて、安価に、長年の経験を生かしたアドバイスによって品質の高い明細書に仕上げることができるのです。

たとえば、出願書類作成に数十万円の費用が必要となるケースに対し、自分が作った書類チェックの場合は、相談1回あたり4万円程の費用でサービスが受けられます。

書類チェックサービスを上手に利用すれば、出願費用（14,000円）を加えても、合計5万4,000円程で、安心し、自信を持って出願ができるメリットがあります。

何より、大衆発明家や自分で書類を書こうとする素人にも門戸を開く、このような特許事務所の存在は、とてもうれしいことです。

アイデアの専門性や複雑さだけでなく、自分が作った書類に対する不安な気持ちなどに応じて、このようなサービスを利用するとよいでしょう。

- いわさき特許・商標事務所　弁理士　岩崎　博孝
  - TEL　048-452-8651　　FAX　048-452-8653
  - URL　http://www.iwapat.jp/info/index-7.html

- かたかべ特許事務所　弁理士　片伯部　敏（かたかべさとし）
  - TEL　042-789-4227　　FAX　042-789-4223
  - URL　http://www2s.biglobe.ne.jp/~alhad/hom-pt-f.htm

※依頼に際しては、費用やサービス内容などを必ず各自でご確認の上、自己責任で行ってください。本書・筆者は発生するあらゆるトラブルには関知いたしません。

発明をどう進めるか、選択肢から選ぶのは自分

　登山家の憧れ、世界最高峰のエベレストに登るには、プロガイドを雇う方法もあります。プロガイドを雇う遠征登山ツアーの中には、総額700万円前後の費用が掛かるものもあるそうです。その代わり、荷揚げも食事もガイドが準備手配するので快適です。また、登山経験の少ない初心者でも、ガイドのサポートにより、高い確率で登頂できるメリットがあります。

　登山家は、登頂（権利取得）することが最終目的なので、ガイドを雇う（弁理士に依頼する）ことに価値があるといえます。しかし、登山家と発明家を比べた場合、発明家の行程では必ずしも権利取得が最終目的ではない、という違いがあることを大衆発明家には知ってほしいのです。

　大部分の発明家にとっての最終目的は、権利取得ではなく、ロイヤリティ収入を得ることです。そして、そのために必要となる企画提案書による企業への売り込みチャレンジ（頂上アタック）は、多くの場合は1回で成功せず、何個ものアイデアで、何度も繰り返されます。

　契約が決まり、早急な権利化が必要な場合は、費用を掛けてもよいでしょう。

　しかし、まだロイヤリティ収入が見込まれる状況ではない場合は、費用を掛けて権利対策することに、十分納得する必要があります。

　経済的負担を少なくしたい場合は、出願書類を自分で作り、書類チェックサービスを実施している弁理士や、権利相談などを利用する方法も検討し、納得できる方法を選択しましょう。

047 特許権が取れなくても大丈夫

審査官にアイデアを認めてもらうのもうれしいことですが、発明で成功するには、企業やお客さまに認めてもらうことの方が、何よりも重要です。

権利化=商品化ではない!

発明相談に来る発明家の第一声で多いのは、「これは、特許になりますか?」というものです。

このような質問の場合の多くは、何らかの事情により必要に迫られ、早急に権利化が必要であるケースはほぼありません。ほとんどの場合は、商品化には権利化が必要なのではないかと、漠然と考えた結果によるものです。

しかし、権利化と商品化は、必ずしも一致しません。

たとえば、仮に特許になったとしても、「産業で利用価値があり、新しくて簡単に考えることができない発明」ということが、特許庁に認められただけであり、「商品として市場に受け入れられる、経済的価値がある発明」であるということを認めてくれたわけではないのです。

その証拠に、特許情報プラットフォームで公開中の特許権が発生している発明の6割とも7割ともいわれる膨大な数の権利が、活用されておらず休眠状態です。つまりこれらは、特許にはなっても、権利利用者とのマッチングが悪かったり、経済的価値がないため商品化されなかった例と言えるのです。

その一方で、特許権がないアイデアであっても商品化されている例は数え切れないほどあります。

たとえば、本書でたびたび登場する「鉄しゃもじ」は、その代表例です(68ページ参照)。

権利は商品化の条件にあらず

「鉄しゃもじ」は、なす漬けなどの漬物の色をよくする鉄タマゴや鉄なすびの形を、しゃもじ形に変える発想で生まれた、主婦による発明品です。

既存の商品の形をしゃもじ型に変えたことで、商品価値が生まれました。この商品は特許権がないにもかかわらず、企業に採用され、商品化が実現しています。

単に形を変えただけのアイデアでは、特許権は取るのは難しいでしょう。

しかし、「ぬかみその中に、手を入れなくてもよい」「においが手に移らない」「ぬかみそに刺しておけば、鉄イオンの働きでぬか漬けの色をよくする、鉄タマゴや鉄なすびのような従来商品と変わらない、鉄分補給効果がある」という魅力的な効果が生まれました。

つまり、権利の取得に関係する技術的進歩性も大切ですが、使う人間が魅力を感じる商品としての価値も同じく、重視されるのです。

新商品の開発を前提に考えるのであれば、「特許になる、ならない」という問題は、他人の権利を侵害するようなことがない限り、商品化の必要条件ではありません。

企業は、人々に喜ばれる新商品を次々に出して、利益を出そうと考えています。そのとき、既存の商品にほんの少し手を加えたり、どこか一部を変えたりするだけで新しい効果が生まれれば、それだけで新商品が生まれることになります。このような小改良は、権利化が難しい課題もありますが、より多くの方に喜んでもらえる商品を発売できるだけでなく、金型から起こさなければいけない新商品を作るよりも、経済的なリスクも少なく喜んで採用してもらいやすいメリットもあります。

もし、アイデアが採用されることを目標にするのであれば、特許権が取れるような「今までにない新しいアイデア」だけではなく、権利は取れそうもなくても「今ある商品に少し手を加えた小アイデア」も視野に入れて、発想してみましょう。

自分の最終目的が何かを考えること

発明でロイヤリティを得ることを、最終的な頂上とする登山に置き換えた場合、特許権は持参しても持参しなくてもどちらでもよい、登山用具の1つにしか過ぎません。もちろん、その登山用具があれば、登山は楽ですし、契約の際に有利になることも事実です。市場も独占できるため、できれば可能な限り、特許庁に出願をして権利化するべきです。しかし、それがないからといって、必ずしも頂上に行けないわけではありません。

権利を気にするのはよいことですが、権利だけでなく、自分のアイデアや、売り込み先の企業のことも同じくらい重要です。つまり、ただ漠然と特許権が取れるかどうかについて心配するよりも、山を登る基礎体力がない（発明そのものの、商品としての魅力や価値が低い）場合や、他国の山を登ろうとして、

国境を侵す恐れがある(先願の技術があり、権利を侵害する可能性がある)場合、また、厳冬期で登頂が難しい(生産にコストが掛かるなどの問題で、企業がアイデアを採用できない)場合の問題のほうが、発明登山を成功させるには重要な問題だということを知ってほしいのです。

　発明家である自分の最終目的が、「企業に採用してもらい、商品化されて、ロイヤリティを得ること」、または「自分で商品化して利益を得ること」であるならば、たとえ自分のアイデアが「権利性がなく、技術の程度の低いアイデア」であったとしても、望みがまったくないわけではないのです。

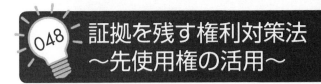
048 証拠を残す権利対策法 ～先使用権の活用～

　特許や実用新案、意匠、商標の権利対策を行う場合、できる限り早い時点で出願をすれば、先願権を勝ち取れるため、権利化にはそれだけ有利となります。

　しかし、経済的な問題など、出願人それぞれの事情によっては、発明品完成時の段階で特許出願をせず、企業との契約時までやむなく出願を延ばす判断をする例も、権利対策のタイミングを解説した156ページで紹介しました。

　このケースのように出願を後回しにすれば、それだけ先に出願、権利化されてしまうデメリットが生まれます。最悪の場合は、同じ発明の内容について実施することはできなくなります。

　そうなってしまうと、今までやってきた研究開発に掛けた努力や時間が無駄になってしまうのです。

　しかし、相手の特許出願日よりも前から、試作品などを作って実験などをして、販売などの準備をしていたことが証明できる場合に限り、「他人の特許と同じ内容のものを製造、販売してもよく、その権利は及ばない」とする例外が認められています。

　これを認めているのが、「特許法第79条」と「意匠法第29条」、「商標法第32条」が定める「先使用権」という権利です。

　権利取得するまでの間、自分で考えた発明やデザインについて、発想をして試作品を作り、実験を行い、事業化の準備をしているならば、最低限、この「先使用権」を主張できるようにしておきましょう。

　これにより、先に他人に権利を取得されてしまった場合であっても、他人の権利に束縛される心配がなく、商品化などの実施ができるメリットがあります。また、実際に販売を実施しているケースにおいても、この証拠を作っておきましょう。

　後に、他人から権利を侵害していると警告や告訴をされてしまった場合でも、実施の事実を証明する日付によっては、「先使用権」の主張が可能になる場合があるため、特許権等の権利を持っていなくても、権利者に対抗することも可能だからです。

　このように、先使用権は、自らを守るための備えとして利用することが可能

なのです。

特に、自分で商品を事業化しようとする方にとっては、大変重要なものとなります。

なお、商標においては、自分の商標が広く認識されていなければ、他人の商標登録出願前から、その商標を先に使っていたとしても、使用できないとされています（商標法32条1項）。

たとえば、これから紹介する方法で、「先に使用していた事実証拠」を作っていたとしても、さらに「広く認知されている商標であるかどうか」という客観的な事実も立証できなければ、商標の自己使用を守ることはできません。

そのため、商標の場合においては、できるだけ商標登録出願を行っておくようにするとよいでしょう。

先使用権の主張に必要なもの

特許出願をすれば、「出願人、日時、出願内容」の3点の内容を証明する、明確な記録が自動的に残ります。

対して、「実施していたという事実」は、明確な記録として残りません。

そのため、先使用権の主張をするためには、「他の人が特許出願した、出願日よりも前に、同じ技術を考えて、試作と実験を繰り返し、商品化する準備を進めていたこと。または商品化をすでにしていたこと」を立証できるように、「創作者」「日時」「創作内容」を証明できる3点の証拠を、自分で意図的に作ることが必要となります。

創作内容については、より具体的な実施内容や技術の進行状況などの内容が、詳細に立証できることが必要となります。

それでは、それらを立証できる資料には、どのようなものがあるのか、その例を見てみましょう。

◆書類関係

研究・実験ノート（ラボノート）、打ち合わせ議事録、技術成果報告書、設計図、仕様書、事業計画書、事業開始決定書、帳簿類、作業日誌、下書き（設計図、カタログ、パンフレット、ポスター、商品取扱説明書、製品サンプル）、企画提案書発送記録表、企画提案書（送付後に返送されてきた、企業からの返事の手紙）、特許庁への出願を見送った未出願の出願書類

◆ 実物
　発明品現物、試作品、発明品作成のための金型、型紙、部品、製品サンプル、商品を入れる容器（袋・包装紙、パッケージ）

◆ 印刷物
　カタログ、パンフレット、ポスター、商品取扱説明書、ラベルシール、発行したチラシ類（ダイレクトメール）、これらの印刷物が完成するまでに作った下書き、ラフ原稿

◆ 各種記録
　写真、ビデオ撮影した映像、音声データ

◆ 発行物
　見積書、契約書、請求書、納品書、テレビや雑誌などの取材を受けて掲載、放映された場合はその記録、新製品発売を宣伝する、プレスリリースなどの掲載記事

　発明は、ある日突然完成するものではありません。イラストから図面を書いて、それをもとに試作品を作ってはまた改良します。それらの過程で生まれるこれらの資料が、技術の進行状況を証明してくれる重要な証拠となるのです。

証拠を作るタイミング

　特許出願を行うタイミングとしては、14段ある行程の中、7段目の発明品完成時（特許出願①）、または13段目の企業との契約を行い商品化される前（特許出願②）がありました。もちろんアイデア着想時で出願してもかまいませんが、たいていの場合は、思い付いただけの素案であることが多く、技術的に改良が必要な未完成である場合が大半です。

　そのため、試作品製作と実験を繰り返し、少しずつ改良をしていくことになります。証拠を作るタイミングとしては、図面を引いた後、試作品を作り、それを実験する行程や、取扱説明書などの紙資料が完成する1段目から14段目までのすべての行程で生まれた資料を、その都度、立証するのが望ましいということになります。

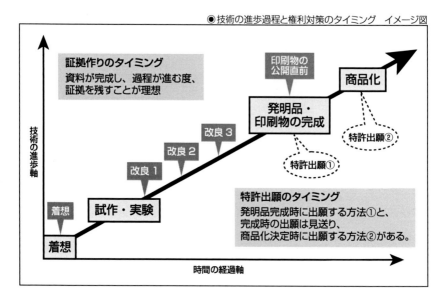

●技術の進歩過程と権利対策のタイミング　イメージ図

　この立証を繰り返すことにより、時間が経過するに従って、だんだんと技術が進歩してゆく、試作品や文章表現などの内容の変遷の記録や、事業を実施するために準備していた過程など、継続的で明確な証拠を作ることができます。

　証拠を作る上でのポイントは、アイデアが進化する過程で生まれた紙資料や試作品が、誰により実施され、いつの段階で存在したものであるかということを、明確な日時で証明すること。さらには、その立証の日から、加筆訂正などの、一切の改変がなされていないことも証明する必要があります。

証拠の作り方

　日時を証明できる、証拠の具体的な作り方の一例としては、全国にある公証人役場で付与が受けられる「確定日付」を利用する方法があります。

　ここで紹介するのは、封筒や箱を使い、内容物を物理的に封入して、信憑性のある証拠を、誰でも簡単に立証できるオススメの方法です。

　この立証方法は、特許庁のホームページで公開されている『先使用権制度ガイドライン（事例集）「先使用権制度の円滑な活用に向けて―戦略的なノウハウ管理のために―」』の中で紹介されている信頼性の高い立証方法で、証拠資料の作成が簡単な上に、1回の確定日付付与につき700円しか掛からず、経済的な負担が軽い点もメリットの1つです。

手順は次のようになります。

❶ 資料が入る大きさの封筒を用意します。
❷ 図面や試作品などの資料を封筒に入れ、封が開けられないようにのり付けして封をします。
❸ 内容物などに関する封印書類を作成します。この書類には、「自分で管理するために付けた任意の管理番号、タイトル、内容物の概要、創作者名と押印、確定日付をもらう日付、住所」を記載します。この書類は、内容物を明確にするラベルとしての役割だけでなく、封筒の封印としての役割も持つ、大切な書類となります。そのため、封印として利用しやすいように、市販の「シール用紙」にあらかじめ印刷しておくと、貼付の際に大変便利です。
❹ 最寄の公証人役場に、「資料を入れた封筒」と、「内容物に関する書類」を持ち込み、「確定日付をもらいに来ました」と伝えます。確定日付印は即時押印をもらうことができます。費用は1件につき700円です。書類への押印で使用した印鑑も持参しましょう。
❺ 書類に確定日付印をもらったら、その場で、封筒裏面の封をする部分（ベロ部）や、最初からのり付けされている部分（折り返し部）を覆うように、上から貼り付けて、開封ができないように封印します。
❻ 最後に、封筒に貼り付けた書類と、封筒本体にまたがるように、確定日付印で割り印をしてもらいます。また、自分の印鑑でも割り印を押しておきましょう。これで、完成です。

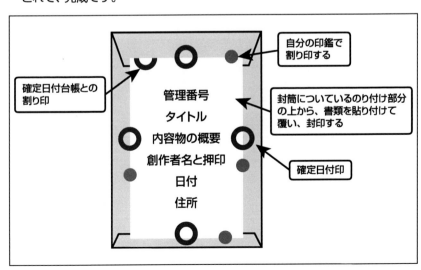

ここまでの作業で、このような状態の封筒が完成します。大切な証拠ですので、盗難、紛失、汚損の心配がない場所で保管しましょう。また、この封筒は、有事の際まで、封を開けてはいけません。

　そのため、封を開けなくても封入した内容の確認がいつでもできるように、書類のコピーを取って、封筒とセットにして保管しておきましょう。

　なお、封筒に入らない大きい試作品などを証拠資料として残す場合は、ダンボールを利用することも可能です。この場合は、ガムテープでダンボールを封印し、ガムテープの切断部を書類で覆うようにして、ガムテープを切らない限り、開封ができないように封印します。

　このような手順で証拠を作ることにより、中に入っているものについては、その確定日付の押印日の時点で存在していたことを示すことができます。また、封印書類で、封筒の口やガムテープの切断部を封印することで、確定日付の日付から開封がされておらず、証拠書類への加筆や訂正、試作品の修正や交換などが行われていないことが証明でき、創作事実を立証する証拠としての信憑性も証明されます。

　権利対策は、予防としての効果があります。訴訟に巻き込まれるなどの、いざこざの渦中に巻き込まれることがなければ、そのありがたみはわかりません。しかし、ほんの些細な証拠が、わが身を救うカギになる可能性もあるのです。

　特許出願をする、しないにかかわらず、このような証拠を作っておくのは、大変有意義なことです。

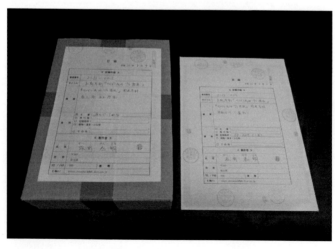

エジソン研究で有名な浜田和幸氏の著者『エジソンの言葉』(大和書房)と『快人エジソン』(日本経済新聞社)の中で、発明王エジソンはメモを重んじる人であり、実験の結果を克明に残したメモが、彼を何度も救うエピソードが紹介されています。

裁判で「発明を真似された」と訴えられたとき、先に発明に着手していた客観的な事実をメモが証明してくれて、真似をしていないことを示す重要な証拠となったのです。

エジソンは裁判所を後にするたびに、「メモこそ命の恩人だ」とつぶやいたそうです。

「目的を持ってメモを取れ。自分はメモ魔に徹したおかげで、命を救われたり、財産を築くことができた」という言葉は、自分を守るため、先使用の証拠を残すことの重要性を示す、エジソンからのアドバイスともいえるでしょう。

その他の活用法1「著作権の権利主張」

この立証方法は、著作権の権利主張を円滑にするための、創作事実の立証にも利用できます。

著作権の権利主張する場合は、「誰が、いつ、何を創作したのか」を証明できる創作事実を、自分で立証しなければいけません。

確かに、著作権は無方式で権利が発生し、何ら手続きを必要としていません。

しかし、それだけでは、権利主張に必要となる信憑性のある創作事実を立証する証拠が残りにくく、事実上は権利主張が難しいという欠点があります。

このような場合、封筒や箱に、文書やイラストなどの著作権を主張したい作品やコピーを入れれば、その内容物が、その日付の時点には存在した事実の立証が可能となります。

また、権利主張に備えるだけでなく、独自創作であることの証拠とすることも可能です。

短歌や小説などの文芸、美術作品、また、論文などの研究成果などは、発表後、他の作品を模倣した疑いを掛けられる場合があります。

この場合、相手の発表日よりも先に創作していた明確な日時と創作内容がわかる、客観的証拠を示すことにより、疑いを晴らすことができます。

このため、創作の途中過程も含めた証拠を作っておくことで、独自創作物であることの主張に役立てることも可能です。

その他の活用法2「ノウハウの保護」

　特許出願をすると「出願公開制度」によって、出願人の住所氏名の他、大切な発明の内容まで、特許情報プラットフォームを通じて世界中に公開されてしまいます。

　これでは、世界中に公開してしまった技術を活用した模倣品がたくさん出回ることにもなりかねません。模倣者に対し、いくら損害賠償請求をしてみたところで、どれだけのお金が保証されるかはわかりませんし、何よりも、裁判費用の他、手間や労力、年月を要することも大変な負担です。

　「出願すれば、権利が自分を守ってくれる」と無邪気に考えてはいけません。ケースによっては、公開されるだけバカを見るのが、特許制度の現状でもあるのです。

　この点、封筒や箱を利用して立証する場合は、大切なアイデアの内容を秘密にしておけるメリットがあります。

　特許出願をするかどうかの判断基準としては、次のような観点から判断することができます。

　たとえば、「芋から、高効率で芋焼酎を精製できる方法」を発明したとします。このような「精製方法」は、市場に出回る完成品の芋焼酎そのものを調べてもわかりません。

　つまり、このような社外に漏れることがないノウハウなどを、あえて特許出願をして全世界に公開する意味はないのです。逆に、製品そのものの構造の発明であれば、製品の模倣は簡単です。「消しゴム付き鉛筆」のように、商品を分解したら構造が明らかになってしまう場合は、特許出願をすべきといえるでしょう。

　また、秘密の配合比で作られた「芋焼酎」も、製品から配合比を調べることは困難であるため、配合比率を明確な数値であからさまにしてしまう特許出願は、やはりオススメできません。「コカコーラ」が特許出願されていないのは、代表的な例です。

　精製方法や配合比など、先に実施していた事実だけを残して公開をせず、営業秘密を守るノウハウの実施内容を社外秘の資料として管理し、有事の際にのみ立証できるようにしておくことが、わずか20年で終わってしまう、特許権等の権利期間以上の長期にわたるアイデアの保全にもつながります。

　明確な実施の事実が残せるこの方法を活用すれば、同じ発明内容におい

て、他の発明家や企業が、特許権を取得されたとしても、自社が先に発明を使っていることを証明できるため、他の特許権に影響を受けることなく、その発明の実施を末永く続けることができるのです。

その他の活用法3「争いを回避する」

　審判制度の中には、特許や実用新案、意匠、商標になったものについて、権利を無効とする「無効審判」などがあります。

　たとえば、自分の特許権に対して、無効審判が請求されることがあります。これは、自分の特許権を邪魔に思う人が、権利をなきものとするべく、権利を抹消することを目的に起こされたものです。

　これにより、もし審判の結果、特許権が無効となってしまうと、せっかく取得した権利がなくなり、その権利行使もできなくなってしまいます。

　もし、権利を維持したい場合は、答弁書によって、自分の権利が有効であることを主張し、対抗することになります。

　権利を取れば安泰であるかというと、一概にそうとはいえません。権利にまつわるいざこざは、自分の権利を侵す模倣者に対して攻撃する時だけのことではありません。

　特許権者が持つ権利を邪魔に思い、それを無効にするために、逆に攻撃し襲ってくる敵と、相対しなければいけなくなる可能性もあります。

　権利によって技術を独占でき、利益に結びつくメリットが生まれる反面、無効審判に対する答弁書や各種手続きに追われるなど、争いの渦中に巻き込まれるかもしれないデメリットも知っておく必要があります。

　そのため、「芋から高効率で芋焼酎を精製できる方法」の例のように、社外に漏れることがないノウハウなどについては、あえて、争いに足を突っ込むきっかけとなる出願はせず、アイデアを公開せず秘密にできる、権利対策に代える方法も視野に入れて、検討しましょう。

第3章
商品化までの道（事業化編）

049 商品化までの道〜売り込みの成功階段を登っていこう

　アイデアを商品化(事業化)させる場合、「自分で商品化する方法」と、「企業に事業化してもらう方法」のどちらかを選ぶことになります。
　「自分で商品化する」ということは、自分で商品を製造販売する責任者となり、商品化をすることです。大変な面もありますが、企業に採用してもらう場合に比べて、多くの利益が見込めるため、やりがいがあり大変オススメの方法です(詳しくは235〜251ページ参照)。
　しかし、まだ発明に慣れていない発明初心者の多くのケースでは、アイデアを採用してくれそうな企業に売り込み、その企業の商品として事業化してもらう、という方法が一般的です。これが、卸値の数%をもらう、ロイヤリティ契約のパターンです。売れた数に応じて、発明家が受け取る利益も多くなります。
　では、この「企業に事業化してもらう」プロセスから、具体的に説明しましょう。
　発明品が完成してから、企業に事業化してもらうまでの手順を表した、「売り込み成功の7階段」です。実際に階段を見てみましょう。

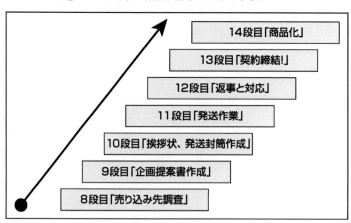

　7段目までの行程で、発明したアイデアの試作品が完成しました。
　実際に事業化を目指すための次のステップは、そのアイデアを採用してくれる企業を選定する「売り込み先調査」です。
　売り込み先の企業が見つかったら、次は企画提案書の作成です。A4版の

用紙数枚で、アイデアの概要、写真、構造、効果、使用法までをわかりやすくまとめた資料を作ります。

次は、完成した企画提案書と挨拶状を封筒に入れ郵送します。これで、企業へのアイデア提案は完了です。後は、反応を待ち、対策を練ることになります。企業から、企画提案書に対する返事の手紙や電話、Eメールが届いたりします。もちろん、何の返事も来ない場合もあるでしょう。

その結果ごとに、企業側の意思を読み取り、対策を練ります。

アイデアの評価は、「お金を出資してアイデアを採用してくれる企業」からの返事が最も判断材料として有効です。

売り込みの結果は、企業ごとに商品を見る目（センス）も、経営状態も異なるので、採用を断られたからダメなアイデアであるとは、必ずしもいえないところがあります。

結局、事業化を目指すのであれば、よい出会いを求めて、数多くの企業へ、積極的にアイデアを提案し、そのアイデアに対する判断をゆだねることが大切になるのです。

名刺を作ろう

今後、売り込みを進める上で、人に会う機会が多くなります。

たとえば、展示会に参加するときに、名刺が必要になる場合があります。さらには、企業に出向いて、試作品のデモンストレーションをすることになるかもしれません。

このように企業を訪問するときには、自己紹介や、連絡先、肩書きなどを相手に示すため、名刺が必ず必要になります。そのため、これから発明売り込みを始める現段階で、名刺をぜひ作りましょう。

名刺には、「氏名（ふりがな）」「住所」「電話・FAX・携帯電話番号」「Eメールアドレス」の他に、「顔写真やイラスト」も入れておくと、アピール度が高くなります。

肩書きは、「○○研究所　代表」「○○企画　代表」などのように入れてもよいですし、「キッチングッズクリエイター」「アイデアグッズ・コダワリスト」など、自分を表現するコンセプトワードに代えてもよいでしょう。

また、名刺の裏面には、「生年月日」「出身地」「家族構成」「趣味」「受賞歴」「発明歴」「発明の得意分野」などを書いてもよいでしょう。自分を知ってもら

うためのネタフリをしておけば、そこから話が広がり、お互いが打ち解けるきっかけ作りに利用できます。

　名刺は、今後企業への売り込みを一緒に乗り切る相棒です。相手の印象に残るように、かつ、自分の宣伝に役に立つ名刺となるように、色々と工夫してみましょう。

　さあ、それではいよいよ、売り込みの行程ごとに、詳しく説明をしていきましょう。

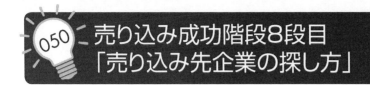
売り込み成功階段8段目「売り込み先企業の探し方」

「料理用刃物」に関するアイデアを考案した場合を想定して、そのアイデアの売り込み先企業の探し方を考えてみましょう。

店舗で販売中の製品やカタログから探す

一般的な小売店、デパートや、刃物専門店の料理用刃物の販売フロアに行き、展示されている製品パッケージ裏面をチェックします。

製品には、必ず製造販売元の企業情報が記載されています。

これら企業が、自分のアイデアと同じ「料理用刃物」を実際に製造販売している、売り込みを行うのにふさわしい企業です。

たくさんある刃物製品の中でも、特に自分が考案した「刃物」に共感してもらい、その会社の新製品刃物として採用され、製造してくれる可能性があるということになります。

業界展示会で探す

同じ業種が集まった展示会が主要都市では開催されています。料理や刃物業界の展示会や、刃物生産地で有名な新潟県三条市などの地方別産業博覧会があれば、売り込み先企業を一度に見つけることができます。

インターネットで探す「検索サイト編」

インターネット上で公開されているサイトを検索してくれる「検索サイト」を利用しましょう。検索サイトで有名なのは、「ヤフー」「グーグル」などがあります。

まず、どの検索サイトでもかまいません。検索語句を入力する欄に、「料理 刃物」(「料理」と「刃物」の間にスペース)と入れて検索すると、カタログもパンフレットも作っておらず、見つけることができなかった、料理用刃物を製造販売する企業が見つかる場合があります。

インターネットで探す「特許情報プラットフォーム編」

特許庁に出願されている特許権や実用新案権、意匠権などの出願情報を、「特許情報プラットフォーム」で調べます。

検索のコツは、たくさんある料理用刃物の「何を考えたか」を詳しく考えると、検索がうまくいきます。

たとえば、「栗の皮をむく刃物」を考えた場合は、試しに「栗」「皮」「刃」というキーワードで検索してみましょう。

たくさんの検索結果が出てくると思います。検索語句（キーワード）は「刃」だけでなく、「ナイフ」「はさみ」「鋏」「ハサミ」など、考えられる刃物の形態ごとに、色々と変えて検索してみましょう。

さて、検索された出願情報を見ていくと、法人名で出願されている文献が見つかる場合があります。その情報を詳しく見ると、その内容を出願した企業名が公開されています。特許庁に特許出願すると、「出願公開」という制度によって、出願した発明の具体的内容の他、出願人の名前などの情報は、出願から1年6カ月後にすべて公開されます。

つまり、この方法で検索された企業は、自分と同じ「刃物に関する調理用具のアイデアを出願し、事業化をしようと考えている企業」と予測することができるのです。このような企業が見つかったら、検索サイトで会社名を検索して、製品案内と所在地を調べ、売り込み先の会社として間違いないことを確認しましょう。

この調査方法は、発明分野にマッチした企業を簡単に探すことができる、特許庁が公開した、出願公開情報を逆利用した方法です。

社外からの提案を受け付けてくれるかはわかりませんが、企画書を送ってみるだけの価値はあります。なお、個人名での出願は、個人出願の場合があり、売り込み対象にはならないので、対象から外しましょう。

雑誌や業界新聞から探す

たとえば、釣り具やゴルフ用品の発明をしたなら、釣りやゴルフの専門誌をみれば、たくさんのメーカーが紹介されています。

また、業界新聞も、関連企業が紹介されているので便利です。

ノベルティグッズなどの利用可能性も考える

広告媒体や、施設備品、保険加入時にもらえるようなおまけ（ノベルティグッズ）としての採用も考慮しましょう。

たとえば、「料理用刃物は、刃物を製造販売する企業に売り込む」と短絡的に考えるのではなく、「食材と一緒に販売する方法」や、「キャンペーン用の景品にする方法」、「料理雑誌の付録として、売り込みが成立する場合」があることも考え、ノベルティグッズのメーカーも候補に入れましょう。

051 アイデア募集中の企業を狙おう

　前項で説明した売り込み先の探し方では、社外からアイデアを受け付けてくれる企業であるかどうかは、わかりません。

　売り込みをしてみると、「社外からの提案を受け付けていない」ことを理由に、断られることもあります（213ページ参照）。

受け入れ態勢がある企業が狙い目

　しかし、企業の中には、「アイデア買います！」とホームページ上に専用のページを作り、アイデア提案の方法まで丁寧に紹介して、社外からのアイデア提案を積極的に受け付けている会社もあります。

　このような会社の場合、自社の開発課で企画した商品以外に、社外からアイデアを積極的に採用すること。また、販売で得た利益からは、ロイヤリティ（報酬）を支払うことまで明記されています。

　商品を買うのは我々消費者です。つまり「我々が欲しいものは、売れるものであり、アイデア提案に対しては、その対価としてロイヤリティを支払うだけの価値がある」と判断しているのです。

　このような会社の場合、売り込まれた発明に対する評価や、試作、契約にいたるまで、専門部署や担当者を設置して対応してくれます。

　また、社外からのアイデアを採用し、契約などをした実績があるため、契約書や契約の条件などもすべて整っており、会社の担当者の対応もスムーズです。

アイデア募集中の企業の探し方

　一番よい方法は、インターネットを活用する方法です。

　ヤフーやグーグルなどの検索サイトで、「アイデア募集」「アイデア採用」などの言葉で検索をします。企業ごとに「募集」「採用」「買います」など、表現が違うので色々と言葉を変えて調べてみましょう。

　たくさんのサイトがヒットしますので、それを全部見ていけば簡単に調べることができます。

　募集中のアイデアを見るだけでも、「今求めているアイデアの傾向」がわかるので、発明をするにも、大変参考になるはずです。

下記に、筆者が見つけた、アイデア募集中の企業を挙げておきます。

企業名	株式会社ダイヤコーポレーション
募集内容	ランドリー、キッチン、サニタリー、ベビー、トラベル、スポーツ・レジャー、リラクゼーション用品
URL	http://www.daiya-idea.co.jp/corp/idea.html
連絡先	〒164-0001 東京都中野区中野2-2-4 株式会社ダイヤコーポレーション　アイデア募集係 TEL　03-3381-5454
売り込み方法	指定の提案書様式(一般用と学生用の2種類あり)をサイトからダウンロードの上、郵送にて応募(同社指定提案書は、電話での請求も可能)。

企業名	下村工業株式会社
募集内容	調理用道具、キッチン雑貨、お年寄り用等の食器全般、調理家電など
URL	http://www.shimomura-kogyo.co.jp/idea.html
連絡先	〒955-0033 新潟県三条市西大崎1-16-2 下村工業株式会社　営業部開発担当　長谷川雄治　様 TEL　0256-38-3311
売り込み方法	自作の企画提案書のほか、サイト内でダウンロードできる「アイデア企画応募用シート」に記入の上、郵送にて応募。

企業名	株式会社カクセー
募集内容	キッチン用品全般、エコ関連用品、健康グッズ、電子レンジ用品など、現代の生活の中で使える商品全般。
URL	http://kakusee.co.jp/idea/index.html
連絡先	〒959-1277 新潟県燕市物流センター2-15 株式会社カクセー「イイでショー！」係 E-mail　idea@kakusee.co.jp TEL　0120-63-7271
売り込み方法	企画書(A4一枚程度)を郵送。またはメール(1ページ程度)で応募。

企業名	クツワ株式会社
募集内容	クツワの文具が革新的によくなるアイデア。クツワの文具を、みんなが欲しがる文具にリニューアルできるアイデア。
URL	http://www.kutsuwa.co.jp/community/
連絡先	〒577-0013 大阪府東大阪市長田中3丁目6-40 TEL　06-6745-5611
売り込み方法	サイト内の「100年文具への道」大賞ページから、「応募登録用紙」をプリントアウトの上、記入し、「アイデアシート」と一組にして、同社まで郵送。

企業名	株式会社アステック
募集内容	玩具及びゲーム機、教育玩具、自動車部品、光学機器のアイデア
URL	http://www.u-astech.co.jp/idea.html
連絡先	TEL　0270-74-9511
売り込み方法	サイト内のフォームより応募

企業名	セキセイ株式会社
募集内容	オフィス用品、文具に関するアイデア
URL	https://ssl.sedia.co.jp/idea.html
連絡先	・企画提案書を郵送する場合（書式自由） 　〒545-0053 　大阪市阿倍野区松崎町2丁目6-43 　セキセイ株式会社　商品開発部　御中 ・メールで文書や写真等を送る場合 　E-mail　idea@sedia.co.jp
売り込み方法	郵送やメールのほか、サイト内のフォームからも応募可。

企業名	株式会社KJC（ケイジェイシー）
募集内容	ベビー用品、子供雑貨、介護用品の3分野のみ
URL	http://doctorpeople.jp/event/idea.php
連絡先	「エジソンアイディア募集」係宛まで、メールまたはFAXにて応募 E-mail　idea@all-kjc.com FAX　03-5796-9723
売り込み方法	サイトより、専用応募シートをダウンロードして、アイデアの内容を入力した後、メールに添付。または、FAXにて応募。

企業名	第一精工株式会社
募集内容	釣りに関するアイデア
URL	http://www.daiichiseiko.com/idea
連絡先	〒537-0003 大阪市東成区神路2丁目6番1号 TEL　06-6971-7666 FAX　06-6976-2213
売り込み方法	サイト内のフォームより応募

※企業ごとに、アイデアの提案方法が異なります。売り込みの際は、企業が指定する方法を守り、売り込みをしてください。また、企業によって、契約や採用の条件は異なります。企業都合により、所在地や募集内容の変更、募集企画が終了している場合もあります。売り込み前には、必ずインターネットなどで確認をしてください。売り込みに際しては、必ず応募者の自己責任において、行ってください。

052 売り込み成功階段9段目「企画提案書の作り方」

　企業内では、さまざまな企画を決定する際、その企画がいかに有益であるかがまとめられた企画提案書をもとに検討が行われます。

　この企画提案書は、提案者である社員が作成します。社長や上司にとって理解しやすく、自分の企画をアピールできるように、イメージ画像やイラストなどを交えながら解説する工夫をします。

　つまり、発明家が企業にアイデアを採用してほしいと考えるならば、その会社の開発課の社員になったつもりで、決定権を持つ社長や上司に提案を気に入ってもらい、採用してもらえるような内容の企画提案書の作成をすればよいのです。

　企画提案書には特に決まった形はありません。しかし、書類を作成する上での、最低限、必要なルールはあるので、このルールに従って作りましょう。

ルール1　用紙のサイズはA4版で作る

　企業はA4版のサイズで書類を管理します。保管を考えれば、変則的な大きさの書類で、企画提案書を作成するのは、やめましょう。

ルール2　枚数は少なく！　一目で理解できるように！

　できれば、用紙1〜2枚ぐらいがよいでしょう。内容も要点がわかりやすく書かれていなければ、すべてを読み込んでもらうことはむずかしいでしょう。

　用途、特徴、効果、写真をわかりやすくまとめることが必要です。「読ませる」のではなく、「写真やイラストを一目見て理解できる」ように作成するように心がけましょう。

　長い文章での説明も禁物です。要点だけを簡潔にまとめましょう。

　発明売り込みのために、何十枚にも及ぶ難解な文章でまとめられた特許出願書類を送ることがオススメできないのは、これが理由だからです。

ルール3　文字は丁寧に、色は2色ぐらいまで

　癖のある字は、読みにくいだけでなく、読む気そのものがなくなります。手書きでもかまいませんが、きれいな字で書きましょう。もし、きれいな字が書けないようであれば、パソコンを使って企画書を作るようにしましょう。

また、企画提案書は、送付先の会社だけが見るものではない場合があります。たとえば、全国のバイヤーにメールやFAXで企画提案書を送信し、販売の現場の意見も参考にするように、売れる商品であるかどうか、アイデアの良しあしを企業だけでは判断しないケースもあります。
　このときに、企画提案書を目立たせるために、文字をカラフルにすると、黄色などの薄い色はFAX送信のときに消えてしまいます。白黒になっても色が飛ばないようにするため、黒と赤ぐらいの2色ぐらいにしておきましょう。
　会社によっては、企業指定の提案書がホームページ内からダウンロードできる場合もあります。その他の企業では自由な様式で企画提案書を作ることができます。

　なお、本書では、巻末に手書き記入用の「企画提案書」様式を作りました。
　293ページを拡大率140％で拡大コピーすると、ちょうどA4サイズ用紙の大きさにすることができます。拡大コピーした用紙に写真を貼り、文章をまとめれば、簡単に企画提案書の原紙を作ることができます。後は、何枚もカラーコピーして、アイデア提案にご利用ください。

アイデア新商品　企画提案書

平成　年　月　日

アイデア名

> 「洗濯機糸くず取り具」のように、客観的に発明の内容がわかりやすい名前にすること。
> 「取るぞうくん」などの名前は使わないこと。

＜参考写真または図面・イラスト＞

> 写真を切り抜いて貼り付けます。全体写真だけでなく、使用方法がわかる写真もあると、さらによい企画書になります。

＜コンセプト・アイデアの説明＞

> なぜ、そのアイデアが生まれたのか？発想の動機を書きます。
> 企業はここから、どれだけそのアイデアが世の中で求められているのか？というニーズを探ります。

＜商品の効果＞

> 従来品や従来の状態にくらべ、どれだけ改善されたかをわかりやすく書きます

＜発明・提案者の連絡先＞

住　所：〒
氏　名：
TEL：　　　　　　　　　　　携帯：
e-mail：

> 日中に連絡が付く電話番号は必ず書きましょう。
> 郵便番号やマンション等の部屋番号も忘れずに書きましょう。

053 成功発明の企画提案書　実物紹介

　春山智さんが考案した、ひも結束具「巻えもん」「ひもくるりん」は、下記で紹介している企画提案書がきっかけで、採用が決まりました。

　発明のきっかけは、新聞を縛っていたときのこと。古新聞をきつく縛ったつもりでも、ゆるくたるんでしまうビニール紐が悩みの種でした。

　春山さんは、ひものたるみを取るために、ひもを割り箸できつくねじりながら締め込んでいたとき、「ひもを結ぶのではなく、ねじることできつく締めこむことができるのではないか」というアイデアがひらめきました。

　試行錯誤の結果、結び目をダンゴ状に硬くまとめると、ひもの復元力と、ひも同士のねじれ現象の相乗効果で、ほどけなくなることを発見!　ゆるむことなく縛ることができる、結束具の試作品が完成しました。

●ひも結束具の試作品

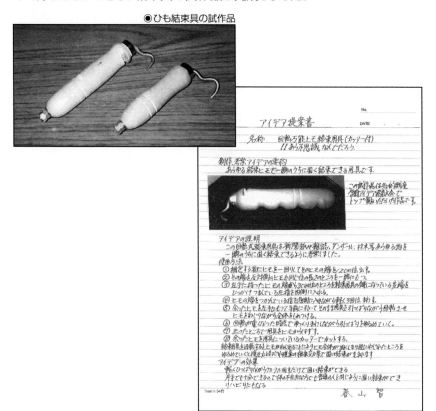

春山さんの企画提案書は、手書きで作られています。試作品の写真を貼り付けた原紙を作り、それをカラーコピーして作った企画提案書を、さまざまな企業へ郵送しました。

　企画提案書の作成については、「手書きだから気持ちがアピールできて効果的」という意見もあれば、「ビジネス書類としての読みやすさや、書類に対する印象が重要なので、やはりパソコンで作ったほうがよい」という意見もあります。

　本書では、「パソコンで作らなければいけない」と紹介するだけで脱落してしまうような方にも門戸を開くために、あえて、春山さんによる手書きの企画提案書を紹介させていただきました。

　パソコンで作ることは絶対条件ではなく、春山さんのように、手書きの企画提案書でも、採用を勝ち取ることは十分に可能です。

　大切なことは、読み手の気持ちを考え、読みやすいきれいな文字で書くこと。「手書きでもいいんだ」と相対的に考えるのではなく、写真・イラストなどを使ってわかりやすく説明し、自分ができる範囲で全力を尽くす、絶対的な基準で作成に取り組むことを心がけましょう。

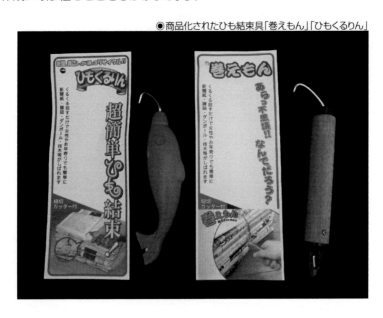

●商品化されたひも結束具「巻えもん」「ひもくるりん」

企画提案書を作る目的

　企画提案書の内容だけで、発明の内容、使い方、メリットに至るまで、アイデアを100％理解してもらうことは、なかなか難しいでしょう。企画提案書を送るだけで、即採用が決まることは、まずありません。

　つまり、企画提案書を送る目的は、自分の発明に興味を持ってもらい、「試作品を見たい」という次の展開に結びつけるための「きっかけ」に過ぎません。

　そのため、よい企画提案書を作るには、興味を持ってもらい、試作品が見たくなる気持ちになるかどうかがポイントとなります。

　特に、試作品の写真は企画提案書に必ず貼りましょう。試作品は汚くても、手作りで不恰好なものでもかまいません。実際に見ることができ、効果が試せる試作品があることを書いておきましょう。

　企画提案書の良しあしは、企業への最初のアプローチとなる企画提案書の送付後、企業の担当者に興味を持ってもらえたかどうかで決まります。

　春山さんは、この企画書で、見事、「試作品を送ってほしい」との連絡をもらうことができましたので、企画提案書を送付する目的を達成できた、良い企画書だといえるでしょう。

054 売り込み成功階段10段目「挨拶状の作り方」

　アイデアの提案には、必ず挨拶状を付けましょう。企画提案書だけでは、その提案の目的がわからないからです。つまり、単なる苦情や要望などではなく、「自分のアイデアの採用を検討していただきたい」という、企画提案書を送付する一番大切な趣旨を明確にすることが大切です。試作品が見せられることも、絶対に書いておきたい内容です。

　さて、企画提案書を送付する上で大切なことは、「企画提案書を送付させていただく」という、感謝の気持ちを持つことです。文例を参考にすれば、企画提案書の送付の目的を伝えつつ、突然に書類を送付することに対する配慮がなされた文章が作れるでしょう。

　しかし、発明家の中には、自分の発明品にほれ込みすぎるあまり、企業に対する謙虚な気持ちを忘れてしまう人もいるようです。以下のような考えの人は、特に注意が必要です。

- 「送付した書類は大切ですので、必ず返却してください。」
  ⇒相手に手間を掛けさせないようにしましょう。
- 「送付後〇日以内に、採用の可否について必ずご返事ください。」
  ⇒勝手に送りつけている上に、期限を切るのは失礼です。
- 「採用していただける場合の契約金は、〇百万円以上。ロイヤリティは卸値の〇％以上を希望します。」
  ⇒それを決めるのは企業。契約時にもめそうなので敬遠されます。
- 「(自分のアイデアを、貴社に真似されるのではと不安なので)同封した、秘密保持契約書に署名捺印して返送してください。」
  ⇒特許出願をせずに売り込む場合は、特にこのような心配があるはずです。気持ちは痛いほどわかりますが、企業側の立場に立ってみれば、これでは角が立ち印象が悪くなってしまいます。どうしても心配なら、売り込み前に特許出願を済ませておきましょう。

売り込みは人間関係が重要

　たとえば、企業の採用担当者としての立場で考えてみましょう。「よいアイデアだから採用しろ」「お前の会社に売ってやる」と売り込んでくる人に、よい印象を持つでしょうか。

「よいアイデアを求めたい」という企業と、「よいアイデアがひらめいたので採用してもらいたい」という発明者側が相互に歩み寄って、お互いを満たしあうよい関係も成り立つのです。一方的なお願いや、ましてや〇百万円欲しいなどという人とは、話し合いにならないどころか、検討すらされないでしょう。

発明家はいわば社外開発部員のようなものです。一緒に力を合わせて、新商品を世に送り出せる「パートナー」というよい関係が作れるかが重要であり、嫌な同僚になりそうな人は敬遠されます。

企業はアイデアの良しあしだけでなく、発明者の人間性も見ています。

自分の発明品は、今まで苦労して試作をしてきたから、さぞかわいいことでしょう。しかし、その一方的な愛着心という感情を、企業に押し付け過ぎてはいけません。お願いするのはこちら側なのですから、常に相手の立場に立ち、売り込みをさせていただくという気持ちを忘れないようにしましょう。

平成〇〇年〇〇月〇〇日

株式会社〇〇〇〇　御中

〒169-0000
住所　東京都新宿区新宿〇-〇-〇
氏名　〇〇　〇〇
TEL　03-0000-0000
FAX　03-0000-0000
携帯番号　090-0000-0000
Eメール　hatsumei@〇〇〇.com

企画提案書ご検討のお願い

拝啓
ますます御健勝のこととお喜び申し上げます。平素は格別のご高配を賜り、厚くお礼申し上げます。
さて、このたび、「〇〇〇〇（発明・アイデアの名称を入れる）」に関するアイデアを考案致しました。この考案のご採用をお願いしたく、お送りさせて頂きます。
アイデアの概要は、別紙の企画提案書に記載致しましたが、ご不明な箇所がございましたら、ご連絡賜り次第、試作品持参の上、ご説明させていただく用意がございます。
色々な問題点があるかとは存じますが、ぜひ御社のご意見を頂戴できれば幸いです。
お忙しいところ大変恐縮ではございますが、ご検討頂きます様お願い申し上げます。
引き続き倍旧のご厚情を賜りたく、切にお願い申し上げます。

敬具

同封物　内訳

1、　挨拶状（本紙）　　　1枚
2、　企画提案書　　　　1枚
3、　返信用切手　　　　1枚
4、　返信用宛名シール　1枚
　※ご返信いただける場合は、同封の切手と宛名シールをご利用ください。

以上

055 売り込み成功階段11段目「提案の方法」

企業に提案するのは、緊張するかもしれません。しかし、必ず喜んでもらえます。自信を持って出してみましょう。

🖐 郵送での売り込み

アイデアの提案は、郵送が一般的です。この場合、前項で作成した企画提案書と挨拶状を、封筒で企業に郵送するのです。

今では、FAXやEメールという情報伝達の手段が増えております。しかし、提案書を見てから、色々と検討をする過程を考えると、やはり書類を郵送する方法が一番効果的です。

会社によっては、企業の公式ホームページ内に、Eメールでアイデア提案を受け付ける窓口を設置している企業もあります。この場合は、Eメールでの受け入れ態勢が整っている企業なので、企業が指定する形式でアイデア提案の連絡をするとよいでしょう。

なお、突然の「企業訪問」や「電話での売り込み」、「試作品の送付」は、大変迷惑ですので、許可や指示がない限り、絶対にしてはいけません。審査結果や不採用理由に関する連絡も、絶対にやめましょう。

🖐 事前連絡は必要か？ 封筒の書き方は？

発送に際しては、事前連絡は不要です。書類をそのまま送るだけです。また、封筒の大きさは、A4版の企画提案書を、折らずに見栄えよく送ることができる「角2サイズ」の封筒を使いましょう。封筒が大きいため、企業に到着後、たくさんの郵便物の中に紛れてしまわないようにする効果もあります。

封筒の裏面には、必ず差出人がわかるように、自分の名前を忘れずに書きましょう。これがないと、配達できなかったときに返送されません。

また、宛名は手書きで丁寧に書きましょう。まず目を通していただくために、プリンターで印字された無機的な文字と差をつけることが目的で、そのためにあえて筆書きで書く人もいるほどです。大変な作業ですが、頑張りましょう。

🖐 誰宛に送るの？

企画提案書の送付は、通常一方的にアイデアを売り込むため、正確な担当

部署がわかりません。このような場合は、「〇〇株式会社　御中」と書きます。
　そして、発送物の内容を明らかにするため、赤ペンで「企画提案書　在中」と封筒に朱書きして、企業に到着してから、担当部署に振り分けていただきましょう。
　なお、企業がアイデアを募集しており、ホームページなどで発送先の係が紹介されている場合は、指定された宛名を書きます。

要領は受験と同じ！

　企画提案書を送付するときに、多い質問が、「一度にたくさんの会社に送ってよいものか」というものです。
　複数の会社からアイデアを採用する通知をいただいたときのことを考えての心配です。
　まず、言いたいのは、採用通知がたくさん来ることを心配するのではなく、むしろ喜ぶべきだということです。
　採用したい旨の申し出を同時にいただいたら、他社からも同じ内容の通知をいただいている旨を伝えましょう。
　後は、採用していただくに当たって提示された諸条件に応じて、どの会社と話を進めるかを、決めればよいでしょう。残念ながら縁がなかった会社には、他社との契約が決まった旨、お断りとお詫びの返事をすればよいのです。
　大学などの学校の受験をしたときのことを思い出してください。企画提案書を送付し、売り込みを行うのは、受験と同じなのです。
　受験（企画提案書を送付）した学校（会社）に合格（採用）できるかはわかりません。そのため、併願（同時売り込み）を行い、複数の学校（会社）を受験（企画提案書を送付）するのです。
　「たくさんの学校に合格したらどうしよう」と心配する人などいません。むしろたくさん合格することを望む人のほうが多いでしょう。
　後は、学校見学や、学費（契約金やロイヤリティ）などを検討して、どの学校（会社）に入学（契約）するか決めればよいのです。
　ただし、返事を遅らせたり、欲張ったりしてしまうと、せっかくのチャンスを失うことにもなりかねません。無機的な入試と違って、企業との契約は人間関係が最も重要です。検討するのは同時にオファーがあったときのみで、単発でオファーをいただいた場合は、最初の会社に決めたほうがよいでしょう。

056 売り込み成功階段12段目「売り込みの返事と対応」

さあ、いよいよ売り込みです。

企業からの連絡を受け取りやすくしておくため、「返信用の切手」も同封しておきます。切手の額面は92円でよいでしょう。

また、「切手を貼った返信封筒」の同封も、素晴らしい心遣いなのですが、会社によっては、返送してくれる資料の量や用紙サイズによっては、企業側が用意した封筒で返事が送られてくる場合もあります。

封筒がムダになるので、代わりに宛名書きの手間を減らすための、「自分宛の住所ラベルシール」を入れておきましょう。

チェックリスト表で最後の確認です。

●売り込み前のチェックリスト(チェック欄付き)

挨拶状について	宛名の企業名は合っているか	☐
	自分の連絡先は記入したか	☐
	日付は正しいか	☐
	文面は正しいか(他社宛の文章と使いまわしにしている場合、特に要注意)	☐
企画提案書について	自分の連絡先は記入したか	☐
	文字はきちんと印刷されているか	☐
	意味が分かりにくい部分はないか	☐
	企業が求める様式になっているか(特にない場合はA4版で作られているか)	☐
封筒について	発送時の切手を貼り忘れていないか	☐
	企業の宛名、住所は正しいか	☐
	差出人の住所氏名は記入したか	☐
	「企画提案書在中」と朱書きしたか	☐
	返信用切手92円は同封したか	☐
	返信用の宛名シールは同封したか	☐
最終確認	入れ忘れた書類はないか	☐

チェックが終わったら、封をして発送しましょう。

発送は郵便局へ封筒を持参し、郵送料金を計ってもらい一括で出します。自分で切手を貼る場合は、くれぐれも郵送料金不足にならないように注意しましょう。

🖋 イメージは「宝くじ」

さあ、郵送が終わりました。ここまでで、「企業にアイデアを投げかけ、評価を求める」までの、発明家側ができることはとりあえず終わりました。後は、企

業への投げかけに対して、どのような返事があるかを待つことになります。この際に帰ってくる返事が、あなたのアイデアに対する企業からの評価であり、売り込みに対する結果となります。

大体、連絡がある場合は、採用、不採用問わず、1～3カ月の間に返事があるようです。しかし、中には売り込みから1年も経ってから、「不採用」の通知が届いた例もあります。もちろん、返事がまったくない場合もありますが、売り込みから3カ月前後が、結果到着までに掛かる待ち時間の目安と考えておきましょう。

そして、この結果待ちの状態を、絶えず複数のアイデアで作っておくことが、絶え間なくアイデア生活を楽しむ秘訣でもあります。

売り込み企業リストをつくろう

売り込みを行った企業は、アイデアごとに、リストで管理しましょう。

数回に分けて送付する場合、重複送付を防ぎ、返信の有無を確認することが可能になります。

また、返事が返ってきた企業は、社外からの提案について、返事をしてくれる企業であることが、返送の実績から判断できます。

今後、その企業に売り込みをする際は、大変参考になるデータになるため、コツコツと集めておくとよいでしょう。

また、返送された手紙の中には、次の項から紹介する、情報などが書かれている場合があります。

このような情報は、備考欄にまとめておくようにしましょう。

アイデア名：○○○○○									
番号	会社名	住所	TEL	ホームページURL	e-mail	売込方法	発送日	返信日	結果	備考
1	株式会社○×商事	東京都新宿区○○ビル101号室	03-0000-0000	http://www.○○○	○×@○○.com	☑郵送 □メール □専用フォーム □持ち込み □その他	2014/01/01	2014/03/03	□不採用 □試作品送付 ☑面会 □その他	社長よりTELあり試作品持参の上、○月○日に訪問予定
2						□郵送 □メール □専用フォーム □持ち込み □その他			□不採用 □試作品送付 □面会 □その他	
3						□郵送 □メール □専用フォーム □持ち込み □その他			□不採用 □試作品送付 □面会 □その他	

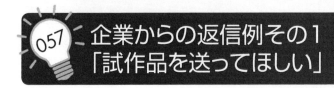

057 企業からの返信例その1「試作品を送ってほしい」

売り込みを行うと、企業からさまざまな内容の返事が返ってきます。

発明者は、企業から返信される、この売り込みの結果に応じて、次の対応を検討します。

まずここでは、企業から返送された手紙の中でも特に多いパターンと、その対策法をご紹介しましょう。

「試作品を送ってほしい」という返事

このような返事がきたら、あなたの発明品について、企業が興味を持っている証拠です。とてもよい意味を持つ返事です。

企画提案書も、大変よくまとめられていたようです。発明の内容や効果が伝わる、よい書類であった証拠です。

さて、このような返事が来た場合、指示に従って、試作品を送付する場合や、実際に試作品を持参して、会社の担当者の前で、説明をする場合もあります。

会社の担当者が指定する方法で、試作品を送付しましょう。また、もし許されるようなら、実際に企業を訪問し、実演をするべきです。

企業では送付された試作品を実際に使ってみて、効果の確認や、デザイン性を検討します。また、場合により小売店の売り場担当者に見せて、実際に売れる商品であるかどうかを調査します。

企業では、「ニーズ（商品として成立する市場性があるか）」や、「デザイン（売れる商品の形であるか）」「コスト（製造にどれだけ費用が掛かるか）」などの点から、試作品を分析します。

このように、実際に試作品があるというだけで、随分と事業化に向けての、具体的な検討が進むのです。

企画提案書に、試作品の写真が写っている場合は、特にこのような返事が来る場合が多いようです。

つまり、試作品を作ることは、写真で企画提案書を作成できたり、興味を示した会社には、試作品の実物を送付したりと、さまざまな点で役に立つのです。

🔖 ヒモ結束具「巻えもん」(ひもくるりん)の採用秘話

　201ページで紹介した春山智さんも、試作品を送付してほしいと連絡があった発明家の1人です。

◆ 早速、売り込み

　試作品があったため、写真と使用方法を手書きでまとめたA4サイズのレポート用紙一枚の簡単な企画提案書で、すぐに売り込みました。

　すると、送付先の社長から、「興味があるので現物を見てみたい。試作品を送ってほしい」との連絡がありました。

　この連絡をもらったとき、春山さんは試作品を送るのではなく、実演に伺いたい旨の許可をもらい、試作品を持って、神奈川県の自宅から会社がある新潟県まで、新幹線で訪問。社長はじめ、企画開発課社員の前で、試作品のデモンストレーションを行い、商品の素晴らしさが認められ、後日、契約をGETすることができました。

　契約の条件は、契約金100万円＋ロイヤリティは卸値の3％という内容でした。

◆ 商品化から今日まで

　その後の春山さんの生活は一変！

　現在では、ご自身で法人を設立し、第2弾、第3弾の発明品の事業化に力を入れ、発明家としてはもちろん、経営者や営業マンとしての責務も抱えることとなりました。メディアで商品が紹介されるたびに、仕事にならないほどの電話問い合わせに追われる毎日です。また、全国の東急ハンズなどにて、実演販売も行い、今は忙しいながらも充実した毎日を送られています。

　このように、試作品を見せてほしいという返事は、貴重な時間を割くだけの価値があると、売り込み先の企業が判断した結果です。

🔖 試作品は送るな！　実演に行け！

　春山さんは、売り込み先の企業から「試作品を見たい」という連絡があったら、どんなに遠くても自費で会社を訪問し、発明品の実演をして説明するべきだと語ります。

　春山さんが発明した「ヒモ結束具」は、今でこそメディアでも有名な大ヒット商品となっています。

しかし、同じ企画提案書を送付した他の企業からは、返事すらなく、見向きもされないアイデアだったのです。

中には、「試作品を見たい」という返事をいただいた企業もありましたが、試作品を送付するも、採用に至ることはありませんでした。

つまり、書類や試作品を送るだけで、使い方や効果などの重要な部分を100％理解してもらうことは、なかなか難しいのです。

そのため、春山さんは、それまで学んだ売り込み失敗体験から、再び企画提案書を見た企業から「試作品を見たい」という連絡があった際、絶好のチャンスを逃さないように、自費だとしても説明に伺おうと思ったのです。

たとえば、デパートなどで行われる実演販売も、同じことがいえます。

販売員が商品を実際に使って見せてくれるので、商品の最も効果的な使い方は一目瞭然です。何よりも、そのドラマチックな演出効果によって、人々を魅了し引きつける力も生まれます。

「試作品を送付してほしい」という返事は、アイデアが採用される大チャンスが到来している状態です。発明品だけでなく、自分の人柄なども見ていただく絶好の機会です。絶対に逃してはいけません。

このような連絡があったらすぐに、「自費で構わないから御社へ訪問し、試作品で実演・説明させていただきたい」と伝えて、面会の約束を取り付け、実演売り込みのチャンスを勝ち取りましょう。

「百聞は一見にしかず」との言葉通り、あなたが一生懸命に説明する実演は、書類だけ、試作品を送るだけの売り込みとは比べ物にならない、素晴らしいプレゼンテーションとなり、社長や開発課社員達の心を強く揺さぶるはずです。

058 企業からの返信例その2 「特許を取ってないとダメです」

返事の中で、アイデアの良しあしの評価にはまったく触れられない場合も数多くあります。「特許権などの産業財産権を取っていない案件について、当社では検討できません」という返事はその代表です。

このような返事が来る理由は、大きくわけて2つ考えられます。

理由1　社外からの提案を受付する規定の問題

特許、実用新案、意匠、商標などの産業財産権は、その権利期間中、権利者以外の製造販売を防ぐことができるため、市場を独占することができます。

そのため、会社によっては、社内開発したアイデアについて、手間とお金と時間を掛けて十分な権利対策を事前に行い、商品化の準備をします。

そのような考え方の会社が、売り込まれたアイデアの採用を検討する場合、当然、産業財産権の権利の状態が気になります。

もし、時間を掛けてアイデアの良しあしを検討したアイデアが、出願されていない場合や、特許出願しただけで、権利がない場合だったとしたらどうでしょう。権利化できる保障はないため、採用するかどうか、検討をしていた時間が無駄になってしまいます。

しかし、権利化されているということは、契約によりそのアイデアを「自社が独占できる見込みがある」ということです。権利化されているアイデアだけを検討するようにすれば、無駄な時間を割くこともなくなります。

会社は時間で動いています。このような考え方の会社は、売り込まれたアイデアの良しあしだけでなく、そのアイデアの検討をする時間が無駄になることも気になっているのです。

そのため、企業によっては、社外からのアイデア提案を受け付ける際、「出願中(PAT. P)」であること。さらには、「権利が発生していること」が最低条件とする決まりがある場合があります。中には、「特許などの権利が取れないものは採用しない」と明言している企業もあります。だいたいは「社外提案規定」というような規定で決められているようです。

つまり、売り込みを行った会社に、このような規定があった場合、出願中、または出願審査請求を経て、権利が発生しており、採用後、権利が会社に移

ることが最初からわかっている状況でなければ、アイデアの売り込みは受け付けられません。

　この場合、「特許出願中」、または「特許をとっているもの以外は、アイデア提案を受け付けません」という定型文の手紙が返ってきます。

　なお、このような規定がある会社は、会社の規模が大きければ大きいほど増えてくるようです。逆に中小企業のほうが、権利の状態よりも、アイデアを積極的に評価する傾向にあるようです。

　また、企業の中には、面子などの問題から、社外からのアイデア提案を歓迎しない場合もあります。

　色々な制約が多い企業よりも、あまり権利の問題に固執せず、よいアイデアを求めている企業にも目をむけて、売り込んでみましょう。

理由2　断りの方便の場合

　前述の内容の手紙をもらった発明家の中には、手紙の内容を真に受けて、その企業にアイデアの検討をしてもらうために、特許出願の手続きを行う方がいます。

　しかも、これらの手続きを自分で行わず、弁理士などに依頼した場合、数十万円単位の費用が掛かってしまいます。

　さあ、企業が求める出願の条件を満たし、あらためて出願済みであることを書き添えて企画提案書を再度送付。しかし、返事の内容は、アイデアが不採用であるという通知でした……。

　これは、よく聞く、発明家が失敗するパターンです。

　よくよく考えれば、よほどよいアイデアについて、「出願されていないアイデアは、受け付けません」という返事を出すでしょうか？

　このような「出願の有無」が原因で返送された場合は、「体のよい断り状」である場合があります。企業にアイデアの内容を見てもらうためだけに、お金を使うなど、とんでもないことです。

　発明家の方々の中には、特許出願していない場合であっても、企業にアイデア提案を行い、無事に採用されている人もいます。このような場合は、契約の前後で出願をしたり、場合によっては、企業と共同で出願する場合もあります。

059 企業からの返信例その3 「こんなものを募集しています」

　企業では、そのときそのときで、力を入れている商品というものがあります。また、今後新しい商品開発を予定している場合もあります。

　たとえば、「洗濯用品の1つが大ヒットして、世間から自社商品が注目を集めている。洗濯関連のランドリー商品を充実させて、売り上げを伸ばすために、あと10種類増やそう」とか、「次の夏に発売予定の、夏用のゴルフ用帽子の開発をしよう」という、会社全体の目標や戦略がある場合です。

　これらのように、会社ではそれぞれ目標を作り、頑張って商品を開発しています。このような目標にむけて頑張っている会社に対して、現在進行中の「ランドリー商品」や「ゴルフ用帽子」以外の分野のアイデアを提案しても、反応は薄いのです。当然、今すぐの採用は無理です。

　このような会社に企画提案書を送ると、「お送りいただいたアイデアは不採用とさせていただきます。なお、現在当社は、○○に関するアイデアを急募しておりますので、それらの分野のアイデアをお持ちでしたら、ぜひご提案ください。」というような手紙が帰ってくる場合があります。

　売り込みをしたアイデアの不採用通知とあわせて、今、会社が求めているアイデア情報のお知らせが入っています。このような手紙は、発明家としての企画力や発想力といった、アイデアマンとしての実力を認めるものです。さらには、自社に貴重なアイデアを提案してくれる「社外ブレーン」や「社外開発部員」としても認めてくれている証拠なのです。

　今回はたまたま、分野違いのアイデアを送ってしまいました。結果、不採用でしたが、着眼点のよさなど、あなたの提案のどこかに、感心したはずです。そして、その実力を今、会社が求めている分野について助言やアドバイス、提案を求めてきています。

　実際に商品を買い、使うのは、実はお客様である発明家自身です。実際の消費者の意見は、商品開発をする会社にとって、ノドから手が出るほど欲しく、その提案はとてもありがたいものなのです。

　自分のアイデアは他社に売り込みながら、ヒントをいただいたアイデアテーマに沿った発明を新たにスタートさせ、再度、売り込んでみましょう。

🔥 傾向と対策のヒントが得られるケース

　発明ではなく、ネーミングの創作が大好きな方もいます。これも立派な発明家といえます。

　さて、ネーミングの採用を求めて、会社に売り込みをした際、会社が求めるネーミングの条件を教えてもらえる事例がありました。

　これは、あるネーミング愛好家が、製薬会社に「入浴剤のネーミング」として、たくさんのネーミング案を売り込んだケースです。結果はすべて不採用。しかし、その手紙の中に「カタカナよりもひらがなを」「やわらかくぬくもりを感じる文字デザインを」という、その会社がネーミングを採用するときに重視する、その会社ならではの評価のポイントが書かれていました。

　長年、漢方薬の取り扱いで有名になったその会社では、自然との調和やぬくもりを大事にしているとのこと。よって、日本人として、ぬくもりを感じにくいとされる、外来語やアルファベット、カタカナのネーミングは採用されにくいという、採用傾向に関する内部事情を教えてもらうことができました。

　ネーミングは不採用でしたが、これも、次の提案に活かすことができる重要な情報が得られた一例です。

🔥 アイデアではなく、自分が売れてしまう場合

　たとえば、主婦の場合、家事は毎日、必ず接する仕事です。このような場合、「使いにくい」「面倒くさい」「この仕事を楽にしたい」「掃除機の、この部品が使いにくい」という、欠点や課題が、たくさん見つかるはずです。

　この欠点や課題を解決するため、次々とアイデア提案し続けたことで、「アドバイザー」として商品開発の臨時スタッフとして迎えられてしまうケースもあります。売り込みをずっと続けていたため、その企業から、絶えることのないアイデア発想力や、新商品開発力が評価されたのです。

　自分が売り込んだアイデアではなく、自分自身が売れてしまう、面白い一例です。

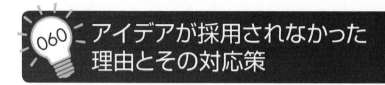
060 アイデアが採用されなかった理由とその対応策

　売り込んだアイデアの評価や、会社が採用できない理由をすべて探ることは不可能ですが、可能な範囲で、会社から返送されてくる売り込みの返事から読み取ると、大変参考になります。

　今後、事業化を目指すために解決しなければいけない新しい目標になるからです。

　つまり、企業に採用してもらうためには、採用できない「理由」という、ハードルを乗り越えなければいけません。

　どう逆立ちしても、ダメなものはダメです。しかし、どこかを改良すれば、採用に近づくものも、中にはあるでしょう。

　また、必ずしも、よいアイデアが採用されるとは限りません。たとえば、会社側のさまざまな事情により、よいアイデアであるにもかかわらず、採用されない場合もあります。

　ダメそうであれば、あきらめて、次のアイデアに移る。よさそうなら、改善してみる判断が事業化を目指す上では必要になります。

　企業、発明者側それぞれの側にある理由をまとめました。

　企業からの回答や、自分が送った企画提案書などを試作品と一緒にもう一度、見返して、採用されなかった理由を探し、アイデアの事業化を目指すために、今後、どうすればよいかを考えましょう。

企業側に理由がある場合

　企業側に理由がある場合、その理由と対策は、次のようになります。

◆ 企業とのマッチングが悪い

　業種が違う場合。

対応策……刃物のアイデアは、刃物を取り扱う企業へ売り込む。

◆ 企業の経営状況

　新製品を採用し、作るだけの資金が、現在のところない。

対応策……アイデアを採用できる余力がある会社を求め、再度、売り込みを続ける。

060 ● アイデアが採用されなかった理由とその対応策

◆企業における、社外提案の受け入れ体制の未整備

自社開発に重点を置いており、社外からの提案は受け入れない方針だから。または、社外からアイデア提案を受けたことがなく、その対応方法がわからず、放置されてしまう。

対応策……社外からも提案を受け付けてくれる企業を求め、再度、売り込みを行う。アイデア提案の方法などがホームページに紹介されているような、社外提案の受け入れ体制が整っている企業を探す。

◆トラブル回避のための提案拒否

提案したアイデアが、企業内ですでに開発していたアイデアと類似するものであった場合において、企業に対する発明者の誤解から生まれるトラブルを未然に防ぐため。

対応策……大企業ほど、トラブルを未然に回避するための規定が定められている。大企業にこだわらず、アイデアを積極的に求める企業への売り込みを続ける。

◆産業財産権(特許、実用新案、意匠、商標)の権利の有無

権利取得の手間、採用を検討する時間のムダを省くため、特許権などの権利取得されているもののみ、採用を検討する方針だから。

対応策……産業財産権(特許、実用新案、意匠、商標)の出願・権利取得を行う。または、産業財産権の有無にかかわらず、採用を検討してくれる他企業を探し、産業財産権の出願はせず、再度、売り込みを行う。

◆企業の取扱商品との合致

同じ刃物でも、調理用刃物と、木材加工用刃物があるように、専門取扱商品外の分野のアイデアであり、販路がない。

対応策……企業での取り扱い品目を再度確認し、自分が考えたアイデアと合致する商品・分野を製造する企業を探し、売り込みを行う。

◆企業の専門知識

専門外のアイデアであり、研究開発ができない。

対応策……売り込みを行うアイデアと同じ分野の商品を製造する企業を再度、探し、売り込みをする。

◆ 繁忙期である

展示会参加準備期間中などでとにかく忙しく、今すぐ新しい提案を受け付ける余裕がない。

対応策……繁忙期が終わり、アイデアの売り込みを受け付けてくれる時期まで待つ。または、他の企業を探す。

◆ 商品の目的を考える

商品そのものの使用目的で、売り込み先を決め付けない。

対応策……ノベルティグッズ（おまけ）の商品として採用できないかを考える。この場合、宣伝媒体として商品が活用される場合が多いため、企業名やロゴマークを入れた試作品を作成し、宣伝対象となる企業、またはノベルティグッズを取り扱う企業に売り込みをしてみる。

◆ 社員による事業化拒否

たとえ、企業の長である社長に気に入ってもらえたとしても、その部下である開発課などの社員が、アイデア採用に乗り気でなければ、指示に従わずうやむやのままにされ、事業化されない企業もある。社長の「アイデア採用と開発スタート」の指示が、必ずしも絶対であるとは限らない。

対応策……アイデアの売り込みは、社長をほれさせるだけでなく、冷静にアイデアの市場価値を評価する開発担当社員に納得してもらうことにも全力を尽くすこと。たとえば客観的データや科学的裏付けなど、「事業化する上で必要な、客観的な判断材料」の要素を満たすことも頭に入れて売り込みをする。

◆ たくさんの企画提案書のなかに埋もれてしまう

毎日届く企画提案書のほとんどは、商品化できる見込みのないものであり、企業担当者は、売り込みに対して、どのように断ろうかと頭を悩ませている。たくさんの企画提案書の中にまぎれてしまっては、砂浜に隠したダイヤモンド一粒を探すようなもので、真剣に検討する意識が欠如する結果、断られてしまうことになる。

対応策……アイデアの売り込みは、企画提案書を送るものと決め付けない。企業担当者が集まる展示会などの場を利用して名刺交換を行い、後日会社訪問の約束を取り付けて実演のチャンスを得る、などの売り込み方法も検討すること。

060 ● アイデアが採用されなかった理由とその対応策

◆ 面子の問題

　大きな会社であればあるほど、開発課に提案される個人発明家によるアイデアは、開発課の面子にかけて、不採用とされるケースもある。社外からの提案を採用することは、開発担当者に開発力がないことを証明することにもつながるとして、アイデアの良しあしよりも、開発課としての面子を重視された結果、このような判断がされる場合もある。

対応策……身近な家庭用品、日用品などに絞って発明をすべきだと説明する理由は、大衆発明家にとって、着手しやすい分野であるだけではなく、家庭用品などを扱う会社の規模が比較的小さく、面子や体面などよりも、純粋によい物であれば採用される可能性を含んでいることが、一番の大きな理由となる。自動車や電子機器メーカーのような、規模が大きく誰もが知っているような企業にアイデアを売り込むよりも、ほとんど知られていない会社に売り込みを行い、アイデアの良しあしという純粋な価値判断だけで、採用を判断してくれる土俵を選ぶことが必要となる。

🗒 発明者側・または発明品そのものに理由がある場合

　発明者側・または発明品そのものに理由がある場合、その理由と対策は、次のようになります。

◆ 発明の内容がわからない

　企画提案書に、発明のポイントや構造、効果、使用方法などが書かれておらず、内容がまったくわからない。

対応策……企画提案書を再度、作成し直す。再送付前に、第三者のチェックを行い、発明の内容がわかるかどうかの確認を行う。手書きで企画書を作成した場合は、文字に癖があり読めない場合もあるため、パソコンなどでタイプした書類に変えてみる。

◆ 発明品の完成度が低い

　完成度がまだ低く、研究開発に、さらに時間が掛かりそうである。

対応策……試作品の製作と実験、改良をさらに進め、発明の効果が最大限期待できる形状、構造、形などを突き詰める。自力で試作ができないものの場合は、お金を払って試作品製作を依頼するか、または、あきらめるかを判断する。

◆ 発明品のニーズが少ない

購入ターゲットがあまりにも狭く、商品化できない。

対応策……市場規模が小さい商品のため、利益が見込めないことを理由に断られている。この場合は、1人でも喜んで使用してもらえる人を対象に、自分で作って、小規模販売を行う。

◆ もう商品化されているから

他社、または自社製品でまったく同じ商品がある。または、同様の効果を持つ商品がすでに販売され、競合する恐れがあるから。

対応策……他社の既存の商品と見比べて、どこが同じで、どこが違う部分であるかを分析する。色、形、追加できる機能など、改良できる箇所を見つけ、既存の商品よりも、少しでも優れた点を持つアイデアに成長させる。

◆ 他社の権利を侵害する恐れがあるから

同様のアイデアが、すでに権利化されており、商品化するには、権利に抵触しない、構造的な見直しが必要になるから。

対応策……まず、特許、実用新案、意匠などの出願書類を確認し、権利化されている権利範囲を把握する。その上で、権利化されている構造や形以外の方法で、同様の効果を持つアイデアを再度考えて、他社の権利を侵さない商品に変更する。

◆ 原料に関するコスト高

素材となる原料費の影響による製造コスト。

対応策……本当にその素材でなければいけないのかを、考えてみる。もっと安価な素材や、他の素材を探してみる。プラスチック製品の場合、少ない量の樹脂で作れるように肉抜きをしたり、リブを入れて強度を持たせる工夫をする。

◆ 製造に関するコスト高

プラスチック製品などの場合は、金型など製造に多額の設備投資が必要になり、その費用を負担することができない。

対応策……金型を必要としない方法で量産することができないか、考えてみる。各地の有名な木材や、特産の織物、陶工業などを利用し、小

規模少量生産ながらも、特産品を活用した「工芸品」としての商品化ができないかどうかも、同時に検討する。これらの布や木材、陶器などの素材でできた商品は、一品から製作が可能であるため、金型量産による数百、数千個単位での製作が必要となるプラスチック製品よりもコストは安くなる利点がある。また、このような方法で製造できる場合は、自分で事業化する道を選択することもできる。

◆ 流行に乗り遅れている

すでにブームが終わり、今から販売しても、売れる商品になるとは思えない。

対応策……現在のブームに合わせた、「流行色」「流行キャラクター」などを活用できないか、考える。商品自体が流行から遅れた商品である場合は、廉価版の商品などとして販売できないかを考える。

◆ 話下手

面談など、直接企業担当者と話をすることになった場合、「話下手」は大きなマイナスとなる。相手の言うことを聞かず、一方的にしゃべる人。話が長い人。論点が定まらず何を言っているかわからない人とは、話をする気そのものがなくなる。

対応策……相手が集中して聞いてくれるのは3分が限界。3分間で、「発想の動機⇒構造の説明⇒発明の効果⇒現物や使い方の説明」をまとめる練習を日ごろからしておくこと。面談の際は、3分で終わるアイデア説明文の台本を用意して、それに沿ってしゃべること。

◆ 発明者の態度

契約金は〇円以上欲しいなどのような交渉を一方的にする人や、突然会社に押し掛けてきたり、長電話をしてくるような人など。このような発明家は、採用後も続く発明者との関係を考慮すると、トラブルなどの発生が予測され、あまり付き合いたくない人物としての印象を与えてしまう。

対応策……採用していただく、お願いする側の立場であることを意識し、契約金など、発明者側からの要望は、ある程度譲歩する。また、最低限の礼儀を重んじること。

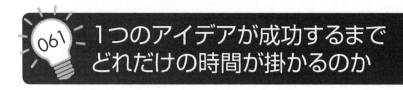

061 1つのアイデアが成功するまでどれだけの時間が掛かるのか

　第2章の「発明完成の7階段」と、第3章の「売り込み成功の7階段」を合体させたのが、下記の図です。

　この2つの階段を合体させると、単なる思いつきが、商品として商品化されるまでのすべての道のり、「アイデア成功の全行程　14階段」の全体像がよくわかるようになります。

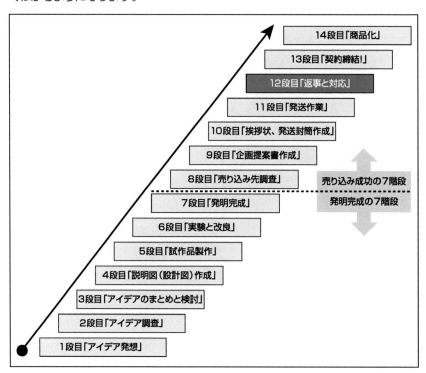

　これまでの解説で、12段目「返事と対応」まで登ってきました。

　さて、ここでふと疑問に思う方もいらっしゃることでしょう。それは、「1つのアイデアが無事、企業に採用されるまでに必要となる1から14段目までの行程に、どのぐらいの期間が掛かるのだろうか？」ということです。

　多くの大衆発明家の方々の成功例を見てきた筆者の印象としては、早い人で1年、時間が掛かる人で5年ほどで、結果が出ているようです。

横向き枕「楽だ寝ぇ」を発明した内田茂夫さんの場合

　発明のヒントは入院中に生まれました。横向きで寝ると腕や耳が痛くなります。また、横向きでテレビを見ると、テレビの音が聞こえにくいという欠点に気が付いた内田さん。ふと「枕の形次第では、解決できるかも……」とひらめき、横向き用枕の発明に着手しました。

　枕をU字型にしたことで、耳の潰れを防ぎました。また、耳が塞がらないために、音がよく聞こえる効果や、メガネをしたままでも横向きに寝られる効果も生まれました。

　さて、この楽だ寝ぇを考案した内田さんの場合、1段目の発案から14段目の商品化まで、約4年の時間が掛かっています。

　試作を何度も繰り返し、理想的な形状と弾力性を見つけた内田さん。特許庁へ、枕の形状の意匠出願を行い、いざ売り込みです。

　さまざまな枕に関するメーカーに、企画提案書を郵送して売り込みをするだけでなく、世界中の寝具メーカーが集まる「展示会」にも試作品を出展してみました。

　この展示会で出会った企業担当者に興味を持ってもらったことがきっかけとなり、「契約金30万円、卸値の5％」というロイヤリティ契約を交わすことができました。

枕の試作に時間を掛けただけでなく、年に数度しか行われない展示会を、売り込みの場として利用したため、8段目から14段目までの行程で、何と4年近い時間が掛かってしまいました。

「頑張れたのは、試作品で実験し、たくさんの時間を掛けてこだわりぬいたおかげで、自信を持って売り込みできたから」と内田さんは語ります。

発明を楽しむためには

大衆発明家には、じっくりと発明に取り組むタイプと、結果を急ぐタイプに分かれます。発明を楽しむためには、自分が納得できる道のりを歩むことが必要です。

大衆発明家の場合、発明を仕事としてではなく、あくまでも趣味として、家事や仕事、睡眠の合間を縫って研究などの活動をしています。

当然発明に費やせる時間は短いため、その分だけ、各階段の工程に時間が掛かることになります。

大衆発明家にとって、発明は趣味であり、仕事ではありません。結果を出さなくとも、解雇されるようなこともありません。

「じっくりと発明に取り組むタイプの発明家」であれば、1つのテーマで、6段目の実験・研究を何年も続ける人がいるように、納得のいくまで実験や研究をするこだわりの期間として、楽しむとよいと思います。

逆に、「結果を急ぐタイプの発明家」であれば、回転のよい開発を心がけ、どんどん進めてみましょう。

特に、試作品が作れないなどの、自分の手に負えない、レベル違いの発明にチャレンジしていることを悟ったら、すぐに手を掛けているアイデアに見切りを付け、テンポよく次の発明のテーマに移ることを検討しましょう。

成功確率を上げるためには、できるだけ短い期間で12段目までを登りきって結果を確認し、ダメなら次の発明のテーマに乗り換える、効率的な開発法を検討しましょう。

062 返事が来なくても怒らないこと!

　企業に企画提案書を送付した場合、すべての会社から返事があるとは限りません。

　送付された企画提案書については、さまざまな事情・理由により、返事がない場合があります。

　考えられる理由は、217ページのアイデアが採用されなかった理由にも通じる内容です。その他にも、返事がない場合の理由を考えてみましょう。

企業から返事がない理由

　企業から返事がない理由としては、次の点が考えられます。

◆ 倒産

　不況などの影響により、会社が倒産してしまい、存在しない。

◆ 移転

　社屋移転に伴い、企画提案書が届かない。

◆ 企業における、社外提案の受け入れ体制の未整備

　今まで、社外提案を受け付けた経験がなく、どのように返事をしたらよいかわからず、戸惑っており、返事が遅れている。

◆ 趣旨が不明である

　企画提案書に、発明のポイントや構造、効果、使用方法などが書かれておらず、発想の趣旨がまったくわからない。

◆ 切手やハガキなどが同封されていない

　企画提案書に、返送時の切手が同封されておらず、返送に掛かる経費削減のため、返事はしない。

　届かないのは論外ですが、届いているのに返事がない場合は、その意味を考えなければいけません。

企画提案書はチラシやダイレクトメールと同じ

　企画提案書による売り込みは、「このような、アイデアを考えました。よかったら採用していただき、商品化をご検討ください」という内容のチラシやダイレクトメールを企業に宛てて送っているのと同じです。

　新商品のヒントを提供してくれているので、企業にとってはありがたい提案です。しかし、突然の売り込みに対して、返事をしたくてもできない理由もあるのです。企業は発明者に対して、返事をする義理はあっても、義務はありません。

　ダイレクトメールは、3〜5％返事があれば大成功といわれています。100通送ったら、3〜5通返事があれば、その売り込みは成功したといえるでしょう。全部の返事が不採用だったとしても、企画提案書として、企業に通用したことが証明されたことにもなります。

返事がなくても怒ってはダメ！

　発明家の中には、返事がないことに対し怒る方がいます。

　「こんなに素晴らしい私のアイデア提案について、返事をしてこないとは、とんでもない会社だ」という発明相談を、今までたくさん聞いてきました。

　たしかに、せっかく一生懸命に作ったかわいい発明品を紹介したのに、返事がなければ、誰でも悲しくなります。しかし、本当にそのような思考でよいのでしょうか？

　企業と発明家側の立場を考えながら、返事がなかったことに対する「取るべき姿勢」について、もう一度、それぞれ考えてみましょう。

　たとえば、自宅に地元のスーパーから「タマゴを大安売りします！」というチラシが入ってきたとします。買う必要がない場合、「タマゴはいりません」とスーパーに連絡をするでしょうか？　そのような返事をする人はいないはずです。会社が返事をしない理由も、同じことがいえます。

　では逆に、スーパーを経営している店長さんの立場だとします。

　せっかくチラシを配布したのに、お客様が来ないことや、問い合わせがないことに怒るでしょうか？

　怒るような店長さんは、失格ではないでしょうか？　むしろ、怒るよりも「もっとアピール度の強いチラシ（企画提案書）を作ろう！」「タマゴの種類を変えてみよう！（発明品の改良）」「タマゴではなく、牛乳（違う発明品）を案内してみよ

う!」と、色々と工夫すべきではないでしょうか？ これが、店長さん（発明者）に求められている、取るべき姿勢です。怒っていては先に進めません。

　発明者からの一方的な売り込みに対し、不採用を告げるためだけに、わざわざ「不採用通知」を返送してくださる親切な企業もあります。

　各々の立場を考えること。そして結果を真摯に受け止め努力することが、発明家には必要です。

063 売り込みの成功階段13段目「契約の仕方」

契約に関しては、発明相談として寄せられるもののなかで、特に多い内容です。発明家の誰もが、自分の考えたアイデアでお金が欲しいと思っていると思います。だから、どのような約束に基づいてお金がもらえるのか、興味があるのでしょう。

発明をする上では、やる気が出てくるとても大切なことでもあるので、しっかりと理解をしておきましょう。

契約とは何か

売り込みが成功すると、試作品を見せたり、社長や担当者との面会などを経て、最後に「正式に採用したい」という話が企業から切り出されます。

この時点では口約束です。単なる誉め言葉に過ぎないかもしれません。口約束でも法的に契約は成立します。しかし、内容が明確に残らないため、記憶違いなどにより内容が変化する可能性もあります。

つまり、双方にとって大切なさまざまな条件などの約束事項を、文書で明確に残しておくことが契約書を作る目的です。

そして、契約書に書かれていることが、約束の範囲ということになります。そのため、文章の内容や意味によっては、お金がもらえる期間がすぐ終わる場合や、金額が低くなる場合もあります。

契約書の内容というのは、とても大切です。

この契約書は、会社が用意する場合もありますし、社外提案を受け付けた経験がない会社の場合は、発明者側に、契約書の見本を作ってほしいと依頼される場合もあります。自分で作る場合は、次項の契約書の書式見本を参考にしてください。

なお、約束事は、当事者同士だと思うように決まらない場合もあります。この場合は、立会人が企業と発明者の間に入り、意見を聞いて、双方にとって最適な契約書を作ることもあります。クッション役となる立会人は誰でもかまいません。

場合によっては、お金の回収や相手への連絡などを立会人にお願いすることも可能です。契約書を作るときや、契約後、発明の実施料などを企業から

回収するときや、出荷量などの、聞きにくいことを確認したいときも、立会人を通すので安心です。

譲渡契約とロイヤリティが得られる実施契約

　契約には、大きく分けて譲渡契約と、実施契約の2種類があります。
　譲渡契約とは、権利のすべてを契約する企業に渡してしまう契約のことです。権利の価値から割り出された譲渡金が支払われます。
　逆に、実施契約とは、発明者が権利を持ったまま、契約をする会社に使ってもらい、儲けた分だけお金（ロイヤリティ）を払ってもらう契約のことです。また、実施契約には、1社独占の契約となる専用実施契約と、複数の企業と契約を行う通常実施契約の2つがあります。

ロイヤリティの算出

　一個売れるごとに、実施料がもらえるのがロイヤリティ契約ですが、そのもらえる実施料は何を基準に算出するのでしょうか？
　実は、1つの商品が製造されてから、お客さんが買うまでの流通の過程には、さまざまな「価格」があります。たとえば、お店での小売価格が1,000円の商品の場合の例を見てみましょう。

◆ 製造原価
　物を作るのに必要な材料などに掛かる価格のことです。商品を作る役割を持つメーカーが、材料屋に支払う価格を指します。仮に200円だとします。

◆ 卸値
　メーカーがデパートなどの小売店に商品を流通させる役割を持つ問屋（卸売業者）に売るときの価格を指します。製造原価に、人件費などの他、メーカーの儲け分が加算されています。製造原価にメーカーの儲け分200円を乗せたとすると、卸値は400円になります。

◆ 仕入れ価格
　問屋が店舗などでお客さまに販売する役割を持つ小売店に売るときの価格を指します。この価格には、卸値に、問屋の儲け分が加算されています。「下代」ともいわれます。卸値に問屋の儲け分200円を乗せたとすると、仕入れ価格は600円になります。

◆小売価格

　小売店がお客さんに売るときの、我々が実際にお店で目にする値札についた価格を指します。問屋からの仕入れ価格に、小売店の儲け分が加算されています。「市場小売価格」とか「上代(じょうだい)」ともいわれます。仕入れ価格に小売店の儲け分400円を乗せた結果、1,000円で販売することになるのです。なお、「特売セール」などのときは、仕入れ価格の600円を割らず利益が残る範囲で、小売価格が変動します。

　発明家はメーカーに売り込むのですから、支払われるロイヤリティは、メーカーが問屋に卸すときの「卸値」が基準となります。大体の場合、「卸値の3～5%」が多いようです。

　それでは、先ほどの小売店で1,000円で売る商品を例に、ロイヤリティを試算してみましょう。

　メーカーから問屋へ売るときの卸値は400円でした。「卸値の5%」という契約を結んでいた場合、1個売れるごとのロイヤリティは「400円×5%＝20円」となります。

　この商品が仮に、1万個売れたとします。この場合、「20円×1万個＝20万円」が、ロイヤリティとして、発明家に支払われることになるのです。

契約書の文例

契約書の書き方は普通の民法によるものと同じです。契約書の書式見本の一例を紹介しましょう。

収入印紙

契 約 書

甲（権利者）東京都〇〇区〇〇町〇丁目〇番〇号
　　　　　　　　　発明　太郎
乙（使用者）東京都〇〇区〇〇町〇丁目〇番〇号
　　　　　　　　　〇〇〇〇株式会社
　　　　　　　　　代表取締役社長　〇〇　〇〇

甲と乙は、下記出願中の条項について専用実施権の設定契約をする。
第一条　甲と乙は下記について専用実施権契約をする。
　　　　特願〇〇〇〇-〇〇〇〇〇号
　　　　発明の名称　〇〇〇〇
第二条　専用実施権及び権利発生後の専用実施権の範囲は次の通りとする。
　　　　期間　契約の日より権利存続中
　　　　内容　全範囲
　　　　地域　国内
第三条　乙はこの本契約について、質権を設定し又は他人に実施を設定してはならない。
　　　　ただし、甲乙協議によって実施者を設定する事ができる。
第四条　乙は、自己の費用をもって権利発生後の専用実施設定登録の手続をする事ができる。
第五条　この契約によって乙は甲に対し、実施契約金として〇〇万円、実施料として卸価格の〇％の使用料を支払うものとする。
第六条　前条の使用料は経済事情その他に著しい変動が生じたときは、甲乙協議の上でこれを変動する事ができる。
　　　　すでに支払われた実施契約金及び使用料は理由のいかんを問わず甲は乙に返還しない。
第七条　使用料の支払は毎月〇日締切りとし翌月〇日までに、甲が指定する銀行口座へ全額支払いをする。

　　　　〇〇銀行〇〇支店　普通口座　口座番号〇〇〇〇〇〇〇
　　　　口座名義人　ハツメイ　タロウ

第八条　甲は必要に応じて乙からこの本契約の実施の状況その他の必要な事項についてその報告を求める事ができる。
第九条　乙は契約の日より1年以内に製造販売し、また、特別の事情がない限り1年以上にわたり製造を中止してはならない。
第十条　この本契約について、虚偽の報告その他不法行為等があったときは、甲は損害賠償の請求をする事ができる
第十一条　第二条、第三条、第五条より第十条について、乙又は甲が違反した場合この契約を解除する事ができる。
第十二条　その他細則についてはそのつど書面で定める。

以上の契約を証する為、本書2通を作成し署名捺印の上各自その1通を所持する。

平成〇年〇月〇日
　　　　　　甲　東京都〇〇区〇〇町〇丁目〇番〇号
　　　　　　　　　　　　発明　太郎　　（印）
　　　　　　乙　東京都〇〇区〇〇町〇丁目〇番〇号
　　　　　　　　〇〇〇〇　株式会社
　　　　　　　　代表取締役社長　〇〇　〇〇　（印）

065 契約書の解説

契約書の中で、特に重要な部分を解説しましょう。

第一条　実施権とは

実施契約には、一社にしか発明の実施を許さない「専用実施権」と、契約を結んだ複数の会社に発明の実施をしてもらう「通常実施権」があります。

どちらで契約をするかは、企業との話し合いになります。

通常実施権契約の場合、契約するすべての会社それぞれから、発明の実施料が発明家に入ってきます。

その点、専用実施権契約の場合は、契約を結んだ1社からしか、実施料は入りません。

ほとんどの場合は、他社に同じアイデア商品を作られては困りますので、「専用実施権契約」を求められるはずです。

専用実施権契約を企業と結ぶと、他社と契約をすることはできません。また、発明者自身も、実施することができなくなるのも特徴です。

第一条　契約の対象

通常は、出願書類の番号などで、契約の対象を明らかにします。「特願○○○○－○○○○○号」という書類に書かれていることが、契約の対象ということになります。

契約の期間

契約を結ぶ上で、大切なことは、「期間」です。権利期間が1年で終わってしまう内容であると、ロイヤリティの支払いも1年間で終わってしまうことになってしまいます。

第五条　契約金

手付金のことです。1個売れるごとにもらえる実施料とは違い、発明品を製造させていただくための契約をするための約束金です。

この契約金は、会社の規模や、採用するアイデアで得られる利益の見込み額などでも変わってくるため、会社によってさまざまです。

よく聞かれる額は、5万円〜100万円です。

注意したいのは、会社の規模や、採用する発明品の販売で予想される利益によって前後するということです。契約金が100万円だったから多いとは限りません。もっと高額な契約金もあるため、金額については一概にはいえません。

ロイヤリティは、商品の卸値の数％に当たる金額を、商品が売れた個数に応じ、支払われるものです。

また、権利出願中の場合、権利取得の結果次第で、ロイヤリティが変動する場合もあります。

たとえば、特許出願中の商品の契約の場合、「権利出願中のロイヤリティは卸値の3％」ですが、「権利が取得できた場合は5％」にアップする項目を入れる場合があります。

参考までに、権利が取れなかった場合、結果にかかわらず、契約が存続する場合と、契約を終了させる場合があります。また、すでにもらった金額の返金はしないことも入れたほうがよいでしょう。

権利化の結果にかかわらず、契約はそのまま存続し、また、それまで発明家が得た契約金やロイヤリティも返金する必要がない場合が一般的です。

第七条　支払い方法について

金額を決めても、支払いの方法を決めなくては、お金が支払われません。実際に振り込んでもらう口座情報を契約書に明記してもよいでしょう。

第八条　調査について

「今月は何個出荷したのか？」など、さまざまなことを気軽に聞けるようにしておきます。数をごまかされることはまずないと思いますが、いつでも確認ができるようにしておけば、不正を未然に防ぐ抑止力にもなるので安心です。

066 自分で商品化する方法

これまで、企業に採用してもらい、発明商品を世の中に売り出す方法を紹介してきました。実際に売り込んでみれば嫌でもわかりますが、とにかく企業に採用されるのは狭き門です。企業を説得し、お金を負担させて商品化してもらうのは、本当に大変なのです。

しかし、企業に採用してもらわなくても、発明商品を世の中に出すことは可能です。自分で事業化してしまえばよいのです。

自己事業化の場合の利益

実は「企業に事業化してもらう」よりも「自分で事業化する」ほうが、利益は多くなります。

小売価格が1,000円の商品において、メーカーが問屋(卸売業者)に売る卸値が400円であるアイデア商品の例で解説しましょう。

ロイヤリティが卸値の5%として契約した商品が1万個売れると、発明家に支払われるお金は、「20円×1万個＝20万円」となる計算でした。

ではメーカー側の視点で見てみましょう。

メーカーの卸値は400円ですが、400円すべてが純粋な利益ではありません。製造には、材料代や加工費用、人件費など色々な経費(製造原価)が掛かっています。

これらの経費が仮に200円であれば、メーカーは、自社の利益分を上乗せすることになります。今回の場合のメーカーの利益は、卸値から経費を引いた残りの200円です。この商品が1万個売れた場合は、「200円×1万個＝200万円」が企業の利益となります。

つまり、企業と契約をしたケースの場合、発案者である発明家には、200万円の儲けの中から、ロイヤリティとして卸値の5%分にあたる20万円を支払っていることになるわけです。

しかし、仮に自分で事業化していたら「200万円」が、まるまる自分のものになるということになります。また、問屋(卸売業者)を介さず販売をする場合は、利益率はさらに上がることになります。

600円で小売店に直接、卸せる場合は、製造原価200円を差し引いた利

益は「400円×1万個=400万円」。小売店で売らず、1,000円で直接、販売した場合、同じく製造原価200円を差し引くと「800円×1万個=800万円」が利益となるわけです。

　問屋（卸売業者）を介さないと広い販売網を使えませんし、自分で直販するにも限界があるため、独力で1万個の販売ができるかどうかは一概にはいえませんが、企業に採用される場合に比べ、確実に儲かることは間違いないでしょう。

誰でもできる事業化法その1　中村玲架さんの場合

　一番オススメの方法は、自分で手作りできる商品を、売ることです。筆者が知る発明家の中にも、自分で手作りをした商品を自分で売っている発明家がいます。多用途タオル「七変化タオリー」を考えた、中村玲架さんもその1人です。

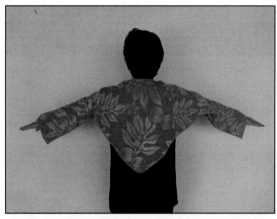

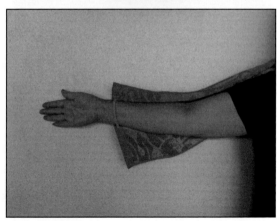

タオル生地を変形三角形の特殊形状にして、両端には環状のゴムを付けました。タオルを肩に掛けてゴムに手首を通せば、タオルの長手方向が即席の袖の代わりになります。
　これにより、襟足から手首までをワンタッチで覆うことができるため、紫外線を防ぐ日焼け防止に最適です。またマフラーやバンダナなど、7通りの使い方を考えて、より多くの人に使ってもらえる工夫をしました。
　中村さんはミシンを購入し、夜な夜なタオルの製作を続けています。取扱説明書も全部手作り。袋詰めも全部自分でやります。
　こうして完成した商品は、地元の「物産店」で販売しています。
　また、観光地に住んでいる利点を活かし、観光ホテルの「おみやげコーナー」にも商品を置いてもらい、販売数を伸ばしています。
　今では地域の人にも商品の便利さが認知されるだけでなく、ちょっとした返礼品として喜ばれています。おみやげとして買われたお客様からも反響を受け、全国から注文をいただくようにもなりました。

誰でもできる事業化法その2　小林好子さんの場合

134ページで紹介した目薬点眼補助具「アカンベー」も、最初は小林さん本人が、1つずつ手作りしたものを売るところから始めた商品です。

自分でゴム型を作り、オーブン粘土を素材に、自宅で1個ずつ作り続けました。

デパートで開催された発明品即売会で、早速、手作りのアカンベーを販売してみたところ、好評でよく売れました。

そのため、手作りでも同時に同じ形のものを、一度にたくさん作る方法はないかと調べたところ、ゴムで型を作り、エポキシ樹脂を流し込むだけで、成形する方法を知りました。

そこで小林さんのご主人に製造を協力してもらい、今度は一度に8個を作ることができるゴム型を作り、成形を担当してもらいました。

型から抜き出したアカンベーを切り離し、ヤスリで1つひとつ仕上げ作業をするのは、手作りならではの大変な作業です。
　しかし、その間にも売れ続けたため、売れるアイデア商品として有望であることを確信しました。そして自信を持って売れるように、しっかりとした商品にしなければと決心。
　手作り感のある製品から、きれいなプラスチック製品にするため、ついに金型を使った量産に踏み切りました。現在の商品を製造している、プラスチック成形の金型には、40万円の費用が掛かっています。

　やがて、メディアでもたびたび取り上げてもらうことができ、アイデア商品即売のイベントでは、1週間で500個以上も売れました。おかげで今までに、2万人以上の人たちに使っていただいている商品となっています。
　現在の知名度と売り上げ実績は、コツコツと手作りでお客さまの反応を確かめながら、地道に販売をして作り上げられた結果です。
　販売をするためには、高価なプラスチック金型で生産しなければいけない、という決まりはありません。小林さんのように、手作りのゴム型で自宅で生産を行う方法でも、十分に事業化は可能なのです。
　大量生産用のプラスチック金型を作るまで、自作のゴム型で数百個のアカンベーを作り、販売しました。掛かったお金は、ゴム型の素材代や電車賃程度の金額に抑えられたかわりに、大変な手間が掛かりました。しかし、そのおかげで、わずかな投資で商品としての可能性を探ることができました。
　大金が掛かる金型での生産に踏み切るには、大規模生産をするだけの売り上げが見込め、さらに欠点をすべて見つけ出してからでも遅くはないのです。

販売実績が付けば、採用される可能性もある

　販売中は、販売期間と販売総数、客層の記録を必ず残しておきましょう。この販売実績は、その発明品の経済的価値を測る目安になるため、企業が採用を検討判断する際に、プラス査定となるのです。

　企業の採用を望むなら、実績を入れた企画提案書を送ってみましょう。

　また、売れ行きが好調なら、自分で売るスタイルを拡大するために、起業しメーカーの社長として、ものづくりに携わるのも面白い方法です。場合によっては、手作りでは間に合わなくなりますので、他の企業に発注し商品を大量生産します。また、取扱説明書やパッケージの印刷や、商品封入作業も外部注文する方法で対処できます。

　このような、自ら起業した大衆発明家はたくさんおり、本書で紹介した発明家の半分以上を占めているほどです。

067 スモールビジネスのススメ

　自分で事業化する場合は、できるだけ「スモールビジネス」から始めましょう。
　本書が指すスモールビジネスとは小規模事業化のことで、いわゆる「家内工業」のようなものを指します。これは、工場で大量生産した製品を大規模に販売するのとは違い、自宅を仕事場とし、自分ひとり、または家族の部分的な協力を得ながら、いわゆる「内職」のようなイメージで小規模に生産された製品を販売する方法のことです。
　この方法の場合、製造工場などの第三者を介さない分、商品の改良や、作り直しなどの方向転換が簡単であることに加え、費用の負担が必要最低限に抑えられるメリットがあります。
　そのため、誰でも気軽に挑戦しやすい特徴があります。それでは具体的にポイントをまとめてみましょう。

窓口となる名前・名刺・銀行口座を作ろう

　最初は、必ずしも会社を作る必要はありません。あくまでも窓口となる、商売用の活動名や団体名(会社名)をはっきりさせることが目的です。「○○企画」「○○研究会」「○○商店」「○○ショップ」など、愛着の持てる名前を考えましょう。同時にその会社名が入った名刺と、可能ならその名義の銀行口座も作り、お金を管理しましょう。
　なお、事業として有望であることがわかったら、期をみて法人化しましょう。法人化すると、個人とは取引しない企業とも取引できるようになり、業務の幅が広がります。また、社会的信用も付き、企業との取引も円滑に行えるようになります。

商品を作ろう

　売ることができるレベルの商品を作り、見た目よく仕上げましょう。商品のレベルは、観光地で売っている民芸品レベルからさまざまありますが、最初は自分にできる範囲でチャレンジしましょう。
　自分で商品を量産することになるため、自分で加工・製作しやすい「布製品」「紙製品」「竹・木工製品」「陶器などの粘土製品」が特にオススメです。最近では加熱するとプラスチックのようになるオーブン粘土や、同じく加熱するとシ

リコンゴムとして成形できるシリコンゴム粘土も販売されています。

　プラスチック金型による大量生産は、金型作成に大金を要するため、最初は避けたほうが無難です。1個からでも手作りできる、このような素材を使って作れる商品分野にするとよいでしょう。納期1〜2週間を前提にした「受注生産商品」にするのもよい方法です。

　なお、経済的負担を軽減させるため、一度に大量に作ることも最初は控えましょう。大量生産したことにより在庫を抱えたり、発明品をどんどん改良できる余地がなくなってしまうからです。

　また、はじめから製造業者に生産を依頼することもオススメできません。大量生産が必要になる場合や、迅速な改良が難しくなるからです。

商品名を考えよう

　一度聞いたら、絶対に忘れられないネーミングを考えましょう。

　商品が素晴らしいのは当然ですが、ネーミングはそれと同じ、もしくは商品のよさ以上に重要なのです。レナウンが販売する「フレッシュライフ」というビジネスマンを対象とした男性用靴下を、製品の性能はそのままに「通勤快足（つうきんかいそく）」というネーミングに変えたとたん、売り上げが何十倍にもなった逸話は、よい例です。

　ここで、面白いネーミングの例を紹介しましょう。「肉取物語（にくとりものがたり）」という商品です。さて、どのような商品の名前であるかわかりますか？

　答えは、ウエスト用シェイプアップ・サポーターです。「サポーターを巻けばウエストのぜい肉が絞り取られスマートになり、着れなかったスカートが入る＝肉取物語」というわけです。

これは、骨盤用サポーター「ラクダーネ」の発明者、津久田喜代枝さんが、自分が販売するサポーター関連商品を広める起爆剤として考案したユーモアセンスが光るネーミングです。

また、134ページで紹介した小林好子さんの目薬点眼補助具「アカンベー」も、発明当初は「目薬案内」という名前でした。

しかし、「アカンベーという名前の方がよい」という、発明仲間からの提案を参考にして、改名を決断。

それ以後、面白いネーミングのため、アカンベーはメディアでもたびたび紹介される大ヒット商品になったのでした。

商品名は、今後、メディアに注目されるために必要な「話題性」という面から見ても、大変重要な要素の1つです。

パッケージ、包装、取扱説明書を作ろう

150ページで撮った写真や、152ページで作った取扱説明書を、存分に利用しましょう。

なお、お金が掛かる箱のパッケージは不要です。普通のコピー用紙で作った「パッケージ・取扱説明書」兼用の用紙を作り、商品と一緒に、ビニール包装袋に入れれば、立派な商品になります。

これらの紙類は、パソコンで作りましょう。また、原稿やイラストを手書きで作り、コンビニでカラーコピーするのもよい方法です。いずれにしても、自作で少量ずつ作るようにしましょう。

それでは実際に、手作りのパッケージ例を見てみましょう。

写真は、235ページの「自分で商品化する方法」で紹介した、中村さんの多用途タオル「変身タオリー」と、小林さんの目薬点眼補助具「アカンベー」の初期のパッケージです。

どちらも、手書きのイラストやコピーなどを利用して作られています。このように、最初はできる範囲でかまわないのです。少しずつ販売していくうちに、写真を入れてきれいに作りたいなどの改良案がどんどん出てくるはずです。後は売れ行きに応じて、掛ける予算を少しずつ増やしていけばよいでしょう。

なお、「ガンが治る」などのような、医療医薬効果や誤解誤認を招く表現は、薬事法や景品表示法などの法律に触れる場合がありますので、すべて削除しましょう。

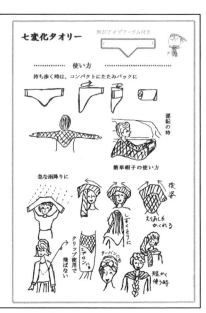
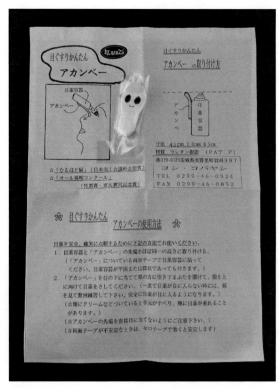

売る場所を見つけよう

商品を売る場所は次のようなものがあります。

◆ 一般の小売店

「一般の小売店」で販売してもらう場合は、法人格を持ち、かつ問屋（卸売業者）を間に挟まないと、取引はできません。しかし、店舗によっては、法人格もなく、しかも問屋（卸売業者）を介さずとも直接、取引が可能な場合があります。責任者の判断に委ねられている場合があるので、発明品を扱ってもらえるか、聞いてみましょう。なお、いきなり大きなデパートや量販店での販売を狙うのではなく、小さな商店から始めましょう。店舗や取引の規模が大きくなるほど、返品のリスクや、数百個単位での大量納品が必要となり負担が増えるからです。

◆ インターネット販売

「インターネット販売」は、パソコン1台で商売ができる最も手軽な方法です。「ネットショップ」や「ネットオークション」では、手作りのバッグや子供服、釣具のハンドメイド商品をよく見掛けます。自分の発明品を紹介するホームページを作るのもオススメです。

◆ 対面販売

「対面販売」の代表は、「フリーマーケット」の利用です。中古商品を売る人たちに混じって、アイデア商品を売ることができます。

◆ 委託販売

「委託販売」も検討しましょう。「観光ホテルのおみやげコーナー」や、「道の駅」や「物産店」で販売してもらう方法です。また、「レンタルボックス」という販売スペースも活用できます。1カ月で数百円～数千円程度の場所代と利益に応じた手数料を支払うだけで、商品を展示販売してくれます。販売は運営者が管理してくれるので、重宝します。

釣り具などの趣味の発明の場合は、釣場での販売ができる例もあります。釣り人が集まる釣り船の船宿や、管理釣り場（釣り堀）の受付などでの販売をお願いできるケースはその代表例です。

🖐 権利対策をしよう

　まず初めに、先願調査を必ず行い、他人の権利を侵害しないかを確認しましょう。

　次に、出願を検討します。これは、出願前に販売してしまうと、新規性を喪失してしまい、法律上は権利が取れなくなるからです。そのため、後で困らないように必ず販売開始前に、特許・実用新案・意匠・商標の出願をしておきましょう。

　なお、特許出願をした場合、出願審査請求をすぐ行う必要はありません。この審査請求には3年の猶予があるので、しばらくは特許出願中（PAT. P）商品として販売します。3年の間に売れ行きがよければ権利化を検討し、逆に売り上げが落ち、商品としての価値がなくなったと判断した場合、審査請求はしません。出願審査請求には12万2,000円の費用が掛かるため、この方法により無駄な出費を抑えることができます。

🖐 価格を決めよう

　価格は、「何円ならば、世間の消費者は買ってくれるか」という、買う人の立場に立って決めることをオススメします。世間の相場から見て、高すぎても奇異の目で見られるだけで売れないでしょうし、逆に低すぎても、商品の効果や品質に信頼性がない印象を与える心配があります。家族や友人などに使ってもらった上で、適正な価格を聞いてみるとよいでしょう。

　また、製造原価（材料費や製作費などの商品製作に掛かる費用）は、上記の観点から決めた販売価格の5分の1程度に収まるようにしましょう。もし、製造原価を5倍にしたときの販売価格が、相場の価格帯よりも高くなりすぎるのであれば、素材や構造などを再検討して、原価をできるだけ下げる工夫をしましょう。

　このような、製造原価と販売価格との間を大きく取る価格の付け方をするのは、今後、日本全国の大きなデパートなどで、大規模に売ることになった場合を想定し、商品を全国に流通してくれる問屋（卸業者）の利益分をあらかじめ確保しておくことが、その大きな理由です。

　価格の決定を間違えると、利益がまったく出なかったり、全国展開のチャンスを失ったりすることにもなるので、特に注意しましょう。

税金の問題

税務署に『個人事業の開廃業等届出書』の提出が必要になる場合があります。また、一定額以上の利益が出た場合、年度末に確定申告をして所得税の納税が必要になる場合があります。株式会社などの法人格を取得した場合、法人税の納付義務も生まれます。個人、法人で販売する場合を問わず、最寄りの税務署に相談しましょう。

宣伝をしよう

販売を始めると同時に、メディアを利用して宣伝しましょう。この宣伝にも、お金を掛けてはいけません。

お金を掛けて「広告」を載せるのではなく、発明家と発明品を紹介する「記事」として、または「新商品情報」として紙面に掲載してもらえるように、プレスリリース（新商品の案内）をマスコミ各社に送りましょう。

メディアに紹介されると、それが火付け役となり売り上げが伸びるきっかけになります。そのため、できれば単なる商品紹介だけでなく、マスコミ各社が記事として紹介したくなるネタも何とかして探してみましょう。「88歳下町のエジソン」が新聞記事になったり、テレビで「アカンベー・肉取物語、さて、どんな商品？」というクイズ番組が成立するのはよい例です。

また、単なる新商品案内ではなく、読者プレゼントのための商品提供をマスコミ各社に申し出ることで、紙面に掲載してもらう宣伝方法もあります。

●中村玲架さんの多用途タオル「変身タオリー」掲載記事

🖐 改良できるところはすぐ直そう

　まったく注文がない場合は、「商品の需要はあるのか」「ネーミング」「値段設定」「色・デザイン・使い勝手」「流行に乗っているか」などの改善点をもう一度、検討し、改良に努めましょう。商品に欠陥が見つかったら、すぐ直せる点が、手作りで商品化をする最大のメリットです。パッケージや取扱説明書などを自分で作っていれば、ネーミングの変更などにも柔軟にすぐ対応できます。

　しかし、商品を大量に作ってしまうと、欠点が見つかったその日から、不良品・欠陥品の大量在庫の山になります。欠陥の見つかった商品や取扱説明書を売り続けなければいけないことほど、心苦しいことはありません。

　大企業でさえ欠陥商品のリコール情報が報じられています。大衆発明家の商品であれば、やっと発明品が完成したと思った後も、次々に欠点が見つかるのは当たり前のことなのです。

　欠陥を恐れ商品化することを躊躇するのではなく、まずは思い切って商品化をして、そこから、どんどん進化・改善をしていきましょう。

🖐 100%を目指すな。80%で十分

　発明品がなかなか完成しないという人がいます。製品を見れば見るほど欠点が出てくるため、もっとよい物となるように、改良に心血を注いでいる証拠でもあります。

　アイデア商品を考えた発明家は、毎日新しい情報を仕入れて学ぶため、日々賢くなりますし、思想も考え方も進化します。しかし、発明品は生き物ではなく物なので、自ら成長することがなく、ずっと生まれたままの状態です。ですから、昨日は渾身の作品でも、1日経てば駄作に見えてしまい、「もっとこうしたい」という案が尽きることがないのです。もちろん、改良に取り組む熱意は素晴らしいと思います。あれこれ考えている時間もまた楽しいものです。

　しかし、これを繰り返していては、作品が永遠に変わり続けるだけで、作品を世の中に、ずっと発表できないことになってしまいます。商品化は、とりあえず80%程度の完成度があれば、十分と考えましょう。100%を目指すがゆえに、作品をずっと発表できないようでは意味がありません。

　気になった部分は、商品化の後、クレームとしていただいた苦情と一緒に、次回の生産ロットなどの区切りごとに反映させ、改良していくように気持ちを切り替えましょう。

068 自分で商品化するときの注意点

　インターネットオークション程度から始められると聞けば、とても手ごろに販売できることがわかると思います。もっとポジティブに、気軽な気持ちで、挑戦してみましょう!

　しかし、注意してほしいことがあります。それは「頭と体は使っても、金は使うな」ということです。

　発明家は、自分の発明品の大ヒットを夢見るあまりにお金を使いすぎ「発明貧乏」になってしまうケースが多々あるのです。

　「貧乏」という経済的問題の他にも、法律的問題や体力的問題、家庭的問題など、さまざまな注意すべき点があります。それでは、それら問題点について具体的に解説していきましょう。

1人何役もの仕事が必要

　会社は、分業で仕事を行う組織ですから、「新製品を考える人」「売ってくれる店を探す人」「商品を作る人」「仕入れ代金や税金などの計算ごとをする人」などなど、社員みんなで力をあわせて仕事をしています。

　企業にアイデア売り込みをした場合は、「新製品を考える人」の仕事の部分を、社外からのアイデア提案により手伝ったことになります。

　しかし、発明家が1人で事業化するということは、新製品を考える以外の、すべての仕事も全部やらなければならないため大変になります。

資金の問題

　プラスチック製品の場合、金型を作り量産します。この金型が非常に高価なのです。場合によっては数十万〜百万円単位で掛かります。プラスチック製品がオススメできないのはこれが理由なのです。

　また、布製品などなら欠陥部分を次回の製作から簡単に直せますが、金型は一度作ったら、欠陥の改良が一切できません。何十、何百万円掛けて作った金型も、欠陥が見つかった瞬間に、欠陥商品を作る金型になってしまうのです。金型を作る際は、手作り品で欠点をすべて解決した後にしましょう。

👆 権利の問題

他人の権利を侵害すると、賠償責任が発生します。

また、権利対策の際にも、特許出願を自分でせず、専門家に依頼すると、数十万円単位の費用が掛かります。また、仮に特許権が得られた場合、権利を存続期限いっぱいの20年間維持すると、合計で100万円近い額の特許料を納めることになります。

もし、その金額を上回る利益が生み出せない場合は、結果的に損をすることになります。権利維持をする特別な目的がない限り、利益を生まない権利は重荷でしかなく、それはまるで、実りのない出費の20年ローンを組んだようなものです。

生活がある大衆発明家であればその負担はさらに大きくなるため、惰性で権利を更新せず、場合によっては、権利期間の途中でも権利の価値を見切り、更新料を支払わず、権利を放棄する勇気も必要です。

👆 場所の問題

普通、自宅に余分なスペースはありません。しかし、在庫を抱えることになれば、それらの置き場所が必要になります。在庫がコンテナ1台分ともなれば、その圧倒的な量に、びっくりするはずです。

👆 家族の協力

商品の袋詰め、パッケージや取扱説明書の作成・印刷、ホームページ・メール注文の管理、電話注文への対応など、すべて自分でやるには限度があります。もし、その限界を超える事業化を進める場合は、理解のある家族の助けが必要となります。

👆 借金の問題

資金の問題を借金に頼る場合は、家族の理解も必要です。今までの平穏な生活を脅かす可能性を秘めた、とても大切な問題です。

👆 自分のアイデアにおぼれるな

「製品」と「商品」は違います。お金を製造会社に払い量産を頼めば、製品はすぐ作れます。しかし、売れるかどうかは別なのです。

製品は、商品として売れたとき、初めて利益が生まれます。

つまり売れる前は、掛けた費用の分だけマイナスの状態なのです。このまま売れない状態が続けば、その製品はただの荷物であるばかりか、今後の自分の首を絞める悩みのタネになるでしょう。

　家や土地、家族を失い、多額の借金を抱えるリスクにだけ、十分に注意すれば、スモールビジネスはとても楽しく、やりがいがあります。大ヒットとまではいかなくても、小ヒットしてお小遣いぐらいの金額でも稼ぐことができればうれしいはずです。将来の大企業を目指して、謙虚に挑戦してみましょう！

069 ようやく到着14段目！あなたは頂上に立つことができるか

　第1章から第3章まで進んでくれば、きっと売り込みの結果が出ていることと思います。行程で言えば、1段目から12段目まで進んだ状態です。図で、現在地を確認してみましょう。

●アイデア売り込み後の結果による道のり

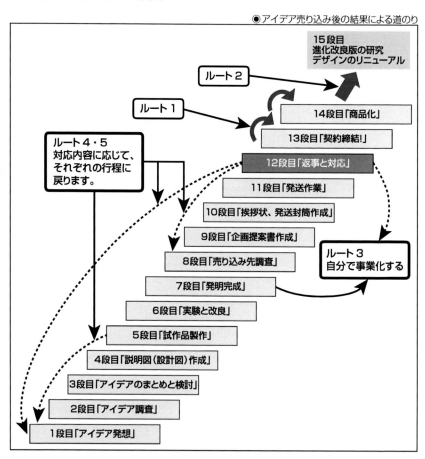

　売り込みをすると、さまざまな反応が返ってきます。そして、その反応によって、今後のルートも変わります。それでは、ケースごとに異なる12段目以降の行程を説明しましょう。

🔥 ルート1　アイデア採用、契約成立の場合

　これが、発明家にとっては、一番嬉しい結果でしょう。

　13段目の契約を行った後、14段目の商品化に進み、今後、会社が定めたタイミングで、ロイヤリティが支払われることになります。

　具体的には、年2～3回に分けて支払われる場合が多いようです。

　支払い月からさかのぼって4～6カ月間に売れた商品の数から、ロイヤリティが計算されます。企業からは、報告書として、それらの販売数や、結果的に支払われる予定金額が通知されます。

　問題がなければ、支払い月の月末に、契約書に記載された発明家の銀行口座へ、ロイヤリティが振り込まれることになります。通帳記帳が楽しみですね。

🔥 ルート2　成功を続ける研究をしよう

　契約を交わしお金がもらえても、それで終わってはいけません。次の目標はベストセラー商品です！

　そのために、さらに15段目にチャレンジしましょう！

　もっと使いよい商品に育てるために、商品化後に発見された問題点や、苦情などからの改良点を見つけ、さらに改善した商品にします。

　また、半年から1年ほどで、商品の売れ行きが安定してきたころ、改良品として、さらに進んだ商品を会社に提案できるように準備をしておくのもよいでしょう。

　コストの高い高級素材を使ったバージョンアップ版や、種類が多いピーラーシリーズのように、関連商品を作るのもよいでしょう。

　こうすると、1つの発明が採用された後も、進化版の製品を作るたびに何個も採用され、息の長い発明生活を送ることが可能です。

🔥 ルート3　自分で事業化してしまう

　自分で事業化するのであれば、発明品が完成した7段目の時点で可能です。また、売り込みが成功せず、12段目から先に進めない場合も、自分で事業化することに方向転換してもよいでしょう。販売実績を作ってから、再度、売り込みをすることも可能です。

👉 ルート4　現在の発明テーマで、さらに研究を続ける

　今度は12段目で受け取った返事の結果、採用されなかった場合の対応策です。

　何かが悪かったから、採用ができなかった場合、その問題を解決すれば、採用されるかもしれません。その改良点は、企業からの手紙や、家族や友達に使ってもらった感想などで分析し、再度、試作品製作に戻りましょう。

　「色が悪かったのか？」「形が悪かったのか？」「もっと小さくしたらどうか？」というように、発明品そのものに問題があったと判断した場合は、12段目から、1段目の行程にもどり、また研究のやり直しです。

　売り込み先を再検討する場合は、8段目に戻ります。その後は、今までたどってきた道のりと同じように、企画提案書を作って売り込みを行い、返事を待ち、企業からの売り込みの結果が出たら、結果を再分析し、次の改善のヒントにします。

　通常は、改善ができなくなるまで、1段目から12段目までのサイクルを繰り返して、チャレンジすることになります。

　この繰り返しで、発明品は回を重ねるごとに進化するのです。

👉 ルート5　現在の発明テーマをあきらめて、他のテーマを探す

　売り込みの結果、どうしても自分には解決できない問題が発生した場合や、企業からの返事で、事業化そのものが無理であることがわかってしまう場合があります。

　試作品が作れず、効果が自分で実証できずに止まっている場合も、あることでしょう。5段目で試作品が作れないことがわかったら、あきらめるのも1つの方法です。

　何度も売り込みをして、12段目までは到達するが、なかなか成功しない場合は、「自分で事業化」するか、「見切りをつけて、他の発明テーマに移る」方法を選びましょう。

　このように行き詰まった場合は、現在の発明テーマの研究を続けていても、前に進むことができません。「発明で成功する」ということを考えるのであれば、同じことを考え続けても、確率的に分が悪くなります。勇気ある撤退も必要です。

千三つ

　発明の世界には「千三つ(せんみつ)」という言葉があります。
　「1000案のアイデアで、ヒット商品になるのはわずか3つ」という意味です。つまり、1/333です。成功確率0.3%という数値はとても低く、自信がなくなってしまうかもしれませんが、あくまでも難易度を示した表現の1つと考えておけばよいでしょう。
　その証拠に、大衆発明家による実際の売り込み例で発明成功の確率を考えた場合、少々面白い事象が起こっているからです。
　つまり、成功率がそれだけ低いにもかかわらず、初めての売り込みでいきなり成功する人。さらには何個もアイデアが商品化され、立て続けに成功している人もいます。逆に、何十回も売り込みをしてもまったく採用されない、悲しい発明家もいます。
　これはパチンコと同じで、確率分母が1/300の機種だからといって、単純に300回転で必ず1回当たりが出るとは限りません。打ち始めてまもなく、わずか1000円を投資した数十回転目で、何十連チャンもの大フィーバーに突入する台があるかと思えば、10万円近くの金額をつぎ込み、2000回転近く回しているのに、1回も当たりが出ない台があるのと同じようなものです。
　パチンコでは、機種や設定によって継続率が振り分けられ、連チャン率も変わってしまいます。出る台に座れるかどうかは運であり、ギャンブルですので攻略法もありません。
　しかし、発明には、世の中の流行とタイミング、発明家の才能やユーモアセンス、着眼点などの要素によって、その成功確率が変動する特徴があります。これらをうまくとらえることができれば、発明を攻略することが可能になるのです。

発明で確変・連チャンをGETする攻略法

　発明はパチンコと違って、この確率変動率を自力で限りなく高めていくことができます。
　まず、1つのアイデアに掛ける時間を最低限にして、1段目から14段目までのサイクルを円滑にすることです。1つの場所にとどまらず、どんどん先を急ぎましょう。先に進めないアイデアは、身の丈を超えていると判断できるため、別のアイデアに切り替えます。

2つ目は、多くの愚案珍案から厳選された、最良のアイデアを提案することです。

3つ目は、多くのアイデアで何度も売り込みを行い、挑戦することです。頂上アタックの回数が多ければ、その分だけ成功の確率も高くなります。

4つ目は、発明のセンスです。発明の効果だけでなく、デザインや意外性、ネーミングなど、楽しさや面白さ、アピール力を磨くことも重要なポイントです。「フレッシュライフ」という紳士用靴下のネーミングを、「通勤快足(つうきんかいそく)」と変えただけで大ヒット商品になったのは、その代表例です。

そして何よりも重要な5つ目のポイントは、世の中のニーズに応える商品や、話題になっている商品を作ることに尽きます。人々に求められなければダメなのです。

第1章で説明した、「自分の専門分野」「理論拝借」「ヒット商品の隣をねらう」「先願技術をヒントにする」などの方法でアイデアテーマを探すこと。そして、さらにその中でも、自分で試作品を作れる範囲のものにすることです。

特に通販カタログサイトでアイデアテーマを探す方法は、まさに理にかなっている考え方だといえます。

「世の中が今求めているアイデア」と、「誰が欲しがっているのかが定かでない、自分本位のアイデア」を比べた場合、成功を引き当てる確率は、どちらが上でしょうか。自分がしたいことではなく、他人が求めていることを優先することは大切なことです。

目指せ! 「発明ドリーム」

発明成功を突き詰めると、発明を楽しむという趣味的要素よりも、ビジネス的要素が強くなることもあります。必ずしも興味ある商品を開発できるとは限らない、企業の開発担当者と同じような立場に近づくかもしれません。

しかし、ここまでくると、別のことに発明の楽しみを感じる様になります。つまり、「考える楽しみ」「作る楽しみ」「評価される楽しみ」「お金を得る楽しみ」だけでなく、「市場に挑戦する楽しみ」までを社長として独り占めできる「起業する楽しみ」です。

本書で紹介した発明家の中でも、アイデアを採用してもらうのではなく、自分でアイデア商品を事業化するために起業をした大衆発明家もいます。

これらの人々は、趣味ではなく仕事として発明に携わっています。そこに、

大儲けを夢見たころの、生やさしい発明の姿はどこにもなく、自分のアイデアが世間に評価されることへの喜びを「発明の楽しさ」としてとらえています。
　小学校を4年で中退し、丁稚奉公をしていた松下幸之助青年が22歳のときに創立した小さな会社「松下電気器具製作所」は、いまや世界に誇る大企業になりました。たった1つの「電球差込プラグ」のアイデア商品が、大企業に成長させることができるきっかけとなったのです。
　このように、会社での職位の上下や、老幼、貧富、学歴や男女の別なく、アイデアを出せる人間には、夢をつかめるチャンスが平等に与えられていることも、発明の魅力といえるでしょう。
　社内でなかなか功績が認められないビジネスマンや、主婦、釣り人やゴルファーなどの趣味人などはもちろん、名物・特産品が豊富な地方在住の方々や、小学生から大学生の若い世代は特に頑張ってほしいと思います！

第4章
発明成功の秘訣（教訓編）

070 不平不満こそが金の卵

　今ある商品の一部をちょっと変えることが、発明で成功するコツであると、これまで解説しました。
　このちょっと変えようと思うきっかけは、何かないかと無理やり探すよりも、日常生活で感じた不平不満をヒントにするのが、一番オススメです。
　たとえば、柄付きスポンジの持ち手に輪を付けた「指掛けバスクリーナー」というアイデア商品の場合です。

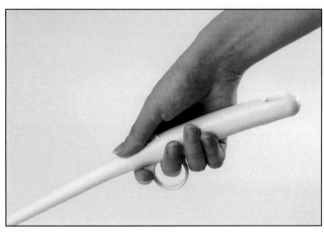

このアイデアは、いったいどのような不平不満から生まれたのでしょう?

掃除用のスポンジに柄が付いている商品は従来からありました。押したり引いたりするときに、絶えず柄を強く握り力を入れて洗います。お風呂や車などを洗うときに、よく使われるものです。

しかし、掃除をするときには、スポンジを前後左右に動かす力に加えて、柄を強く握る握力も必要です。そのため、スポンジを動かす腕だけでなく、手のひらも痛くなっていました。

握力を使うことによる、手のひらが疲れる負担を軽くするのが、柄に輪をつけて指が入れられるようにした目的です。

これにより、押したり引いたりするときは輪に指が入っているために、少ない握力で、柄を支えることができるようになりました。

負担が軽くなった分、作業がぐんと楽になり、大変な効果を体験できます。輪をつけただけの小さなアイデアですが、その効果は計り知れません。

つらい仕事を積極的に引き受けよう

つらく、いやな作業は、誰かにやってもらいたい……と思ってしまうかもしれません。

しかし、このような誰かに押し付けたくなる作業ほど、発明のヒントは隠されています。

発明家が、アイデアで解決しなければならない課題は、身の回りにある「使いにくい」「面倒くさい」「邪魔だ」「うるさい」「疲れる」などといったような不満です。

このような不満を感じたとき、自然に思う「くそっ」という感情こそ、発明で成功するチャンスが生まれた瞬間なのです。

発明で成功するためには、誰よりもチャンスに恵まれていることが必要です。

そのためには、自分が感じる不平不満はもちろんのこと、他人が嫌がる仕事も引き受けて、そこにどんな不平不満が隠されているのかを探ってみましょう。

「不満」「不便」「非効率」に疑問を持とう

テレビドラマで有名な「おしん」といえば、苦境に耐える女性の代名詞です。つらい家事をいとわない姿はけなげです。

しかし、発明で成功したい主婦の方には、あえて、この精神は見習わないことをオススメします。つらい家事に疑問を持ってみましょう。「つらい」とは、

具体的に「不満、不便、非効率」のことを指します。

　ぬか漬け用「鉄しゃもじ」を発明した主婦の池田真由美さんも、不満をアイデアで解決した発明家です。

　通常、ぬか床は手でかき混ぜます。

　しかし、鉄分補給のために入れていた古釘で、手を怪我したり、鉄タマゴや鉄なすびが指に当たって邪魔です。

　また、塩分による肌荒れや、爪の間にぬかみそが入り、においが取れません。夏場はぬか床が腐るため、冷蔵庫に入れて保存しますが、冷蔵庫から取り出したばかりのぬか床は冷たくて、かき混ぜるのが大変です。

　「鉄しゃもじ」は、このような不満から生まれたアイデアなのです。

鉄タマゴの形をしゃもじに変えてしまえば、混ぜるとき手は汚れませんし、においも付きません。混ぜ終わったら、ぬか床にしゃもじを挿しておけば、鉄しゃもじが鉄分補給をしてくれるため、古釘や鉄タマゴの代わりにもなります。

「もっと家事を楽にしたい」という前向きな気持ちを持つことは、ただただ、家事のつらさに耐え忍ぶだけよりも、多くのことを発想するのに役立つのです。

ヒヤリハットも大切なヒント

労働災害に関してまとめられた「ハインリッヒの法則」によれば、「1件の重大事故の裏には、29件の軽微な事故と、300件のヒヤッとしたり、ハッとしたりするような、些細な問題がある」とされています。

そのため、企業内では、日ごろ職場で気が付いた「ヒヤリハット」を1カ月に1案必ず提出させる、などのように積極的に集め、それらを1つずつ解決していくことで、重大事故を未然に防ぐ運動がなされています。

発明家の場合、これを事故防止のためではなく、アイデア発想のヒント探しに利用することができます。「危ない」「落ちそう」「ケガをしそう」などのような「ヒヤリハット」体験で気が付いた、危険回避に役立つアイデアもまた、立派な発明品となります。

発明家は、「くそっ」だけでなく「ヒヤリハット」も意識的に集め、せっかくの身近なヒントを逃さないようにしましょう。

071 頭や手は使っても金は使うな

　本項のタイトルである、この格言が指す「頭と手を使う」とは、自力でやることを指しています。そして、「お金を使う」とは、他人にお金を払い、やってもらうことを指します。

　つまり発明をするときには、やみくもに特許出願や、試作品製作を依頼するなどのように、お金を使ってばかりいるのではなく、自分でできることは自分でやるようにして、自分の頭と手を最大限使うことが、発明を楽しむ秘訣である、という意味です。

　では、なぜ自分でやることを勧めるのでしょうか？

頭と手を使うと、発明品の進化につながる

　自分で出願書類や図面、試作品を作れば、費用が掛かりませんし、何よりもよい勉強になります。自分でできそうなものであれば、ぜひ自分で作ってみるべきです。

　たとえば、自分で出願書類を書く場合は、まず、アイデア説明文という形で、自分の発明を見つめ直すことになります。この、文字で説明するということは、とても大切です。

　文字として紙に書き出せば、自分の発明が明確になるため、客観的に分析しやすくなります。そのため、新しい効果や、新しい使い方を発見できるメリットが生まれます。

　試作品を自分で作る際には、自分の頭の中で思い描いていたアイデア構想を、自分が意図するコンセプトそのままに形にできる点が、最大のメリットです。

　また、自分の頭の中を、他人はのぞくことができません。そのため、アイデアの内容を上手に説明できない人は、特に自分で作ったほうが最も理想に近い試作品を作ることができます。

　こうして、自分でやることで得た経験は、文章説明力や、金属や木、プラスチックの素材の特性などに関する、知識や能力となって身に付き、次回からの行程に、余裕も生まれます。

お金ありきの発明では、先に進めなくなるケースがある

人によっては、10万円までしか費用が出せない人もいれば、30万円までなら自由に使える人もいて、その予算は異なります。

まず、発明発想から契約までの行程を1つのサイクルとした中で、それぞれの行程で掛かる参考費用例を見てみましょう。

過程	内容	自分でやる場合の費用	他人に依頼した場合の費用
開発期間中	試作品製作	材料代、工具購入代	1万～数十万円
権利対策中	先行技術調査 （先願調査）	0円	約5万円
	特許出願	1万4,000円	約30万円
	実用新案出願 （1請求項）	2万400円	約30万円
	意匠出願	1万6,000円	約15万円
	商標出願（1区分）	1万2,000円	約7万円
	権利化の成功報酬	0円	約10万円
	特許・意匠図面作成	0円	1図面 数千円～
	確定日付の取得	700円（公証人役場）	1万～5万円
売り込み期間中	売り込み先調査	0円	約3万円
	企画提案書作成 （50枚）	印刷代5,000円 （カラーコピー代100円×50枚）	約10万円
	企画書発送業務 （50社に送付）	発送費用6,000円 （切手代120円×50通）	約3万円
	契約書作成	0円	約5万円
その他	発明相談・ 書類チェック	―	1万～5万円
	諸経費 （書籍購入など）	実費	―

世の中には、投資家に開発や商品化に掛かる費用を出資してもらって、その出資金を使って事業をする場合があります。潤沢な多くの資金があれば、これらの行程を他人に依頼することで、開発をスムーズに進めることができます。

しかし、大衆発明の世界では、主婦などの大衆発明家のアイデアに出資を募るような機会は開かれておらず、大半は各個人のお小遣いなどの少ない予算が、開発資金となります。

そのため、自分の予算に対して、各行程ごとの費用がかさむようであれば、どこかの行程を自力で行い、出費を削らなければいけなくなります。

たとえば、試作品を作る際、試作品は1個では済まないはずです。数個から

場合によっては十数個も試作品を作り、改善をすることになります。

もし、試作品製作を他人に依存してしまうと、作った数の分だけお金が掛かることになります。もし、試作品を作り直す必要があるのに、その時点で予算をオーバーしていれば、あきらめるしか方法がなくなり、先に進めません。

しかし、自分の力だけで試作品が作れるレベルの発明であれば、費用を気にせず、自分が納得できる完成形の形まで、発明を進化させることができます。

お金ありきの発明をすると、資金の面で必ず無理が出ます。試作品作りが満足にできないと、売り込みの結果を得て、発明を完結させることができない場合も出てきてしまいます。

このようなことがないように、お金の面からも、技術の面からも、自分の力量にあった発明に着手するようにしましょう。

👆 人の手を借りれば、作業は円滑に進む

しかし、他人に依頼すればお金は掛かりますが、その分だけ、各行程に掛かる手間と時間を省くことができるメリットも生まれます。

発明は発想から売り込みまでを行う、アイデア成功14行程のサイクルが一連のサイクルであり、より多くのアイデアで、できるだけ円滑に繰り返すことで、成功の確率が増えていきます。

お金を掛けないことも大事ですが、お金を節約することだけを重視するあまり、不完全な内容で出願したり、たいした調査をせず、権利侵害の危険性を残したまま、製造販売に踏み切ってしまうようでは、意味がありません。

このような場合には、重要なポイントとなる部分だけ、人の手を借りて問題を解決することも、手段の1つとして考えてみましょう。

大切なこととして、まずは「見積もり依頼」をすること。負担する金額に納得できるのであれば、人の手を積極的に使い、負担を軽減することも悪いことではありません。

👆 一番危険な「思い込み」に注意しよう

自分の力で、何でもやることだけが偉いわけではありません。場合によっては、他人の力を借りることも1つの選択肢であり、負担する費用に無理がなければ、よいと思います。

しかし、一番やってはいけないのは、「思い込み」をすることです。

発明は、釣りやゴルフなどの趣味と同じように、少なからずお金が掛かりま

す。その発明に掛ける金額が、無理のない予算の範囲内であれば、特に問題はありません。

しかし、儲かると思い込み、自分のアイデアにほれ込みすぎるあまり、予算以上のお金をつぎ込むこと。ましてや、借金をしてまで、費用を補うようなことは絶対にやめましょう。

発明をして貧乏になることを、「発明貧乏」と呼んでいます。お金で失敗して、発明貧乏になってしまう発明家の例には、どのようなものがあるのでしょうか。

◆権利取得の思い込み

「権利を取れば、商品化されロイヤリティがもらえる」と勘違いしてしまう場合の例。権利があっても売れない商品もあるし、権利が取れないアイデアでも、商品化されている例はたくさんある。権利化と商品化は違うことに注意が必要。

◆権利維持の思い込み

取得した特許権がまったく事業化されない場合の例。権利によって利益を得ていなくても、権利を維持するための登録料は掛かる。年を経るごとに登録料は上がるため、利益がないまま、ずるずると登録料だけを払い続けていると、権利期間満了時までに、大きな出費を強いられることになる。

将来的な事業化の可能性などの面から判断し、放棄することも視野に入れた検討が必要。

◆自分で商品化する場合の思い込み

自分で事業化をする際に、商品を大量に生産依頼してしまう場合の例。商品は作ったものの、まったく売れないことも、よくある失敗例の1つ。特に、プラスチック製の商品の場合、商品代金以外にも、商品生産に必要となる金型代に100万円近い出費を強いられる。

また、商品が大きい場合、数百〜数千個ものたくさんの在庫を自宅で保管することができないため、倉庫などの場所代も必要となる。

商品は、できる限り少量で、かつ、費用を掛けないで生産すること。また、手作りや受注生産で対応できるようなアイデアに絞ることも必要。

この他にも、散財をしてしまい、お金で困るパターンはたくさんあるはずです。

お金を掛けすぎると、それを取り戻そうという余計な焦りが生まれます。その結果、見込みのないテーマであるにもかかわらず、何年も固執してしまう場合や、もう二度と、発明をしようとは思わなくなる弊害も生まれてしまいます。

発明が楽しくない、つらいと感じてきたら、自分の思い込みにより、問題を呼び込んでいる可能性があるので、注意しましょう。

特許庁の減免制度も利用しよう

特許庁には、特許と実用新案における審査請求料と、権利化された後の特許料の減額や免除が受けられる、減免制度があります。これらの制度を使えば、経済的負担を軽減させることが可能です。

これらの減免が受けられる対象者は、「所得税非課税者」「事業開始後10年を経過していない個人事業主」などに限定されています。わかりやすくいうと、主婦、学生、年金生活をされている方、生活保護を受けている方、フリーターなどの方々が、「資力に乏しい個人」として、減免の対象となる場合があります。

たとえば、特許権を得るまでには、特許庁に支払う実費として、「出願費用（1万4,000円）」「審査請求料（12万2,000円）」「電子化手数料（数千円）」の費用が掛かります。

しかし、減免制度を利用した場合、審査請求料が免除となるため、出願費用1万4,000円と、数千円の電子化手数料のみで権利化できることになります。

減免制度が受けられる対象であるかどうかについては、必ず特許庁へ確認をしましょう。

072 発明は欲から入るが欲を忘れたころ成功する

　224ページで紹介した横向き枕「楽だ寝ぇ」の発明者である内田茂夫さんは、4年に及ぶ苦労が実り、見事、事業化されました。

　内田茂夫さんは、都内の有名玩具メーカーを退職後、プラスチック成型に必要な型を作る原型士の仕事をされていました。現在はフィギュアの原型士としてフィギュアを作りながら、アイデアをいつも考えている生活をされています。

　初めて内田さんにお会いしたとき、プラスチック成型の技術を活かした発明をして、ロイヤリティを得たい、とおっしゃっていました。やはり誰でも最初は、お金が目的だったのです。

　しかし、それだけが目的で4年間もがんばれるものでしょうか？

◆ 自分のアイデアへのこだわり

　横向きでも耳を圧迫しないように、耳まで深く切れ込む形状を考案。それを実際に石膏で試作をしました。石膏だと、枕としては硬くて寝ることはとてもできませんが、「大きさ」や「形（カーブ）」を確認するためには十分です。さまざまな大きさのものを何個も作り試しました。

　ようやく大まかな形が決まると、今度は手芸屋でスポンジ状の発泡ウレタン素材を購入し、頭が乗るウレタンの「硬さ」「高さ」の組み合わせも何度も試しました。

　いつもニコニコして、大変穏やかな方なのですが、実は発明の試作や実験に対しては大変厳しい方でした。何度も試作品を作り直しては発明相談に来られるたびに、「もういいんじゃないの……」とこちらが疲れてしまうぐらいの情熱を持って枕の発明に取り組んでいたのが印象的です。原型士という職人としての「ものづくりの鬼」の部分を垣間見たような気がしたものです。

　「試作品製作や、企業調査、企画提案書作成など、すべての行程が楽しい」と内田さんが語るように、筆者は内田さんが、この試作や売り込みという、発明を熟成させる行程に、「お金」とは違う、「発明の楽しみ」や「生きがい」「こだわり」をも感じるようになっていったのでは……と思います。

途中の過程を楽しもう

「主婦発明家が○○億円GET!」という記事や番組が放映されると、「発明で一攫千金を狙いたい」という方がたくさん発明相談に来られます。

しかし、そのような人は、次第に発明相談に来る頻度が減り、いつの間にか顔を見ることすらなくなってしまうものです。

たとえば、1つのアイデアを企業に提案するにしても、今まで本書で解説した通り、数々の行程があります。

試作品がない人は、試作品作りからはじめなくてはいけません。やっとのことで企画提案書を作って売り込んでも、なかなか採用には至りません。そのため、試作品を改良するなど、次の対策を考えなければいけません。

そこで、あきらめる人と、続けられる人に分かれます。

苦労して発明に取り掛からなくても、とりあえず今まで通りの生活を送ることはできます。また、ほとんどの人は、日常生活を送るに十分な収入があるため、別に発明などせずとも、食事をし家賃を払って生活をするのに困ることはありません。

つまり、次第に発明相談に来なくなる人というのは、欲から入って、発明にいったん挑戦はしたものの、発明をすることによる手間や苦労がおっくうになってしまい、今までどおりの生活に戻った人なのです。

しかし、中には、内田さんのように発明の魅力に取り付かれ、何年も継続できる人もいます。

「試作品を何度も作り、試行錯誤する」などのように、発明の楽しさは、お金を得るまでの途中の過程にもたくさんあります。お金だけを目的にしたのでは、途中の過程の楽しさに気がつくことなく、発明の世界から去ってしまうことになるでしょう。

本書が、「副業・サイドビジネス」「楽して儲かる」「一攫千金」という、お金に関する甘い言葉だけを切り口にして、発明を紹介したくないのはこれが理由でもあります。

少なくとも、お金を絡めた紹介の方法では、とても「発明」の魅力を紹介することはできないと筆者は思っています。また、そのような甘い言葉に魅せられて発明を始めても、なかなか結果が伴わないため、すぐ発明に興味がなくなるはずです。

発明を始めても、アイデアが採用され、お金をもらうまでの期間は無給で

す。しかも、成功する保証もありません。そもそも、実働の分だけ収入を見込めるのが、副業であるはずなのに、利益があるどころか、逆に試作や権利対策、売り込みのために、お金が掛かります。

　開発中の期間を楽しむことができず、もし、発明を副業やサイドビジネスとしてとらえ、直近的な儲けを期待しているようなら、絶対にオススメできません。

　お金を儲けたいならば、時間当たりの報酬が確実にもらえるアルバイトをしたほうがよっぽど確実で、かつ効率的にお金を儲けることができるでしょう。

073 他人のアイデアを素直に褒めよう

　残念なことに、人の発明品を否定したり、けなす人がいます。しかし、他人のアイデアや話に素直に耳を傾け、褒め認めることは、発明で成功する上でとても重要なことなのです。

👆人を褒めよう

　発明をけなすとはこのような発言のことです。「○○を切っただけ、○○に穴を開けただけのアイデアじゃないか！　その程度なら、自分にもできる。たったそれだけのことで、何億円も儲けたなんて、うまいことやったものだ！」という具合です。絶対に許しがたい発言です。

　それよりも「○○を切っただけ、○○に穴を開けただけで、新しい効果を生み出したとは、なんて素晴らしい発想なのだろう！　やっぱり発明は面白い。勉強になるなぁ。ぜひこの発明家から多くを学びたい！」と、なぜ、こう考えることができないのでしょうか？

　答えは簡単です。発明を難しく考えすぎているのです。

　たとえば、このような人の場合、発明主婦が考える包丁やスリッパなどの日用品のアイデアよりも、車や青色LED、スマートフォンの発明のほうが偉いと勘違いしているため、こんな発言が飛び出します。

　そのような考えの人は、自分の発想力すら否定してしまっていることに気が付いていません。「その程度のこと」とけなすぐらいなら、自分が先に事業化して、何億円もの利益を自分のものにすればよかったのです。

　でも、自分は事業化しませんでした。しかし、この場合、やらなかったというよりも、「その程度のこと」にも気が付けなかったというべきでしょう。

　このような人は、自分が偉いと思っている、車や青色LED、スマートフォンなどの発明分野に手を出します。しかし、たいていの場合は、自分の発明レベルを上回っている場合が多く、自分では試作も実験もできません。結果、いつまでたっても、成功することができないのです。

　「○○を切っただけ、○○に穴を開けただけ」の着眼点を学べば、少しでも発明で成功するチャンスが増えるかもしれないのにもったいないことです。

　難題に挑戦するのは素晴らしいことです。しかし、人のアイデアを低く見た

り、けなしたりしてはいけません。何よりも、発明に上下貴賤の別はないことを知るべきです。

謙虚に学ぼう

全国ではさまざまな講演が催されています。また、発明家が集う勉強会もあります。この発明勉強会では、さまざまな会社の社長や開発者を招いて、開発秘話が聞ける「ゲスト講演」のイベントなどもあります。

筆者がある発明勉強会の司会進行をしていたとき、色々な体験談を話してくださったゲストのお話に対して「知っている内容ばかりで聞く価値がなかった」「参考にならなかった」と評価する発明家がいました。

これも、非常にもったいない考え方です。勉強になる点は、講演の内容だけではありません。

たとえば、話し方の順番や語りかた、表情やボディランゲージなども、いつか売り込み先の企業に訪問して、社長を前に発明品の説明をする際にも役に立ちそうです。話し方によって、印象はだいぶ変わります。内容は退屈な講演であったとしても、魅力的な話し方であれば、「よい話し方の見本」として、やはり活かすことができるのです。

素直な心を持とう

批評家の小林秀雄氏は、「言葉が美を見る眼を奪ってしまう」例を、『美を求める心』という著書の中で次のように述べています。

「言葉は眼の邪魔になるものです。例えば、諸君が野原を歩いていて一輪の美しい花の咲いているのを見たとする。見ると、それは菫（すみれ）の花だとわかる。何だ、菫の花か、と思った瞬間に、諸君はもう花の形も色も見るのを止めるでしょう。諸君は心の中でお喋りをしたのです。菫の花という言葉が、諸君の心のうちに這入って来れば、諸君は、もう眼を閉じるのです。それほど、黙って物を見るという事は難しいことです。菫の花だと解るという事は、花の姿や色の美しい感じを言葉で置き換えて了う（しまう）ことです。言葉の邪魔の這入らぬ花の美しい感じを、そのまま、持ち続け、花を黙って見続けていれば、花は諸君に、嘗て（かつて）見たこともなかった様な美しさを、それこそ限りなく明かすでしょう。画家は、皆そういう風に花を見ているのです。」

これとまったく同じことが、発明家にもいえるのです。
　六角形にした鉛筆を例にした場合、「何だ、鉛筆を六角形にしただけか」と考えた瞬間に、カエル発想法で解説をした「形（六角形）を変えてみよう」という、発明で成功するのに重要なヒントを、最初から脳が無視してしまい、頭の中の思考から消してしまうようになるのです。
　これこそ、「他人のアイデアに対する姿勢が、アイデアを見る眼を奪ってしまった例」といえます。
　「○○を切った程度」と、他人のアイデアを否定する思考しかできない癖を持ってしまった脳みそは、今後、重要なヒントを何個も見逃していくことでしょう。
　「ああ、素晴らしい！　なぜこの人は成功できたのだろう？　自分もこの人に学びたい」という謙虚な気持ちがあれば、成功のポイントとなった「形を変える」という重要な要素にも気が付くことができ、成功できる発明家としての脳が作られていくはずです。
　誰でもプライドがありますから、嫌な人の話に耳を傾けたり、素直に他人を認めたりすることは難しく、話を素直に聞きにくいこともあるでしょう。自分を偉く見せよう、知識をひけらかそうとしてしまうのもわかります。しかし、あえて無垢で素直な気持ちになり、成功の決め手になったポイントには目を向け、他人の言葉にも耳を傾けましょう。そして、自分の専門知識はさておき、まずは、謙虚に学ぼうとする姿勢を持つことが重要なのです。

074 「自分ならこうする」と いつも考えよう

　大ヒットしているアイデアを見掛けたら、「すごいなぁ!」と、謙虚な気持ちで、発明品をじっと見て分析をしましょう。
　すると、発明を作る要素や、特徴がしだいに見えてきます。たとえば、有名なダイエットスリッパを例にしましょう。
　「スリッパという商品のかかとを切り落とし、爪先立ち歩きができるようにしたことで、運動量が上がるスリッパ」であることがわかります。
　ハイテクを使っているわけでも、高価な素材を使っているわけでもありません。
　スリッパを切り、高さや長さを調整したものです。それだけで、新しい効果をスリッパに生み出しているのです。
　このような発明品ほど、あまりにも意外性があるため、その着眼点には、誰も気づかないもの。「灯台下暗し」とは、まさにこのことでしょう。
　このような斬新な発想によって生まれたアイデアは、重要なヒントに気付かせてくれるだけでなく、さらに進んだアイデアを考える素になります。
　このような重要なヒントに気付かせてくれるお手本を参考に、自分の発想に役立てる思考法が「もし自分ならこうする!」と考えることなのです。

お手本に学ぼう

　まず、発明品を見たら、先輩発明家のお手本作品に隠されたヒントを見つけましょう。そして、「自分ならこうする」と考え、自分の発明発想に役立てるのです。
　たとえば、スリッパを半分に切ってみたダイエットスリッパが成功していると聞いた場合、「革靴に切れ込みを入れたら、履きやすくなるのでは?」「靴下を足首で切ったら、スニーカー用の靴下になるのでは?」というように、同じ靴などの履物や靴下など、周辺の商品を何でも切ってみるのです。

他分野の商品に転用する

　もうちょっと飛躍してみましょう。
　「何を切ったらどのような効果が出てくるかな・・・?」という視点で、色々な身の回りのもの、目に付いたものを、頭の中で切ってみます。そしてその効

果を想像するのです。

「切る」という思考でものを見れば、想像力が豊かになります。何よりも、それだけで発明の特訓になります。

🖐 その商品の欠点・改良点を探す

「切る」という解決手段をお手本にするのではなく、商品を見て感じた欠点や改良できそうな点を探して、「自分ならこうすればもっとよい商品になると思うのに……！」と、考えたことから、アイデアを発想することも可能です。

たとえば、「スリッパの生地は、伝統的な生地や、畳地で作れば、各地の特産品になるかも？」というように考えるのです。

よいアイデアがひらめいたら、生地を張り替えた試作品を作ってみて、阿波縮や、京都西陣織などの、伝統工芸品を取り扱う業者や組合、店舗に、企画として提案してみるのも面白いでしょう。

🖐 ヒット商品は「お手本」

自分には気が付かなかった要素を再度、見つめ直し、自分流にアレンジすることは、発明力や発想力を高めるための、よい訓練となります。

人間の脳には限界があり、ごく単純な発想もまた、容易には思い浮かびません。「スリッパを切る」という、ごく単純な発想すら、容易に浮かばないことがそれを証明しています。

それを補うには、お手本が取った手法（たとえば「切る」）などのヒントを他で応用、転用することが、大変効率的なのです。

075 他人の評価を参考にしよう

　発明で成功する上で、他人の評価は大切です。
　なぜなら、試作品を友達に使ってもらったときも、改善点の把握に活かせます。自分には見えていなかった欠点などをズバリ指摘してもらえるのは、大変助かるものです。
　その評価の結果によって、短所を補い、長所をさらに伸ばす改良と改善をすることで、商品をさらに成長させるのです。
　ですから発明をする上で、特に商品化する前や、売り込みをする前、試作品を作っている途中は、他人の意見を取り入れるべきなのです。
　発明は自分だけで進めると、自分の世界に没頭しすぎて、他人の意見が聞こえなくなる場合があります。また、逆に、人の意見に惑わされてしまうこともあります。
　参考にしたい反面、常に冷静に分析・判断することも大切です。

👆「みんな欲しいと言ってくれた」の罠

　試作品を作って、友達に使ってもらったり、アイデアを聞いてもらったりしたとき、このような評価をもらえることがあります。
　とても嬉しい評価です。
　主婦や趣味の仲間内では、環境や、それぞれが抱える問題点も似ている場合があります。
　ですから、何か発明をした場合、それらの仲間で使ってもらうと、「この商品は欲しい」という評価が得られることがあるのです。
　この評価は、自信をつけるよい材料なので、こう言ってもらえるように、頑張りましょう。
　ただし、1つ注意が必要です。お世辞の場合があるのです。
　試作品を使ってもらう場合は、大体の場合は無料であげることになるので評価は甘くなって当然です。
　逆に有料の場合、その評価はシビアになります。
　つまり「タダでもらえるのであれば使ってあげてもよいが、金を出してまで使う価値はない」場合があるのです。

お世辞に乗せられると、発明品の価値を見誤ることになります。「お金を払うから、ぜひ試作品を売ってほしい」と言われるぐらい、欲しいと言われたら、信用できる評価だといえるでしょう。

🔥 耳の痛い話

考えた発明を誰かに見てもらったり、試作品を使ってもらったりすると、色々な意見がもらえるものです。

このとき、発明者にとって、耳の痛い内容もあるでしょう。誹謗中傷のような聞く必要のないものもあるかもしれませんが、逆に耳を傾けたほうがよいものもあります。

時と場合によって、他人の意見を参考にすることが、必ずしもよいとは言い切れませんが、いつも冷静に判断することは大切です。

ここでは特に参考になる意見の例と、それに対する対応策をご紹介しましょう。

◆ 同じ商品が売られているのを、見たことがある。

自分の発想が間違っていないことが証明された、とても嬉しい意見です。ライバル商品が売られている場所を教えてもらい、購入して、どこが自分の発明品と違うのか、探してみましょう。

自分のアイデアで、既存の商品より、もっとよい商品にすることができる場合は、そのライバル商品を作っている会社に、企画提案書を送って、自分のアイデアを採用してもらうことも可能です。

◆ もっと○○したほうがよい

特に万人向けの発明品の場合は、このような意見には敏感になるべきです。1人でも評価が得られなければ、万人向け商品としての価値が下がるからです。

さらに改良するためのヒントになる意見であるかどうか、よく話を聞き、できるだけ多くの人に評価される発明に進化させましょう。

◆ 性別や年齢を気にしよう

意見を言ってくれた人がどのような人であるかも、気に掛けるとよいヒントになります。意見が偏る場合は、たとえば「女性用」の商品としては成立しないことがわかります。

076 公募やコンクールにチャレンジしてみよう

　自分の発明テーマに区切りがついたら、「公募」や「コンクール」で、自分の発想力を試してみるのもよいでしょう。

　公募とは、日本全国の団体や企業、個人が、あるテーマや目的にしたがったアイデア、キャラクター、ネーミングを広く募集する企画のことです。

　公募やコンクールは、それら募集主の利益促進を目的に行われます。具体的には、社外からアイデアを求め、新商品開発に役立てるというケースなどです。商品化する気があって募集していることなので、採用される可能性は高くなります。アイデア成功を目指す人には特にオススメの方法です。

　また、宣伝のため、すでにあるキャラクターや商品、会社名、雑誌などについて、愛称やキャッチフレーズ、キャラクターなどが募集される場合もあります。

　それらの募集主は、社外からできるだけ多くの応募作品を集めるため、最優秀作品以外にも、さまざまな賞金、賞品を用意して、応募者の意欲向上を誘います。

　この公募やコンクールに挑戦することは、実は発明で成功するための、よい練習になるのです。

発想の練習になる

　公募の場合、テーマが決められています。たとえば、「台所用品に関するアイデア募集」や「アルミホイル活用アイデア募集」というような例です。

　何もないところからアイデアを考えるよりも、「台所用品」や「アルミホイルを使ったアイデア」と決めてもらうと、テーマが絞りやすくなります。

　後は、台所を観察し、不便なところ、改善できそうなところを見つけ、カエル発想法を用いて、工夫すればよいのです。

相手の好みを探る能力が付く

　台所用品と一言でいっても、シンクやガス台、電子レンジのような大きなものから、金串や栓抜き、スポンジなどの小さなものもあります。

　過去、この募集している会社がどのような台所商品を作っているのか、製品カタログを見ると、得意な分野、技術、素材、色彩、コラボした実績がある

キャラクターなどがわかる場合があります。

今までの商品と同じように、作りやすいものを調査してから発明に取り掛かると、より公募で当選しやすくなります。

これは、通常、発明品を企業に売り込む時にも役に立ちます。

過去、製造に実績のない商品を売り込むよりも、ある程度商品化された実績のある商品を製造するメーカーに売り込んだほうが、採用になりやすいのです。

成功実績が付く

もし、仮に受賞や採用されたとします。

すると、自分の発想センスや書類の書き方に自信が付きます。

また何よりも、成功実績が付きます。

「優秀賞を〇件もらった」とか、「ネーミングが採用された実績がある」という場合は、少なくともその審査に携わった何名かは、その人のアイデアに共感した結果です。

人に共感されない製品は、まったく売れる見込みがないように、公募という練習の場ではあれ、人を魅了するセンスは今後の発明の売り込みの際にも、役に立ちます。

発明家の中には、自分のアイデア力や、今まで発明を楽しんできたことを知ってもらうため、過去の公募やコンクールの受賞歴を企画提案書や名刺に書く人もいます。

賞金、賞品がもらえる

賞金や賞品は、一番わかりやすく、そしてうれしい目標です。賞金や賞品が豪華であるほど、競争率も高まります。

金額や豪華さにとらわれず、色々とチャレンジしてみましょう!

公募情報の探し方

公募情報だけを集めた『月刊公募ガイド(株式会社公募ガイド社刊)』という雑誌を、書店で購入できます。またインターネットでも、公募情報を調べることができます。「公募」「コンクール」というキーワードで検索して、チャレンジしてみましょう!

077 ネーミングも発明も わかりやすさと単純さが大切

全国のスキー場の公式キャラクターのネーミングを集めてみました。スキー場の名前と、ネーミングに、特にご注目ください。

キャラクター名	スキー場名
ハンタマくん	ハンターマウンテン塩原
ふじばらいだー	富士見パノラマリゾート
おじろう	おじろ
たんばりん	たんばらスキーパーク
チャオ君	チャオ御岳スノーリゾート
ハッピーハコちゃん	箱館山

さて、ある共通点に気が付いたでしょうか。地名やスキー場の名前をそのまま使った、単純なネーミングが多いことがわかるはずです。

たとえば、このようなキャラクターの愛称（ネーミング）を募集する公募やコンクールがあったとします。この場合、採用する公募主（経営者側）は、採用するネーミングに何を求めるでしょうか？

かわいらしさや、言いやすさはもちろん、一番大切なことは「広告力と宣伝力」を一番求めているということです。

たとえば、「ハンターマウンテン塩原」の「ハンタマくん」の場合、大変簡単であるため、それほど熟慮され生まれたネーミングではないように感じてしまいます。

しかし、それは違います。

スキー場名が活かされているので、広告効果も高く、よい音感も魅力的です。常連客が、日ごろから「ハンタマ」の略称で呼んでいることまで考慮して、ネーミング創作をしているとしたら、そのスキー場の出所を親しみやすく表示する宣伝効果も生まれ、違和感無く受け入れられることもできるため、まさに最高のネーミングです。

発明にも同様のことがいえる！

発明を難しく、複雑にすればするほど、製造にお金が掛かります。場合によっては、製造をするために、専用の生産ライン（生産設備）が必要になってしまう場合があります。

商品化して儲ける前に、このような多額のお金が掛かる発明は、よほど、素

晴らしいものではない限り、敬遠されがちです。

　それよりも、単純なものであればあるほど、費用も設備も材料費も、少なくて済むため、採用されやすい傾向にあります。もし、売れない商品だったとしても、経済的な負担が軽いからです。

　発明は無から何かをつくることだけではありません。今までにある商品に、何か1つ工夫をして、ちょっとだけよくすることもまた、立派な発明なのです。

　ネーミングも発明も、さあ考えようと力を入れるほど、突飛なネーミングや発想が浮かぶことでしょう。意外性や斬新なアイデアを探すのは大切なことではありますが、これが必ずしもよい結果を生むとは限りません。

　「忙しくするほど貧乏になり、楽をするほど金持ちになる」という言葉があるように、発明は「構造の難しいものほど採用されにくく、構造を単純・簡単にするほど商品化されやすい」場合もあることも覚えておくとよいでしょう。

078 「発明女子」として輝こう!

　育児や家事、趣味に前向きに取り組みながら、発明生活を楽しんでいる「発明女子」が、今、急増中です。それでは、現在活躍中の「発明女子」をご紹介致しましょう!

◆Z型靴収納具『シューゼット』石田 万友実さん
　82ページで紹介した石田さん。売り上げ合計15億円を突破! もはや主婦の域を超えてます。現在は豊富な経験を活かし、『石田万友実のアイデアフレンドパーク』という発明女子が集う勉強会の講師として、後輩発明家の指導にも力を入れています。

◆『お弁当袋になっちゃう!!ランチクロス☆』鈴木 未夏子さん
　3人の子育て経験から生まれたアイデアグッズを商品化! 女性起業家のためのビジネスコンテストにも果敢に挑戦! 主婦業、お母さん業、ママさん社長業の3つを掛け持ちしながら、アイデア商品の開発や販売を満喫中です!

◆『リュックポーチKAPAPA(カッパッパ)』和田 美香さん
　お子さんが、リュックの上から雨カッパを上手に着られず、ずぶ濡れで帰ってきた事がきっかけで発明。発明コンクール「身近なヒント発明展」優良賞受賞作品。特許出願書類も自分で作成しました。ネットショップや展示即売会でも、熱意販売中です。

◆『おでかけ♪おむつ替えエプロン』南 美佳さん
　外出時のオムツ替えは、オムツ交換台が散らかって大変! そこでオムツ交換に使う物が収納でき、使用時には腰に巻けるエプロンを考案。おしり拭きがエプロンに収納され、ティッシュの取り出しもラクラク! 発明学会のネットショップで販売中です。

◆ムースタイプ肥料『awappi(あわっぴ)』山本 理恵さん
　液肥を計量・希釈する手間や、液だれの心配がない、「ムース状液肥」のアイデアを商品化させたいとの思いから、一念発起! 商品企画を熱意売込の末、みごと企業とのロイヤリティ契約をゲット! ご自身でも商品を仕入れ、ネットショップなどで販売中です。

◆ スポンジホルダー『お手伝いできるモン』三根 京子さん

　1枚の柔らかいシート状なので洗いやすく衛生的。スポンジを空中保持できるので水切れもバツグン！　完成まで、素材探しなどで、合計2年以上もかかった自信作。各地の展示即売会へも積極的に参加し、お客様とのふれあいもエンジョイ中です。

◆ 鯖江のめがね職人が作った、『金アレ族 チタンヘアピン』鈴木 久子さん

　金属アレルギーで悩んでいた鈴木さん。「有病者視点での金属アレルギースペシャリスト」として、総合的な金属アレルギー対策を行う会社を起業！　金属アレルギーを起こしにくい「チタン合金製ヘアピン」を製品化して、製品普及を頑張っています。

◆ 肩こり首こりセルフケア枕『ハンモックピロー』坂本 ひろみさん

　自身の体験から発明した、肩・首こり予防のセルフケア枕。頭を乗せるだけでこった筋肉がリラックスして、慢性的な首の痛みを改善。女性目線で、心と身体を癒す発明アイデア製品を開発・販売する事業を始め、充実の毎日を送っています！

「発明女子」としてストレスを前向きに楽しもう

　発明を始めると、身の回りの「不便・不満・病気の苦痛」などのストレスは、新しい発明をするための「ネタ・ヒント・宝」に見えてきて、毎日が楽しくなります。特に最近では子育てに悩む人が多いようです。

　しかし、「子供でも使いやすいアイデアグッズ」を考える方向に思考を変えれば、家事や育児に対し、もっと明るく前向きに、取り組めるようになります。

　子供と一緒にアイデアを考え、試作・実験を通して得られる創作活動の楽しみ。自分の発明品が商品となって、世の中の人の役に立つ感動。発明女子社長として発明アイデア事業を起業し、世の中に挑戦できる希望と可能性。そして自分のアイデアが売れて、お金がもらえる喜びと高揚感。

　発明生活の楽しさを一度知れば、各人が持つストレスは、チャンスへと変わり、考福（幸福）な生活となります。発明で成功できるチャンスは、年齢・性別・学歴・職業・職位の上下・貧富の別・健常者障がい者問わず、誰にでも平等に与えられています。

　身の回りに不便や不満がある方は、ぜひ今日から、ストレスを前向きに楽しむ「発明女子」になって、発明生活をエンジョイしませんか？

079 ジェネリック発明のススメ

発明は無から有を生み出すことだけではありません。権利が切れた技術にアレンジを加え、現代の世に再び喜ばれる商品を作ることもまた、立派な発明といえるのです。

ジェネリック医薬品とは

権利が切れた特許技術を使い、同じ成分で別メーカーが作る薬を、「ジェネリック医薬品(後発医薬品)」といいます。「ジェネリック」という言葉には、「一般的な」「ブランドにとらわれない」という意味があり、製品の分野では「後発品」とか「ノーネーム商品」「ノーブランド商品」という意味で使われます。

有効成分や製造方法に関する特許権を持つ医薬品は「先発医薬品」と呼ばれます。薬の開発には多額の費用が掛かり、販売の利益で開発費を回収するため、権利期間中の薬の価格は高くなります。

しかし、権利期間が満了すると、それら先発医薬品には権利がなくなるため、他社も特許の技術を使えるようになります。権利使用料を特許権者に払う必要がないため、薬の価格も大変安価にすることができます。

このように、成分が変わらないため、効き目が同じなのに価格が安いことがジェネリック医薬品(後発医薬品)の特徴です。

そして近年では、医薬品以外の分野にも「ジェネリック」が登場しています。

主にイスに代表される有名デザイナーが手がけたデザイナーズチェアなど、特許権や意匠権が切れた製品が、デザインはそのままに安価な価格で「ジェネリック家具(後発工業製品)」として生まれ変わっています。

技術の利用は特許法が望んでいること

特許や意匠を代表する産業財産権法の目的は「産業の発展」です。

すぐれた技術が発明されたら、一般に公開して、誰でも自由に使える技術として日本全体の産業発展に役立てたい、という目的が根底にあります。しかし、ただ単に公開するだけでは、苦労して発明した人が損をしてしまいます。

そのため、発明者は権利期間中、独占的に技術を利用でき、利益が得られる特典が与えられます。いわば、権利者に与えられる権利独占期間は、その出願をした人に与えられるご褒美のようなものです。

そして、ご褒美の権利期間が終了すると同時に、誰でも自由に使える技術になるのです。

　「権利が切れた技術」や「権利期間中、特許料（継続料のこと）が支払われなかったために権利が抹消した技術」については、他人の権利を侵害する心配がなく、安心して技術を再活用することができます。

　なお、「審査請求されず、権利化されていない技術」や、「審査請求したが、権利化できなかった技術」も、利用価値は十分にあります。

　先発者によるそれらの技術には、後発者によってさらに何かが加えられ、新しい発明が生まれていきます。こうして技術は上乗せ、付け足し、切り貼りの繰り返しによって進歩していくのです。

　本書でこれまで解説してきた、「カエル発想法」も、自由に利用できる従来の技術を、さらに一歩進んだ商品に生まれ変わらせることに役立ちます。

　従来製品にカエル発想法のアイデアで手を加え、世の中の役に立つ立派な新製品に再生することは、立派な創作活動であり、これが、成功を目指す大衆発明家にオススメしたい「ジェネリック発明」という考え方なのです。

ジェネリック発明のススメ

　大衆発明家は、「今までにあった商品と同じアイデアを考えること」「他人の権利だった技術を使うこと」に抵抗を感じるようです。

　確かに、ただ安易な権利再利用を目的に商品化されたものの中には、価格を抑えた分、作りが悪いものもあり、いわゆる「安かろう悪かろう」という商品になりがちでした。悪い印象があるのも当然のことですし、何よりこのような商品では、あまりにも能がありません。

　しかし、成功を目指す大衆発明家にオススメしたい「ジェネリック発明」のコンセプトは、権利が切れた既存の技術にひと工夫を加え、よりよい商品に進化させることを目的にした、前向きなマインドによって発想をする商品開発法です。

　ジェネリック医薬品と呼ばれるものの中にも、権利が切れた先発医薬品をそのまま売るのではなく、さらに改良や改善がなされているものがあります。飲みやすい形に変えたもの。溶けやすくしたもの。苦味を感じないように味を付けたもの。お年寄りにとって、見やすい色を付けたもの。飲み間違えを防ぐため、パッケージを工夫したものなど、工夫の種類はさまざまです。

このように、今ある商品の欠点を改良すれば、またさらに使いやすい商品に再生することができます。自分ならではの視点に立って、既存の技術に新しい味付けを加えれば、新しいよい商品を世に送り出すことができるのです。

権利が切れた技術をカエル発想法でさらに進化させ、新しい商品としてよみがえらせる「ジェネリック発明」という新しい発明法は、発明に興味を持ち、これから発明を楽しもうと考えている方には、発想を簡単に実践できて、考える楽しみを体験できる、オススメの方法です。

この「ジェネリック発明」「ジェネリックアイデア」「ジェネリックデザイン」という言葉は、カエル発想法によるアイデア発想法を通して、発明初心者でも発明を気軽に挑戦できるようなイメージを持ってもらうために、筆者が新しく作り出した造語です。

「ジェネリック」という概念や商品、ネーミングが世の中に受け入れられている今だからこそ、権利が切れた従来の技術を積極的に活用するジェネリック発明の考え方にも、抵抗なく、気軽に発明にチャレンジしていただけるのではないかと思います。

🐸 時代に合わせてリニューアル

85ページの『カエル発想法その8「組み合わせてみよう」』で紹介した、靴の中敷同士のイラストを組み合わせ、左右両足の靴が一対になるように印刷された「絵合わせインソール」を思い出してください。

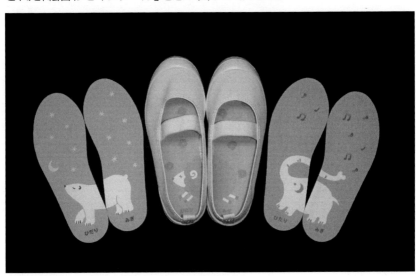

実は、左右の靴の履き違えを防ぐため、イラストを組み合わせて1つの絵柄にするアイデアは、昭和49年に実用新案としてすでに登録されています。

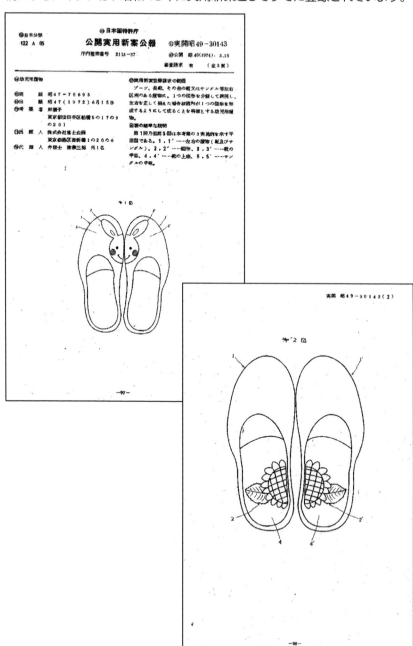

しかし、今から30年以上も前に権利が切れてしまったアイデアであっても、まだまだ商品としての価値がなくなったわけではありません。

30年前にはなかった消臭素材を取り入れたり、流行の絵本作家によるイラストを採用したりといったようなアレンジが新たに加えられ、過去の技術に再び命が吹き込まれて、商品化されました。

現在の商品を開発した方が、先願の技術を知った上で商品化したのかどうかはわかりませんが、過去の技術にひと工夫することでヒット商品に再生できる、ジェネリック発明とカエル発想法の活用例が、この例からよくわかるはずです。

この点に着目する大衆発明家もいます。特許製図のプロでありながら、発明家でもある町田典留見さんもその1人です。権利が切れたカード収納技術をリニューアルした「ちえ姫 飛び出すカードケース」を発明し、有名通販ショッピング会社と共同開発の末、商品化されました。

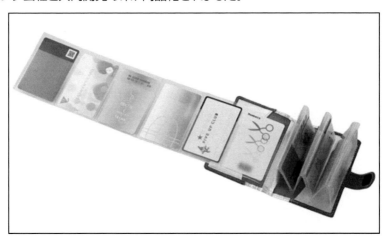

この商品は、「透明で、かつ柔軟なシート材で形成され、収納したカードそれぞれが確認できる、パタパタと折りたたみが可能なカード収納部」を備えている点がポイントです。

この屏風のようにパタパタと展開するカードケースの構造も、従来からたくさん特許庁へ出願されています。すでに権利は切れているため、誰でもこの技術を利用できるのですが、そのままでは商品にはなりません。

なぜなら、時代が変われば、取り出す必要がなくかざすだけで機能するカー

ドが登場するなど、カードの種類・厚さ・使い方も、時代とともに変わってしまうため、若干の手直しが必要なのです。

　そのため、現代のカード事情に合わせた形にし、かつ現在の流行に合うように色や形をアレンジしました。その結果、通販雑誌で紹介されるや、現代の世に再び便利な商品として注目されることになったのです。

皆さんこそ、成功に一番近い人

　時代が進めば、技術も進歩しますが、使う側の世界も同じく変化します。かつては注目すらされなかった技術が、時を経て注目されるようになったり、また逆のことも起こり得ます。

　商品化されるために何より大切なことは、権利を取ることでも、今までにない新しい発明することでもなく、今のニーズに合う、人々に喜んでもらえる商品を作り出すことです。

　たとえ権利が切れた過去の技術であっても、カエル発想法による若干の改善を加えることで、新たな商品価値を生み出すことができるジェネリック発明の考え方も知っていれば、さらに多くのアイデアを発想でき、採用される確率も高まるはずなのです。

　「子どもが楽しく靴をそろえられる中敷が欲しい」「カードが見やすく、取り出しやすいケースが欲しい」という発明のもととなるヒントは、実際の生活や、趣味の現場の第一線に立っているからこそ見えることです。

　そのような身近なヒントに囲まれている、ごく普通の主婦や趣味人、学生の皆さんこそ、最も発明成功に近い場所にいるといえるのです。

　さあ、長い間、発明のお話にお付き合いいただきましたが、そろそろお別れの時間が近づいてまいりました。これまでのお話で、発明の世界が何となくおわかりいただけたでしょうか？

　発明の世界は、いつでも皆さんを歓迎しています。すでに成功している先輩発明家のみんなも、あちら側の世界から手招きしていますよ。

　あとは、あなたがやるだけです。

　今度は発明の世界で、皆さんとお会いできる日を、楽しみにしております。

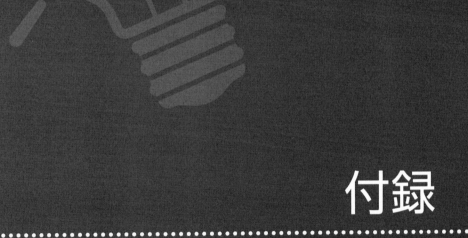

付録
企画提案書のひな形

080 企画提案書のひな形

👉 手書き記入用の「企画提案書」様式　利用方法

拡大率140％で右ページを拡大コピーすると、ちょうどA4サイズ用紙の大きさにすることができます。アイデア提案にご利用ください。これらの様式についてはコピー、再配布自由です（商用目的での無断転載、複製を除く）。

アイデア新商品　企画提案書

平成　年　月　日

アイデア名

＜参考写真または図面・イラスト＞

＜コンセプト・アイデアの説明＞

＜商品の効果＞

＜発明・提案者の連絡先＞
住　所：〒
氏　名：
TEL：　　　　　　　　　　　携帯：
e-mail：

アイデア新商品　企画提案書

平成　年　月　日

アイデア名

＜参考写真または図面・イラスト＞

＜コンセプト・アイデアの説明＞

＜商品の効果＞

＜発明・提案者の連絡先＞

住　所：〒

氏　名：

TEL：　　　　　　　　　　　携帯：

e-mail：

筆者発明体験談(後記)とあとがき

●筆者のその後

序章で紹介した通り、私は、釣りのアイデアがきっかけで発明や知的財産権に興味を持つようになりました。

やがて卒業間近となり、就職を考える時期に入ったときのことです。就職をするにあたり「他の人とはちょっと違った、普通では味わえない、刺激のある仕事がしたい」という希望を持っていました。

そんな折、発明や知的財産権に関連する団体の会報に「職員募集」という告知を見つけました。

発明家支援をしているこの団体を見て、とても興味がわきました。なにしろ、釣りのアイデアを通して知った、発明や知的財産権の世界に携わることができるからです。

入社後は本当にさまざまな体験をさせていただきました。想像以上に、それはそれは、毎日が大変刺激の多い職場でした。

中でも何よりスリリングだったのは、発案から売り込み、契約までのすべての行程において、大衆発明家によるアイデアが事業化される一連の流れを、間近に見られたことでした。発明家と試行錯誤しながら一緒に頑張り、成功を共に喜べるなんて、これ以上刺激的な仕事はありません。

そしていつしか私は、これら大衆発明家の方々が、とても好きになっていました。

●大衆発明の魅力

大衆発明家の方々は、発明などしなくとも生活ができます。他に本業や収入があり、生活が保障されているからです。大衆発明家の代表でもある主婦を例に見ても、家事などの仕事をしていれば平穏に暮らしていくことができるのです。

無駄になるかもしれない試作品作りにお金を使う必要もありません。発明に使うお金を、旅行や外食、洋服に使ったらどんなに楽しいことでしょう。

出願書類の書き方を勉強する必要も、売り込みや試作品を作る必要もありません。家事が終わったら、昼ドラを見ながら昼寝でもしていたほうが、どんなに楽なことでしょう。

発明に必要な作業は、どれも面倒くさいことばかり。対価がもらえる仕事としてやるならまだしも、何の見返りも見込めないにもかかわらずやることだけに、その苦労はなおさらです。
　しかし、大衆発明家と呼ばれている人たちは、あえて自分から困難に立ち向かいます。
　日々創作するたくさんの愚案珍案の中から、キラリと光るアイデアを求め、寝る間も惜しんで頑張っています。還暦を過ぎてから知的財産権の勉強を始めた人。パソコンの勉強を始めた人。使いやすさを求めて試作を繰り返す人。一生懸命に商品を自作して販売する人もいます。
　私は、この様な大衆発明家によって発明されたアイデア商品には、他の一般的なアイデア商品とは違った、また別の魅力を感じます。給料という見返りのために生み出される労働の産物とは、そもそも、発明に取りかかるマインドからして違うからです。
　彼らには、日々の暮らしで見つけた課題を解決し、自分のアイデアで世の中に貢献したい。そして、自分の着眼点の良さを試したいという情熱があります。生活のため、対価のためだけではなく、自分のアイデアで課題を解決して、社会に貢献したいという大衆発明家の純粋な気持ちを、ただただ賞賛せずにはいられません。
　私は、誰からもほめてもらえないことでも、一生懸命に頑張れることは、とても素晴らしいことだと思います。
　人生の先輩として。そして、行動力や実行力だけでなく、発想力や、ユーモア力をも兼ね備えた大衆発明家の方々のそばで学ばせていただいたことは、私にとって大切な財産となっています。
　私が大衆発明家の方々に魅力を感じるのは、発明家の方々の行動や姿から、人生を力強く痛快に生き抜く方法を、直に学ぶことができるからなのかもしれません。

●**すべての方々に感謝**
　本書執筆は、発想から事業化、そして契約までのプロセスをまとめ、楽しい発明生活を目指す発明初心者のお役に少しでも立てればという思いから、今まで得た経験や人脈をもとに、取り掛かりました。
　筆者を支え応援してくださった、たくさんの方々との出会いがなければ、本

書は決してまとめることなどできませんでした。

　本誌企画にご協力いただきました、元特許庁出願課認証官の岩田元吉氏、いわさき特許・商標事務所の岩崎博孝氏、かたかべ特許事務所の片伯部敏氏の両弁理士。

　発明・発想のよいお手本として、商品名、商品画像を文中にて掲載させていただくため、画像提供などのご協力をいただきました企業関係者の皆さま。

　そして、この知的財産権と発明の世界でお世話になりました、全国の発明研究会、発明家の皆さまに心より感謝申し上げ、出版の御礼とさせていただきます。

2015年1月吉日

松野 泰明

【参考文献】

・『一人で特許の手続きをするならこの1冊』(中本繁実著、自由国民社)
・『エジソンの言葉―ヒラメキのつくりかた』(浜田和幸著、大和書房)
・『快人エジソン―奇才は21世紀に甦る』(浜田和幸著、日本経済新聞社)
・『エジソン発想法』(浜田和幸著、幸福の科学出版)
・『小林秀雄全作品(21)　美を求める心』(小林秀雄著、新潮社)

【取材協力】

◆つま先立ち健康スリッパ『初恋ダイエットスリッパ』
　発明者：中沢信子さん
　アイデア工房阿蘇山(http://r.goope.jp/aidea-hatsukoi)

◆皮むき具『四徳ピーラー』『栗の皮むき器』
　発明者：高橋宏三さん
　下村工業株式会社(http://www.shimomura-kogyo.co.jp/)

◆腸腰筋を鍛えるクッション『腹筋GOO』
　発明者：戸田康一さん
　戸田家具(http://www.todakagu.com/)

◆靴を消臭する銅板『Zero Shoes(ゼロシューズ)』
　発明者：松本たかのりさん
　たのしくらし.com(たのしくらし株式会社)
　　　　　　(http://tanoshikurashi.com/SHOP/5003.html)

◆タマゴの殻を使ったサプライズカード『エッグシェルカード』
　発明者：かとうしのさん
　レフト－ライトブレイン(http://www.left-rightbrain.com/)

◆ゴム管式補聴器『ハロー愛ホーン』
　発明者：折笠道子さん
　ハロー愛ホーン普及会(http://www7a.biglobe.ne.jp/~inuori/sub5.html)

◆マッサージ具『ブルーベルシリーズ』
　発明者：鈴木輝彦さん
　ブルーベル社(TEL 0422-43-5872　FAX 0422-43-5882)

◆居眠り検知器『INEMURAN(イネムラン)』
　発明者：佐溝浩三さん
　株式会社TAKANOHA(http://www.takanoha.info/)

◆生卵のカラザ取りスプーン『クローバースプーン』
　発明者：永田栄吉さん
　永裕製作所(TEL 03-3734-9672)

◆日本刀型雨傘『かさな』
　発明者：岩立周作さん
　かさな工房刀の人(http://katananohito.com/)

◆ぬかみそ用しゃもじ『鉄しゃもじ』
　発明者：池田真由美さん
　株式会社岩鋳(いわちゅう)(http://www.iwachu.co.jp/)

◆イカ・スルメ用調理具『いかクリップ』
　株式会社新越ワークス(http://www.shin-works.co.jp/)

◆靴収納具『シューゼットキーパーシリーズ』
　発明者：石田万友実さん
　株式会社シューゼット(http://shuzett.sakura.ne.jp/)

◆アク取り調理器具『アク取りお玉』
　発明者：小川信子さん
　有限会社サンガ(http://www.onsanga.com/)

◆長谷川式テーピングソックス『びっくり素ッ足ス(ソックス)』
　発明者：長谷川一夫さん
　長谷川接骨院(http://www.0727.jp/)

- 創作カップ『ハートのカップ』
  有限会社シンクポート (http://www.think-port.co.jp/)
- 目薬点眼補助具『アカンベー』
  発明者：小林好子さん
  ヨシコバヤシ (TEL 0299-46-0924　FAX 0299-46-0852)
- はさみ変え不要のしおり『スワンタッチ』
  発明者：高橋健司さん
  高橋金型サービス (E-mail:takahashi@olive.ocn.ne.jp)
- ヒモ結束具『巻えもん』『ひもくるりん』
  発明者：春山智さん
  株式会社イーリス (http://himokururin.com/)
- 多用途タオル『変身タオル・日焼けイヤイヤ』
  発明者：中村玲架さん
  花園倶楽部　玲架 (http://www.awa.or.jp/home/reika/hatumei.html)
- 横向き用枕『楽だ寝ぇ』
  発明者：内田茂夫さん
  公大株式会社 (http://kohdai.co.jp/)
- 骨盤矯正ベルト『肉取物語』『ラクダーネ』
  発明者：津久田喜代枝さん
  有限会社フロンティア ツクダ (http://www.rakuda-ne.com/)
- ユニバーサルデザイン・ダイヤシリーズ『指掛けバスクリーナー』
  株式会社ダイヤコーポレーション (http://www.daiya-idea.co.jp/)
- オリジナルカード収納財布『ちえ姫　飛び出すカードケース』
  発明者：町田典留見さん
  ちえ姫 (http://www.chiehime.com/)
- ヒモを引くだけ！『お弁当袋になっちゃう!!ランチクロス☆』
  発明者：鈴木未夏子さん
  ママのアイディア工房株式会社 (http://www.mamanoideakobo.co.jp/)
- リュックポーチ『KAPAPA(カッパッパ)』
  発明者：和田美香さん
  ホルドナマーケット (http://www.holudona.com/)
- オムツ替えグッズ収納エプロン『おでかけ♪おむつ替えエプロン』
  発明者：南美佳さん
  発明学会ネットショップ (http://shopping.geocities.jp/hatsumei-net/)
- フォーム状肥料『awappi(あわっぴ)』
  発明者：山本理恵さん
  日清ガーデンメイト株式会社 (http://www.gardenmate.net/)
- スポンジホルダー『お手伝いできるモン』
  発明者：三根京子さん
  発明工房多摩 (http://www45.atpages.jp/hatsuoba/index.html)
- 鯖江の職人が作った『金アレ族 チタンヘアピン』
  発明者：鈴木久子さん
  MASJapan株式会社 (http://www.masj.co.jp/)
- 肩こり首こりセルフケア枕『ハンモックピロー』
  発明者：坂本ひろみさん
  エムアイストーリー (http://m-i-story.com/)

INDEX

記号・英字

©マーク	162
®マーク	162
J-PlatPat	42
PAT	162
PAT. P	162
SMマーク	162
TMマーク	162

あ行

挨拶状	204
意匠権	161
意匠法	161
インターネット	122
売り込み	193
卸値	230

か行

改良	145
確定日付	182
関連語	128
企画提案書	198,201
契約	229
契約書	232,233
下代	230
検査機関	148
減免制度	268
権利相談	173
権利対策	156
権利範囲	171
公証人役場	182
後発医薬品	285
後発工業製品	285
公募	279
小売価格	231
コンクール	279

さ行

査定種別	52
産業財産権	161
仕入れ価格	230
ジェネリック医薬品	285
ジェネリック家具	285
事業化	253
資金	249
試作品	134,143
実験	145
実施契約	230
実用新案権	161
実用新案法	161
写真	150
出願細項目記事	51
出願書類	161
出願書類様式	173
出願審査請求	157
需要	130
上位概念	172
小規模事業化	241
上代	231
譲渡契約	230
小発明	54
商標権	161
商標法	161
スモールビジネス	241
製造原価	230
設計図	133
説明図	132
先願調査	42
先使用権	179
宣伝	247
千三つ	255
専門用語	154
専用実施契約	230

INDEX

専用実施権·······················233

た行

大発明	54
ダウンロード	173
知的財産権	158,159
調査	116
著作権	162
通常実施契約	230
通常実施権	233
テーマ	140
同意語	128
登録原簿	53
登録主義	161
登録要件	161
特許権	161
特許情報プラットフォーム	42,46,124,126
特許庁	46,173
特許法	161
取扱説明書	152

な行

ニーズ	130
ネーミング	281

は行

発想法	57
発明	105
発明女子	283
ヒヤリハット	263
費用	265
ブレーンストーミング法	104
弁理士	157

ま行

見出し項目	170
無方式主義	163
メモ	109

や行

ユニバーサルデザイン	106

ら行

ラフスケッチ	132
類義語	128
ロイヤリティ	230

●読者サービス 『発明ライフ・入門』無料進呈!

　アイデア発想から契約まで! アイデア商品化に欠かせない各行程ごとのアドバイスが、イラスト入りで楽しく読める!
　筆者が勤務する、「一般社団法人 発明学会」発行の、発明ガイドブック『発明ライフ・入門(全16ページ、フルカラー、1冊500円)』を、本書をお読みいただいた方への読者サービスとして、無料で進呈致します。
　ご希望の方は、返送用92円切手1枚同封の上、下記までご請求ください。

〒162-0055
東京都新宿区余丁町7-1
一般社団法人 発明学会 『「発明・アイデア」の教科書 係 松野宛』まで
※個人情報は当該資料発送以外の用途には使用いたしません。

■著者紹介

松野　泰明（まつの　やすあき）

1976年（昭和51年）宮城県生まれ。帝京大学文学部国文学科卒。一般社団法人 発明学会 事務局勤務。特許管理士会、株式会社テクノクリーンを経て現職。15年以上にわたる約1万件の発明相談経験、多くの有名発明家との交流を持つ。東京バイオテクノロジー専門学校、東京医薬専門学校、大阪ハイテクノロジー専門学校等の非常勤講師、特別講義の講師の他、全国各地の発明サークルなどでの講演経験多数。発明・アイデア、知的財産権アドバイザーとして、アイデア発想法や出願書類の書き方、発明の事業化・商品化の指導をして、大衆発明家の育成に努める。

≪釣り好き、旅好き、車好き、酒好き≫
淡水海水問わず、鱒類からブラックバスやライギョ、マグロのほか、果ては深海や秘境に潜む怪魚まで。日本国内のみならず南米ブラジルのアマゾン川まで足を伸ばして、全世界釣り行脚。釣りを組み入れたドライブ旅行の傍ら、ご当地キャラ、地域団体商標を例にみる町おこしや、地場産業振興を目指した知的財産権に関連するビジネスモデル、発明・アイデア商品など、全国各地の新商品開発事情の発掘・現地調査を兼ねながら、地酒と名物料理を求めて食べ歩き中。

●本書のご意見ご感想・筆者への発明相談・講義講演依頼等については、下記まで
　一般社団法人 発明学会 松野あて
　〒162-0055　東京都新宿区余丁町7-1発明学会ビル
　TEL：03-5366-8811　FAX：03-5366-8495
　URL：http://www.hatsumei.or.jp/
　E-mail：y-matsuno@hatsumei.or.jp

編集担当：吉成明久／カバーデザイン：秋田勘助

●特典がいっぱいのWeb読者アンケートのお知らせ
C&R研究所ではWeb読者アンケートを実施しています。アンケートにお答えいただいた方の中から、抽選でステキなプレゼントが当たります。詳しくは次のURLからWeb読者アンケートのページをご覧ください。

C&R研究所のホームページ　http://www.c-r.com/

携帯電話からのご応募は、右のQRコードをご利用ください。

「発明・アイデア」の教科書

2015年3月20日　第1刷発行
2017年3月24日　第2刷発行

著　者	松野泰明
発行者	池田武人
発行所	株式会社　シーアンドアール研究所
	新潟県新潟市北区西名目所4083-6（〒950-3122）
	電話　025-259-4293　FAX　025-258-2801

ISBN978-4-86354-771-1　C0032
©Yasuaki Matsuno, 2015

Printed in Japan

本書の一部または全部を著作権法で定める範囲を越えて、株式会社シーアンドアール研究所に無断で複写、複製、転載、データ化、テープ化することを禁じます。